Revue Française d'Histoire des Idées Politiques

N° 57
1er semestre
2023

L'Harmattan

DERNIERS NUMÉROS

Revue semestrielle

Ventes et abonnements
Editions L'Harmattan
5-7, rue de l'École-Polytechnique ; 75005 Paris
http://www.editions-harmattan.fr

Abonnement annuel France :	55 €
Etranger :	60 €
Chaque numéro :	35 €

Toute correspondance concernant la rédaction
doit être envoyée à :
Tristan Pouthier, Cergy Paris Université, CPJP
33, boulevard du Port, 95011 Cergy-Pontoise cedex
Ne sont examinés que les articles proposés en document joint à un
courrier électronique adressé à : tristanpouthier@yahoo.fr

Sommaire

ÉTUDES

VARIA

Introduction

Corinne Leveleux-Teixeira et Tristan Pouthier*

Le présent numéro de la *Revue française d'histoire des idées politiques* repose sur une idée simple : soumettre une thèse qui relève initialement de l'anthropologie politique et juridique à l'épreuve de l'examen d'historiens spécialisés[1]. Cette thèse a été formulée par Francis Fukuyama dans son ouvrage *The Origins of Political Order*[2], paru en 2011. Elle vise à établir que les difficultés que rencontrent les États démocratiques aujourd'hui (corruption, inefficacité, contestations populistes) sont dues en grande partie à l'absence ou à la faiblesse en leur sein de l'un ou l'autre des trois piliers de « l'ordre politique » tel que le définit l'auteur. Ces trois piliers sont l'État, la prééminence du droit (*rule of law*) et le gouvernement représentatif

---

* Tristan Pouthier est professeur de droit public à Cergy Paris Université et Corinne Leveleux-Teixeira est professeure d'histoire du droit à l'université d'Orléans et l'École pratique des hautes études.

[1] Le dossier est issu du colloque « Religion et prééminence du droit dans le judaïsme antique » qui s'est tenu à l'université d'Orléans le 1er juillet 2021 avec le soutien du Centre de recherche juridique Pothier et du laboratoire *POLEN* (POuvoirs, LEttres, Normes).

[2] Fr. Fukuyama, *The Origins of Political Order*, Farrar, Straus and Giroux, 2011 ; tr. fr. : *Le début de l'histoire*, Saint-Simon, 2012.

(*accountable government*). À l'appui de sa thèse, Fukuyama propose une vaste rétrospective historique des grandes aires civilisationnelles afin de déterminer où, quand et comment ces trois éléments de « l'ordre politique » sont apparus puis se sont diffusés.

Or l'ouvrage contient une thèse secondaire originale : la prééminence du droit ne se serait imposée que dans des aires civilisationnelles où la vie sociale avait été informée en profondeur par une grande religion transcendante. Fukuyama étudie à la lumière de cette hypothèse l'histoire politique de l'Inde, celle du monde arabo-musulman et ottoman, enfin celle de l'Occident latin – la Chine constituant le grand contre-modèle, en tant que forme achevée d'organisation politique « césaro-papiste ». Par prééminence du droit ou *rule of law*, Fukuyama désigne une forme d'organisation sociale où un ensemble de règles et de principes reflétant les conceptions fondamentales de la communauté est considéré comme intangible, même et surtout pour le détenteur du pouvoir politique. L'idée est donc qu'historiquement seules les grandes religions ont été des forces sociales suffisamment puissantes pour limiter la puissance politique des princes.

Du point de vue de la théorie juridique, cette thèse a l'immense avantage de redonner de la profondeur historique et de l'épaisseur à une notion (le *rule of law* ou prééminence du droit) qui, aujourd'hui, est assimilée de façon quelque peu paresseuse aux notions pourtant distinctes de démocratie ou de garantie des droits fondamentaux. Certes, ramenée au degré de généralité auquel la place Fukuyama, la notion de prééminence du droit risque de perdre toute valeur technique aux yeux des juristes. Elle n'en garde pas moins un intérêt d'anthropologie juridique, dans le sillage de la distinction qu'établissait déjà Hayek entre le droit spontané qui exprime les valeurs fondamentales de la communauté (*law*) et le droit issu de la volonté organisatrice du pouvoir politique (*legislation*)[3] : Fukuyama

---

[3] Fr. A. Hayek, *Law, Legislation and Liberty*, University of Chicago Press, 3 vol. ; tr. fr. : *Droit, législation et liberté*, t. I, *Règles et ordre* [1973], Paris, PUF, 1980 ;

prétend combler une importante lacune de la théorie de Hayek qui n'accordait aucune place à l'action créatrice des idées religieuses dans la formation du droit de la communauté (*law*)[4].

Quelle valeur, par ailleurs, cette thèse globalisante et transversale peut-elle avoir auprès d'historiens – historiens de la religion ou historiens du droit ? Est-elle immédiatement disqualifiée à leurs yeux pour cause de généralisation hâtive ? Rapproche-t-elle des phénomènes religieux foncièrement hétérogènes ? Ne se satisfait-elle pas, par nécessité, de lieux communs et de stéréotypes sur les religions qu'elle convoque à son appui ?

Le présent numéro soumet ainsi la thèse de Fukuyama à un cas d'espèce, celui du judaïsme antique. En dépit de la centralité de la loi divine dans le judaïsme, celui-ci n'est pas abordé pour lui-même dans *The Origins of Political Order* – peut-être parce que l'histoire politique chaotique du peuple juif se prêtait mal à la généralisation dans le cadre d'une théorie du développement politique. Le cas du judaïsme antique n'en constitue pas moins un excellent test pour la thèse de Fukuyama. Celle-ci survit-elle à l'examen d'éminents historiens du judaïsme, du Proche-Orient antique, de la Bible, de la loi juive ? Plus largement, dit-elle quelque chose de l'effectivité juridique des idées religieuses – peut-elle même conduire à se demander si la croyance et la sacralité ne sont pas nécessaires, au fond, à *tout* système qui prétend soumettre le pouvoir politique à des principes de droit intangibles ? Le lecteur jugera.

---

t. II, *Le mirage de la justice sociale* [1976], Paris, PUF, 1982 ; t. III, *L'ordre politique d'un peuple libre* [1979], Paris, PUF, 1983.

4 *The Origins of Political Order*, *op. cit.*, chap. 17.

Religion et prééminence du droit dans la théorie du développement politique de Francis Fukuyama

Tristan Pouthier*

Francis Fukuyama et Samuel Huntington sont liés par une singulière communauté de destin. Le premier fut l'élève du second le temps d'un court semestre à Harvard et développa avec lui une amitié intellectuelle qui autorise à le considérer comme son disciple. En 1989, Fukuyama publia « La fin de l'histoire ?[1] », article qui marqua profondément la compréhension de la géopolitique contemporaine, dont il tira un livre en 1992[2]. En 1993, Huntington publia en réponse « Le choc des civilisations ?[3] », article tout aussi marquant, antithèse du premier, dont il tira également un livre en 1996[4]. Fukuyama prédisait

* Tristan Pouthier est professeur de droit public à Cergy Paris Université.

[1] « The End of History? », *The National Interest*, n° 16, 1989, p. 3-18.

[2] *The End of History and the Last Man*, *Free Press*, 1992 ; tr. fr. : *La fin de l'histoire et le dernier homme*, Flammarion, 1992.

[3] « The Clash of Civilizations? », *Foreign Affairs*, vol. 72, n° 3, 1993.

[4] *The Clash of Civilizations and the Remaking of World Order*, Simon & Schuster, 1996 ; tr. fr. : *Le Choc des civilisations*, Odile Jacob, 1997.

l'unification inexorable du monde sous le règne du droit et de la démocratie libérale; Huntington, la division conflictuelle indépassable du monde le long des frontières des grandes civilisations humaines. Ces deux thèses leur ont valu une même animosité de la part de bien des universitaires en France : Fukuyama, parce qu'il avait osé substituer l'eschatologie libérale à l'eschatologie marxiste; Huntington, parce qu'il rejetait l'eschatologie progressiste en général. Il y a sans doute également une part d'exaspération à voir deux auteurs liés au département d'État des États-Unis réussir dès la chute de l'Union soviétique à tracer le cercle dans lequel tournent, bon gré mal gré, tous ceux qui cherchent depuis lors à penser l'état du monde.

Fukuyama n'aime pas *Le choc des civilisations*. Il l'a fait savoir dans une froide recension du livre (*Wall Street Journal*, 7 novembre 1996) qui l'a brouillé un temps avec Huntington, et ne cesse de le répéter depuis. Alors qu'une vague populiste balayait le monde dans les années 2010, paraissant à première vue accréditer la thèse pessimiste de Huntington, Fukuyama publiait en manière de riposte *Identity: the Demand for Dignity and the Politics of Resentment* (2018)[5]. Il y rappelait que toute sa théorie sur la fin de l'histoire était fondée sur une interprétation hégélienne et (surtout) kojévienne de la démocratie libérale comme réponse indépassable au besoin humain de reconnaissance; et soutenait qu'un tel besoin était le moteur des mouvements populistes contemporains, bien plus profondément que les introuvables civilisations évoquées par Huntington. Aujourd'hui comme en 1989, donc, la diffusion mondiale de la démocratie libérale demeure à ses yeux le seul objectif viable de politique internationale. Les pseudo-alternatives ne sont que des impasses dangereuses : tôt ou tard, nous serons tous des démocrates scandinaves.

Il reste que la démocratie libérale est un objectif plus difficile à atteindre qu'on n'a pu le croire au sortir de la guerre froide. Les échecs retentissants des expériences américaines de *state building*

[5] Farrar, Straus and Giroux, 2018.

en Afghanistan et en Irak ont convaincu Fukuyama que personne ne savait trop comment faire pour instaurer la démocratie dans des pays qui n'avaient connu peu ou prou que des régimes autoritaires. C'était déjà l'objet d'un petit livre paru peu après l'invasion américaine de l'Irak, *State Building: Governance and World Order in the 21st Century* (2004)[6]. Ce problème l'a conduit à dépasser une vision trop purement philosophique ou incantatoire de la démocratie pour viser la structure sous-jacente qui est seule à même d'en faire une forme politique pérenne, structure qu'il appelle « l'ordre politique ». Élucider la nature de l'ordre politique, c'est déterminer une feuille de route concrète pour réaliser cette forme politique ultime, la démocratie libérale. Ou pour reprendre les mots de l'auteur : comment « parvient-on au Danemark ? » (*getting to Denmark*), ce pays étant réputé incarner de façon paradigmatique l'ordre politique achevé. Avec cette question en tête, Fukuyama s'est lancé dans un projet intellectuel démesuré visant à comprendre, au moyen de l'histoire mondiale, ce qu'est l'ordre politique : comment il naît, comment il se consolide, comment il se défait. C'est l'objet de deux forts volumes publiés dans la première moitié des années 2010 : *The Origins of Political Order* (2011)[7], qui retrace l'histoire de l'émergence de l'ordre politique depuis les origines de l'humanité jusqu'aux révolutions de la fin du XVIIIe siècle, et *Political Order and Political Decay* (2014)[8], qui examine les conditions de réalisation et de perpétuation de l'ordre politique dans le contexte spécifique des sociétés industrielles.

[6] Cornell University Press, 2004 ; tr. fr. : *State building : gouvernance et ordre du monde au XXIe siècle*, La Table ronde, 2004.

[7] *The Origins of Political Order: From Prehuman Times to the French Revolution*, Farrar, Straus and Giroux, 2011 (ci-dessous : *OPO*) ; tr. fr. : *Le début de l'histoire*, Saint-Simon, 2012. Les citations de l'ouvrage dans cet article sont ma traduction de l'édition anglaise.

[8] *Political Order and Political Decay: From the Industrial Revolution to the Globalisation of Democracy*, Farrar, Straus and Giroux, 2014.

Ici Hegel et Kojève ne suffisaient plus : il fallait se tourner vers la science politique. Refaire le chemin depuis ses études d'humanités classiques à Cornell (*Bachelor of Arts* en 1974), où Allan Bloom lui avait fait découvrir Kojève[9], à son doctorat de science politique à Harvard (*PhD* en 1981) où il rencontra Huntington. Peut-être convient-il aussi de prendre en compte l'héritage familial d'un père professeur de sociologie des religions[10] – *The Origins of Political Order* est nourri de références aux classiques des sciences sociales tels que Maine, Fustel de Coulanges, Durkheim, Tönnies ou Weber. Toujours est-il que le cadre de référence intellectuel bascule manifestement, entre *La fin de l'histoire* et *The Origins of Political Order*, de la philosophie politique moderne à la science politique. Ce fut notamment l'occasion pour Fukuyama de renouer avec l'héritage théorique de Samuel Huntington, ou plutôt avec ce qu'il juge être son *bon* héritage, par opposition au mauvais héritage du *Choc des civilisations*. *The Origins of Political Order* est ainsi dédié à la mémoire de son maître ; mais il faut comprendre ici que l'hommage vise l'auteur du classique *Political Order in Changing Societies* (1968), dont Fukuyama a préfacé la réédition de 2006[11], et non pas l'auteur du *Choc des civilisations*.

Huntington avait notamment formulé dans les années 1960 l'idée que le développement politique n'est pas un phénomène uniforme : il y avait selon lui plusieurs dimensions du développement qui

[9] Bloom, qui avait rencontré Kojève à Paris au début des années 1950, a préfacé une traduction anglaise de l'*Introduction à la lecture de Hegel* parue en 1969. V. A. Bloom, « Kojève, le philosophe », *Commentaire*, n° 9, 1980/1, p. 116-119. Ce fut Allan Bloom qui, avec Nathan Tarcov, invita Fukuyama – qui travaillait alors comme analyste à la RAND corporation – à prononcer en février 1989 à l'université de Chicago sa conférence sur la fin de l'histoire.

[10] Il enseignait à la Pennsylvania State University, et fut également doyen du Chicago Theological Seminary. Pour les détails de son parcours v. *Chicago Theological Seminary Newsletter 1981*, disponible en ligne.

[11] *Political Order in Changing Societies*, Yale University Press, 1968 ; réédition avec une préface de F. Fukuyama, Yale University Press, 1968.

n'allaient pas nécessairement de concert. Fukuyama place cette idée au fondement de sa propre théorie de l'ordre politique dont il distingue trois composantes fondamentales et originellement indépendantes : l'État, la prééminence du droit (*rule of law*) et le gouvernement représentatif (1). Il est conduit ce faisant à proposer une thèse originale selon laquelle la religion est à l'origine de la prééminence du droit. Cela suppose d'abord de mettre en évidence l'influence autonome des doctrines religieuses dans le développement politique (2). Certaines religions ont plus particulièrement abouti à la sacralisation d'un corps de règles et de principes qui ont acquis de ce fait une position de prééminence sur les volontés des détenteurs du pouvoir politique. Fukuyama voit dans ce processus de sacralisation l'origine historique de la prééminence du droit (3).

1. Une nouvelle théorie de l'ordre politique : État, prééminence du droit et gouvernement représentatif

À travers Huntington, Fukuyama se réinscrit plus largement dans la continuité d'un important courant de la science politique américaine des années 1950 à 1970 : la théorie de la modernisation (*modernization theory*), ou ce que Bertrand Badie a appelé en France le développementalisme politique[12]. Dans le contexte de la décolonisation et de la guerre froide, des auteurs tels que Gabriel Almond, Barrington Moore, Seymour Martin Lipset, David Apter, ou Huntington lui-même cherchaient, par de vastes études comparatives dans le temps et dans l'espace, à mettre au jour les dynamiques fondamentales de la transformation sociale. Si, donc, Fukuyama délaisse la philosophie de l'histoire dans ses recherches sur l'ordre politique, il demeure bien en quête d'un modèle explicatif macro-historique, et d'un cadre intellectuel permettant d'informer la pratique de la politique étrangère américaine dans le sens d'une diffusion effective de la démocratie

[12] V. B. Badie, *Le développement politique*, Paris, Economica, 1978.

libérale. Il y a d'ailleurs toujours chez lui une part de discrète provocation : si *La fin de l'histoire* avait irrité les historiens et sociologues issus du marxisme, les deux ouvrages des années 2010 consacrés à l'ordre politique prennent à rebrousse-poil le courant postmoderne et postcolonial en sciences humaines. Fukuyama a en effet conservé le goût des *Big Structures, Large Processes, Huge Comparisons*[13], pour reprendre le titre d'un ouvrage de Charles Tilly – de ces théories explicatives de grande échelle que la pensée postmoderne a rejetées comme étant incurablement porteuses d'ethnocentrisme. « J'espère, écrit-il dans le premier chapitre du livre, retrouver quelque chose de la tradition perdue de la sociologie historique ou de l'anthropologie comparée du dix-neuvième siècle[14]. »

Cependant, Fukuyama se réclame plus spécifiquement de Huntington que des autres auteurs développementalistes. Dans *Political Order in Changing Societies* en effet, ce dernier, méfiant déjà à l'égard des modèles linéaires de développement, avait rompu sur deux points avec la *modernization theory* des années 1950. Premièrement, il ne voyait pas de raison de penser qu'il ne pût y avoir, à côté des phases de développement politique, des phases de régression ou de décadence (*political decay*). Secondement, Huntington critiquait la tendance très présente chez les premiers théoriciens de la modernisation à considérer que le développement était un phénomène unitaire enveloppant dans une même marche en avant la croissance économique, l'urbanisation, la scolarisation et la démocratisation. Huntington considérait pour sa part que ces différents aspects du développement pouvaient se produire dans une certaine mesure indépendamment les uns des autres – et que notamment, dans le domaine institutionnel, le développement d'un gouvernement *effectif* avait une valeur en lui-même, indépendamment du caractère *démocratique* ou non de ce gouvernement.

---

[13] C. Tilly, *Big Structures, Large Processes, Huge Comparisons*, Russell Sage Foundation, 1984.

[14] *OPO*, p. 24.

Fukuyama reprend à son compte ces deux critiques. La première idée, selon laquelle le développement politique est un phénomène discontinu qui peut être suivi de périodes de régression, lui permet de complexifier le modèle trop simple de *La fin de l'histoire* et d'expliquer les phases de régression démocratique – autrement dit, de sauver son modèle initial en remettant à un avenir plus lointain la diffusion inexorable de la démocratie libérale à l'échelle de la planète. La seconde idée, selon laquelle le développement politique est un phénomène multiforme susceptible de manifestations seulement partielles, débouche cependant chez Fukuyama sur une thèse plus neuve et plus intéressante qui se trouve au cœur de *The Origins of Political Order*. Il est en effet possible selon lui de retracer des histoires parallèles des différents éléments constitutifs de « l'ordre politique », étant entendu qu'il n'y a pas de raison de considérer que ces éléments constitutifs apparaissent ensemble, se développent ensemble, ou disparaissent ensemble. La question fondamentale est dès lors de déterminer *ce que sont* ces éléments constitutifs de l'ordre politique. Fukuyama en distingue trois : l'État, la prééminence du droit (*rule of law*), et le gouvernement représentatif (*accountable government*).

Fukuyama propose alors une vaste rétrospective de l'histoire des grandes aires civilisationnelles afin de déterminer où, quand et comment ces trois composantes fondamentales de l'ordre politique sont apparues puis se sont diffusées ; la perspective finale étant bien entendu leur articulation au sein de la démocratie libérale. L'originalité de Fukuyama réside sans doute dans l'effort qu'il fait pour historiciser les trois composantes afin de déranger autant qu'il le peut le présupposé, issu de la *modernization theory*, selon lequel elles vont naturellement de concert. L'ampleur de la rétrospective historique proposée par Fukuyama s'explique par cette volonté d'établir que l'État, la prééminence du droit et le gouvernement représentatif sont trois réalités parfaitement indépendantes l'une de l'autre dans leur origine. Fukuyama soutient ainsi que l'État moderne bureaucratique, tel que l'a théorisé Max Weber, n'est pas né en Occident au XVIe siècle mais bien en Chine antique, plus précisément dans l'État de Qin au IVe siècle av. J.-C., dans le contexte de la guerre d'extermination mutuelle que se menaient les royaumes combattants. C'est, aux yeux de Fukuyama, un simple préjugé « moderniste » qui empêcha Weber de voir dans l'État chinois né de la révolution de Qin un authentique État bureaucratique moderne, issu d'un effort volontariste de dépatrimonialisation des fonctions : Weber considérait à tort que la rationalisation bureaucratique et la rationalisation capitalistique (proprement occidentale pour le coup) étaient unies par un lien nécessaire[15]. Le gouvernement représentatif serait quant à lui selon Fukuyama le fruit d'une survivance largement contingente : celle des « états » ou « ordres » médiévaux (les *Stände* de Weber) qui ont survécu en Angleterre alors qu'ils disparaissaient partout ailleurs en Europe sous la poussée absolutiste.

Vient enfin la question de la prééminence du droit. Celle-ci n'a, selon Fukuyama, aucun rapport dans son origine avec l'idée de droits inaliénables de l'homme. Il s'agit d'un produit indirect de l'influence de la religion. Fukuyama reconnaît ainsi aux idées religieuses une effectivité politique majeure.

2. L'effectivité politique des idées religieuses

Fukuyama ne s'essaye nullement dans *The Origins of Political Order* à une théorie générale de la religion en tant que fait sociologique, non plus qu'il ne se réclame d'une postérité intellectuelle de ce point de vue. Ainsi, les grands modèles de la sécularisation ou du désenchantement du monde qui ont marqué la sociologie dans le sillage de Weber n'occupent guère de place dans son ouvrage. Non pas que l'auteur de *La fin de l'histoire* ait une prévention de principe à l'égard des récits englobants ; mais l'un des principaux objectifs de l'ouvrage est précisément, dans le sillage de Huntington,

[15] *OPO*, p. 126.

de disjoindre les phénomènes que ces idées de sécularisation, de désenchantement, ou plus simplement de modernisation, tendent à unir dans un processus d'ensemble : industrialisation, urbanisation et croissance économique d'une part, étatisation, démocratisation, et recul des croyances religieuses d'autre part. Le récit de la sécularisation pose plus précisément un problème au niveau de l'appréhension *politique* de la religion, qui est la seule question pertinente pour la recherche de Fukuyama : ce récit tend à établir une césure dans l'histoire humaine entre d'une part l'ensemble des sociétés prémodernes caractérisées par la centralité politique de la religion, et d'autre part l'ensemble des sociétés modernes où la religion est au contraire expulsée du domaine politique. Pour autant que cette *summa divisio* soit exacte, elle masque le phénomène qui intéresse Fukuyama au premier chef, celui de *l'effectivité politique* des doctrines religieuses. Il apparaît qu'aux yeux de Fukuyama les idées religieuses peuvent avoir des conséquences politiques prodigieusement importantes ; mais ce n'est pas toujours le cas, et toutes les doctrines religieuses n'auront pas les mêmes conséquences.

Le premier exemple donné par Fukuyama de cette effectivité politique des idées religieuses se situe au début de l'ouvrage, dans le passage qu'il décrit des sociétés organisées sous forme de bandes (les sociétés préhistoriques de chasseurs-cueilleurs) aux sociétés organisées sous forme de tribus (dont l'apparition est concomitante de celle de l'agriculture). Les sociétés tribales sont caractérisées selon Fukuyama, qui reprend sur ce point les thèses classiques de Durkheim et d'Evans-Pritchard, par leur caractère segmentaire ou agnatique : formées de petits segments identiques et autosuffisants, elles obéissent à un principe de filiation unilinéaire (généralement patrilinéaire) qui leur permet, dans des situations de conflit, de s'agréger en des ensembles plus larges réunis par une ascendance commune. Ainsi, les cousins par les mâles combattront ensemble jusqu'au deuxième ou troisième degré d'ascendance commune ou au-delà (en fonction du degré auquel joue l'exigence de solidarité dans telle ou telle situation de conflit) en invoquant la figure d'un ancêtre commun plus ou moins lointain. Le passage de la bande à la tribu marque notamment la naissance du clan patriarcal tel qu'il nous apparaît dans l'antiquité de toutes les grandes civilisations, par exemple la *gens* romaine. Mais comment expliquer que ce principe clanique, déjà connu des petites bandes de chasseurs-cueilleurs, ait pu à un certain stade de l'histoire devenir le principe fondamental de structuration de sociétés qui pouvaient agréger des milliers d'individus ? « La raison pour laquelle cette forme d'organisation sociale a pu s'imposer dans toutes les sociétés humaines, écrit Fukuyama, est la croyance religieuse, c'est-à-dire, le culte des ancêtres morts[16]. » Reprenant, en la généralisant, la thèse fameuse de Fustel de Coulanges sur la famille antique indo-européenne, Fukuyama érige le culte des ancêtres en facteur explicatif décisif pour le passage des sociétés humaines du stade des bandes au stade des tribus.

Existe-t-il cependant des preuves empiriques qui établiraient ce rôle pivotal, proprement créateur de la religion des ancêtres dans la destinée des sociétés humaines dans leur ensemble ? Fukuyama paraît hésiter à ce stade : le chapitre sur l'avènement des sociétés tribales s'achève par un bref paragraphe intitulé « religion et pouvoir » qui constitue un des rares développements qu'il consacre à la question *théorique* de l'effectivité politique des croyances religieuses. « L'organisation tribale, s'interroge-t-il, fut-elle une conséquence de croyances religieuses précédemment formulées, ou bien les croyances religieuses furent-elles surajoutées d'une manière ou d'une autre pour renforcer une forme préexistante d'organisation sociale[17]. » Fukuyama attribue à Marx la thèse du caractère secondaire et illusoire des idées religieuses au regard des forces véritablement structurantes de l'organisation sociale. À cette question centrale, en ce qu'elle conditionne la validité des thèses formulées

[16] *OPO*, p. 60.

[17] *OPO*, p. 62.

par Fukuyama tout au long de son ouvrage sur le caractère politiquement créateur des idées religieuses, celui-ci choisit de ne pas vraiment répondre : « Nous ne pouvons malheureusement que spéculer sur le sens dans lequel a fonctionné la connexion causale entre les idées et les intérêts matériels, car personne n'a jamais été témoin de la transition d'une société organisée sous forme de bande à une société organisée sous forme de tribu. Étant donné l'importance des idées religieuses dans l'histoire postérieure, il serait surprenant que la causalité n'ait pas fonctionné dans les deux directions, depuis la créativité religieuse vers l'organisation sociale, et depuis les intérêts matériels vers les idées religieuses[18]. »

Cette réponse – ou absence de réponse – suffit à montrer que pour Fukuyama l'invocation des idées religieuses en tant que causes premières de transformations politiques intervient parce qu'aucune meilleure explication n'est selon lui disponible : alors même que l'on n'aurait aucune explication scientifique satisfaisante d'une telle effectivité politique des doctrines religieuses, on ne pourrait la nier sans défigurer la réalité. Une centaine de pages plus loin, Fukuyama aborde la même question et fournit une même réponse au sujet de l'influence de l'hindouisme : trop d'aspects de l'organisation sociale et politique indienne demeureraient inexplicables si l'on s'en tenait à la conception matérialiste de la religion. « La religion et la politique doivent par conséquent être vues comme des moteurs à part entière des comportements et du changement social, non comme des sous-produits de puissantes forces économiques[19]. » Fukuyama s'en tient à cette idée élémentaire : les idées religieuses ont des conséquences – « *ideas and their political consequences*[20] », ainsi qu'il intitule un paragraphe consacré à l'hindouisme, en référence peut-être au classique du conservatisme américain *Ideas have consequences*[21].

---

[18] *OPO*, p. 62-63.

[19] *OPO*, p. 164.

[20] *OPO*, p. 167.

[21] R. M. Weaver, *Ideas Have Consequences*, University of Chicago Press, 1948.

Comme nous l'avons mentionné plus haut, Fukuyama est le fils d'un professeur de sociologie des religions qui était aussi pasteur protestant et doyen du Chicago Theological Seminary ; peut-être cet héritage familial l'a-t-il incité à prendre au sérieux l'effectivité des idées religieuses ? Toujours est-il que Fukuyama s'en tient à cette quasi-absence d'élaboration théorique qui hypothèque (sans nécessairement l'invalider) tout son propos relatif au rôle de la religion dans le développement politique. On peut ainsi remarquer qu'alors même que l'index de l'ouvrage renvoie à de nombreuses notions théoriques, il ne comprend pas d'entrée « religion », par un contraste frappant avec l'importance que Fukuyama attribue à celle-ci.

L'idée selon laquelle le culte des ancêtres aurait été le facteur décisif dans l'émergence des tribus agnatiques n'est encore cependant qu'une généralisation de la thèse classique de Fustel de Coulanges. Fukuyama se montre plus original dans le lien qu'il établit entre la religion et la naissance de la prééminence du droit (*rule of law*), au sens qu'il donne à cette expression.

3. La prééminence du droit

« L'essence de la prééminence du droit, écrit-il ainsi, réside dans un corps de règles qui reflètent le sens de la justice porté par la communauté, et qui se situent à un degré plus élevé que les volontés de la personne qui se trouve être roi[22]. » Cette définition très générale du *rule of law* indique suffisamment que Fukuyama ne l'associe nullement (tout au moins dans *The Origins of Political Order*) avec l'idée de droits inaliénables de l'homme, ni avec l'organisation politico-juridictionnelle d'une démocratie libérale. La caractéristique de la prééminence du droit entendue en ce sens est qu'un certain nombre de règles et principes sont considérés comme intangibles, inaltérables, même et surtout pour les détenteurs du pouvoir politique – ce qui suppose que la garde de ces règles et principes est

[22] *OPO*, p. 173.

confiée à une classe qui jouit d'une particulière autonomie vis-à-vis du pouvoir. La thèse de Fukuyama, autrement dit, est que seule la religion a constitué historiquement une force suffisamment puissante pour conférer à un ensemble déterminé de règles d'organisation sociale un caractère d'intangibilité absolue, limitant par là même les possibilités d'emprise du pouvoir politique sur la société.

L'Inde constitue à cet égard une sorte de paradigme dans le monde ancien, ce qui explique la place que lui accorde Fukuyama dans le déroulement de l'ouvrage. Après le temps préhistorique des bandes de chasseurs-cueilleurs, puis le stade des tribus agnatiques, vient le stade de l'État qui, selon Fukuyama, trouve en Chine dès les IVe-IIIe siècles av. J.-C. une forme bureaucratique achevée. Fukuyama consacre pas moins de quatre chapitres à la Chine avant d'aborder ce qu'il appelle le « détour indien », qui voit apparaître la seconde composante fondamentale de l'ordre politique après l'État, c'est-à-dire la prééminence du droit. La question posée est simple : pourquoi l'Inde n'a-t-elle pas connu la destinée de la Chine, c'est-à-dire la naissance d'un État bureaucratique centralisateur ? On trouvait pourtant en Inde du Nord à la fin de la période dite védique (VIe siècle av. J.-C.) des conditions initiales proches de celles de la Chine au même moment, qui auraient pu occasionner une même dynamique d'étatisation : de larges structures familiales tribales ou segmentaires auxquelles se superposaient des organisations politiques de type patrimonial, les royaumes des bords du Gange, qui se livraient des guerres permanentes. Pourquoi cette situation de guerre n'a-t-elle pas suscité, comme dans la Chine des royaumes combattants (Ve-IIIe siècles av. J.-C.), une dynamique concurrentielle de recherche de l'organisation politique la plus efficace, conduisant à un refoulement des structures claniques ? La réponse se trouve selon Fukuyama dans la puissance propre d'organisation sociale de la religion hindoue.

En Chine, l'État a pu lutter contre les structures tribales par son organisation territoriale et fiscale, imposer une organisation militaire fondée sur le mérite, mobiliser pour la guerre une large partie de la population indépendamment du rang social, unifier le pays économiquement et culturellement, et monopoliser le pouvoir d'édiction du droit. Rien de tout cela n'a pu se produire en Inde en raison de l'influence de l'hindouisme, ce qui explique la divergence de la trajectoire de développement politique de l'Inde par rapport à la Chine à partir du VIe siècle av. J.-C. – le « détour indien ». Au-delà du contenu spécifique des doctrines hindoues qui ont abouti à la formation de la société de castes, Fukuyama décrit surtout l'influence de ces doctrines du point de vue d'une théorie du développement politique. Il décrit ainsi la trajectoire indienne en contrepoint de celle de la Chine. Les structures familiales segmentaires ont été rendues intangibles par des lois sacrées d'endogamie ; les princes ont été placés dans une position d'infériorité rituelle par rapport aux brahmanes, ce que manifeste la figure du chapelain (*purohita*) qui leur est intimement attaché ; les possibilités de mobilisation militaire ont été restreintes par la monopolisation du droit de faire la guerre par la caste des guerriers (*kshatria*) ; le savoir a été monopolisé par les brahmanes, ce qui a empêché la formation d'une bureaucratie cultivée ; la vie économique a été enchâssée dans le système des castes (*jatis*) ; enfin, le droit a été soumis à la préséance d'un ensemble de lois sacrées consignées dans des traités juridiques religieux (*dharmashastra*).

L'Inde fut ainsi selon Fukuyama la première grande civilisation où la prééminence du droit s'imposa, comme conséquence de la domination de la religion hindoue. Ce modèle de genèse religieuse de la prééminence du droit est ensuite étendu par Fukuyama au monde musulman et à l'Europe dans la troisième partie de l'ouvrage, justement intitulée « *the Rule of Law* ». Fukuyama précise à ce stade la portée de sa thèse. Comme nous l'avons vu, l'idée première en est que seule l'influence d'une grande religion transcendante a pu conduire à sacraliser un ensemble de principes fondamentaux de l'organisation sociale, les plaçant ainsi hors de portée du pouvoir politique. Fukuyama ne tombe pas pour autant dans une vision simpliste : si la religion a été historiquement un facteur indispensable d'apparition de la prééminence du droit, d'autres conditions sont nécessaires pour qu'une telle prééminence à base religieuse soit durablement effective. Le propos de Fukuyama se fait à ce stade plus embrouillé, mais il paraît possible de distinguer deux conditions fondamentales.

En premier lieu, la prééminence du droit telle que la définit Fukuyama suppose que les clercs aient une influence déterminante dans l'administration de la justice, et donc qu'ils jouissent en tant que classe d'une certaine autonomie par rapport à l'État – sans quoi ils ne seraient plus que des fonctionnaires d'un droit contrôlé par l'État. Or cette autonomie est susceptible de degrés[23]. Elle est faible voire nulle dans les civilisations dites césaro-papistes, où l'autorité religieuse est subordonnée à l'État. Le modèle historique achevé du césaro-papisme, selon Fukuyama, est la Chine impériale. De même, l'Empire byzantin, le monde sunnite durant la majeure partie de son histoire, et l'Occident latin avant la Réforme grégorienne au XIe siècle, étaient essentiellement césaro-papistes. Ce ne fut donc qu'en Europe postérieurement à la Réforme grégorienne que les clercs se dotèrent d'une organisation hiérarchisée largement autonome par rapport à l'État, satisfaisant ainsi de façon durable une condition de la prééminence du droit. Fukuyama ne juge pas pour autant que le monde musulman ait été étranger à la prééminence du droit : il considère au contraire que celle-ci est une dimension constitutive de l'histoire musulmane, ce qui expliquerait d'ailleurs la popularité des partis islamistes à l'époque contemporaine comme forme de réaction à l'arbitraire des pouvoirs issus de la décolonisation. Mais l'absence d'organisation de la cléricature en islam sunnite a laissé les ulémas dans une position plus précaire vis-à-vis du pouvoir politique que celle des clercs de l'Église post-grégorienne.

---

[23] V. chap. 18-19.

En second lieu, si la prééminence du droit signifie par définition une limitation du pouvoir de l'État, Fukuyama ne considère pas pour autant qu'une forte prééminence du droit suppose un État minimal, ce en quoi il s'oppose explicitement à la théorie libertaire de Hayek[24]. Les clercs ne disposant pas du pouvoir de contrainte, ils ne peuvent influer sur l'administration de la justice que par un ascendant moral ; l'État est nécessaire, au contraire, pour assurer un exercice égal de la justice, aussi bien à l'égard des faibles que des puissants. « Un ordre normatif juste requiert le pouvoir. Si le roi n'était pas disposé à appliquer le droit face aux élites du pays, ou n'en avait pas la capacité, la légitimité du droit serait compromise, peu importe qu'il ait sa source dans la religion, la tradition ou la coutume[25]. » Ainsi, selon Fukuyama, l'émergence de la prééminence du droit dans l'Angleterre médiévale n'a été possible, contrairement à ce que semblait penser Hayek, que parce que l'État hérité de la conquête normande était parvenu à centraliser l'administration de la justice en se subordonnant les juridictions seigneuriales et manoriales – mais le roi continuait de se considérer comme lié par les principes juridiques suprêmes garantis par la religion chrétienne. Il apparaît en fin de compte que la prééminence du droit ne parvient à son plus haut degré de réalisation qu'en se combinant avec cette autre composante de l'ordre politique qu'est l'État, quoiqu'elle en soit originellement indépendante : la théorie de l'ordre politique de Fukuyama est, comme toute théorie libérale, une pensée de l'équilibre.

[24] V. chap. 17.

[25] *OPO*, p. 260.

Dieu le législateur. À la recherche des origines intellectuelles des lois divines de la Torah[1]

Konrad Schmid*

1. L'idée de lois divines dans les études bibliques

La Torah est la loi de Dieu. Ce concept émerge particulièrement des cinquante-huit chapitres de la Bible, entre Exode 19 et Nombres 10, dans lesquels Israël attend au mont Sinaï alors que Moïse reçoit de Dieu des lois pour son peuple. Le tout premier acte de parole de Dieu dans la Torah, lorsqu'il s'adresse à l'humanité nouvellement créée dans le contexte de la création du monde

* Konrad Schmid est professeur de judaïsme ancien et de Bible hébraïque à l'université de Zurich.

[1] Ce texte a été rédigé dans le cadre de l'ERC Advanced Grant 833222 et a reçu un financement du European Research Council (ERC) au sein du programme de recherche et d'innovation European Union's Horizon 2020. Une première version en allemand de cette contribution, qui a été modifiée et raccourcie ici, se trouve dans Konrad Schmid, « Gott als Gesetzgeber: Entstehung und Bedeutung des Gottesrechts der Tora im Rahmen der altorientalischen Rechtsgeschichte », *ZTK*, 118, 2021, p. 267-294.

– « Soyez féconds et multipliez ! » (Gn 1,28) – est déjà un commandement. Cela renforce nettement la présentation biblique d'un Dieu législateur[2]. Exode 31,18 ; 32,16 et Deutéronome 9,10 vont même jusqu'à présenter les premières tables de la Loi reçues par Moïse au mont Sinaï comme écrites par le « doigt de Dieu » lui-même[3]. Cependant, ce « théographe[4] » n'a pas perduré ; Moïse casse la première version des Tables dès qu'il descend de la montagne – une critique intrabiblique remarquable envers une compréhension fondamentaliste de la Loi : un texte dont Dieu est l'auteur n'existe pas en termes matériels.

L'idée que la Torah est la loi de Dieu est très saillante au sein du texte biblique lui-même. Elle reste cependant un sujet sous-représenté dans l'étude historique des lois bibliques[5]. Par exemple, dans le volume du *Handbuch der Orientalistik* traitant de l'histoire juridique du Proche-Orient ancien, le chapitre sur « Israël » ne

---

[2] En tant que premier des traditionnels 613 commandements de la Torah, Gn 1,28 bénéficie d'un statut particulier dans le judaïsme. Voir le traité *Yebamot* 61b-62a dans le Talmud babylonien.

[3] Voir E. Bosshard-Nepustil, « Der schreibende Gott am Sinai », *BZ*, 54, 2010, p. 1-19 ; A. C. Hagedorn, « Sacred Law, Lawgivers and Codification: Perspectives from the Hebrew Bible, Gortyn and Selinus », dans *Writing Laws in Antiquity = L'écriture du droit dans l'Antiquité*, éd. par D. Jaillard et Chr. Nihan, Wiesbaden, Harrassowitz, 2017, p. 117-140, ici p. 119 (BZAR ; 19).

[4] Voir H. Timm, « Die Originalkopie: Plädoyer für einen Fundamentalismus des Geistes », *ZTK*, 90, 1993, p. 318-327, ici p. 321 *sq.*

[5] Sur l'histoire des lois du Pentateuque, voir E. Otto, « Die Bedeutung der altorientalischen Rechtsgeschichte für das Verständnis des Alten Testaments », *ZTK*, 88, 1991, p. 139-168 ; *id.*, « Biblische Rechtsgeschichte: Ergebnisse und Perspektiven der Forschung », *Trev*, 91, 1995, p. 283-292 ; *id.*, *Das Gesetz des Mose*, Darmstadt, WBG, 2007 ; *id.*, « The Study of Law and Ethics in the Hebrew Bible/Old Testament », dans *Hebrew Bible/Old Testament: The History of Its Interpretation*, éd. par M. Sæbø, Göttingen, Vandenhoeck & Ruprecht, 2015, 3.2, p. 594-621 ; O. Artus, *Les lois du Pentateuque : points de repère pour une lecture exégétique et théologique*, Paris, Cerf, 2005 (LD ; 200) ; R. Westbrook et Br. Wells, *Everyday Law in Biblical Israel: An Introduction*, Louisville, Westminster John Knox, 2009 ; W. S. Morrow, *An Introduction to Biblical Law*, Grand Rapids, Eerdmans, 2017.

contient pas de discussion sur la *genèse* du concept de loi divine. On y trouve seulement une petite partie déclarant que le Deutéronome est conçu comme un contrat entre Dieu et son peuple et que ne pas obéir à la loi est de fait un péché contre Dieu[6]. Bien que des travaux récents sur le sujet des lois divines existent – voir par exemple ceux de Rémi Brague[7], Fred Naiden[8] et Christine Hayes[9] –, leur centre d'intérêt n'est pas l'histoire législative ou intellectuelle de l'émergence de cette notion en tant que telle[10].

Un nouveau regard sur la Torah en tant que loi de Dieu est devenu possible et nécessaire dans le contexte de la recherche actuelle, principalement grâce à trois de ses développements récents. Tout d'abord, depuis le milieu du XXe siècle, il est devenu

---

[6] T. Frymer-Kensky, « Anatolia and the Levant: Israel », dans *A History of Ancient Near Eastern Law*, éd. par R. Westbrook, Leiden, Brill, 2003, 2, p. 975-1046, ici p. 978 (HdO ; 72.2).

[7] R. Brague, *The Law of God: The Philosophical History of an Idea*, trad. L. G. Cochrane, Chicago, University of Chicago Press, 2007.

[8] Fr. S. Naiden, « Gods, Kings, and Lawgivers », dans *Law and Religion in the Eastern Mediterranean: From Antiquity to Early Islam*, éd. par R. G. Kratz et A. C. Hagedorn, New York, Oxford University Press, 2013, p. 79-104.

[9] Chr. Hayes, *What's Divine about Divine Law?: Early Perspectives*, Princeton, Princeton University Press, 2015.

[10] Voir p. ex. R. Albertz, « Die Theologisierung des Rechts im Alten Israel », dans *Geschichte und Theologie: Studien zur Exegese des Alten Testaments und zur Religionsgeschichte Israels*, éd. par *id.*, Berlin, de Gruyter, 2003, p. 187-207 (BZAW ; 326) ; M. LeFebvre, *Collections, Codes, and Torah: The Recharacterization of Israel's Written Law*, New York, T&T Clark, 2006 (LHBOTS ; 451) ; R. G. Kratz, « Theologisierung oder Säkularisierung?: Der biblische Monotheismus im Spannungsfeld von Religion und Politik », dans *Der biblische Gesetzesbegriff: Auf den Spuren einer Säkularisierung*, éd. par O. Behrends, Göttingen, Vandenhoeck & Ruprecht, 2006, p. 43-67, particulièrement p. 54-60 (AAWG.PH ; 278); *id.*, *Historisches und biblisches Israel: Drei Überblicke zum Alten Testament*, 2e éd., Tübingen, Mohr Siebeck, 2017, p. 111-117 ; K. Schmid, « Divine Legislation in the Pentateuch in Its Late Judean and Neo-Babylonian Context », dans *The Fall of Jerusalem and the Rise of the Torah*, éd. par P. Dubovský *et al.*, Tübingen, Mohr Siebeck, 2016, p. 129-153 (FAT ; 107).

évident que les textes de la Bible hébraïque devaient être compris et interprétés dans le contexte plus large du Proche-Orient ancien, et ne pouvaient pas être considérés comme ayant vu le jour dans un *isolement splendide*[11]. Cela est particulièrement important pour la tradition législative de la Bible, qui, dans certaines de ses sections, est en lien très étroit avec d'autres traditions législatives proche-orientales[12].

Ensuite, la recherche sur l'histoire juridique du Pentateuque a permis de se défaire du paradigme explicatif longtemps dominé par Albrecht Alt, qui divisait les lois du Pentateuque en « apodictiques » et « casuistiques », et qui étaient attribuées par Alt respectivement aux origines nomades d'Israël et à l'influence de l'environnement cananéen[13]. Alt identifiait ainsi la notion de loi divine apodictique

---

[11] Voir p. ex. W. W. Hallo *et al.*, éd., *The Context of Scripture: Canonical Compositions, Monumental Inscriptions, and Archival Documents from the Biblical World*, Leiden, Brill, 1997-2017, 4 vol. ; O. Keel et Chr. Uehlinger, *Göttinnen, Götter und Gottessymbole: Neue Erkenntnisse zur Religionsgeschichte Kanaans und Israels aufgrund bislang unerschlossener ikonographischer Quellen*, 5e éd., Freiburg, Herder, 2001 (QD ; 134) ; Chr. B. Hays, *Hidden Riches: A Source Book for the Comparative Study of the Hebrew Bible and Ancient Near East*, Louisville, Westminster John Knox Press, 2014, p. 3-38 ; D. Vieweger, *Geschichte der biblischen Welt: Die südliche Levante vom Beginn der Besiedlung bis zur römischen Zeit*, Gütersloh, Gütersloher Verlagshaus, 2019, 3 vol.

[12] Voir p. ex. D. P. Wright, *Inventing God's Law: How the Covenant Code of the Bible Used and Revised the Laws of Hammurabi*, New York, Oxford University Press, 2009, bien qu'il se trompe probablement en postulant une adoption directe des lois du Code de Hammourabi dans le Code d'alliance; voir Br. Wells, « The Covenant Code and Near Eastern Legal Traditions: A Response to David P. Wright », *Maarav*, 13, 2006, p 85-118; voir également E. Otto, « Das Bundesbuch und der "Kodex" Hammurapi: Das biblische Recht zwischen positiver und subversiver Rezeption von Keilschriftrecht », *ZAR*, 16, 2010, p. 1-26; A. Skaist, « Ancient Near Eastern Law Collections and Legal Forms and Institutions », dans *The Oxford Handbook of Biblical Law*, éd. par P. Barmash, Oxford, Oxford University Press, 2019, p. 305-318 ; S. J. Milstein, *Making a Case: The Practical Roots of Biblical Law*, New York, Oxford University Press, 2021.

[13] A. Alt, *Die Ursprünge des israelitischen Rechts*, Leipzig, Hirzel, 1934. Voir p. ex., dans cette tradition, J. Halbe, *Das Privilegrecht Jahwes ex 34,10-26:*

comme le socle de fondation de l'histoire juridique d'Israël[14] ; les développements historiques de la loi procédant d'une « théologisation » ne pouvaient pas être appréhendés selon cette approche[15]. À l'encontre d'Alt, une distinction stricte entre Israël et Canaan et l'idée d'une tradition juridique spécifique au nomadisme ne peut plus aujourd'hui être maintenue. Même des textes comme Exode 34,18-26, qui a longtemps était considéré comme très ancien, sont aujourd'hui à juste titre définis comme un *épitome* d'Exode 23,14-19[16].

Enfin, la recherche sur le Pentateuque a évolué radicalement durant les quarante dernières années. La notion de sources continues, qui auraient déjà inclus des collections de lois[17], a largement été abandonnée en faveur du tableau plus complexe d'une croissance littéraire, sur le long terme, de petites unités vers des blocs

Gestalt und Wesen, Herkunft und Wirken in vordeuteronomischer Zeit, Göttingen, Vandenhoeck & Ruprecht, 1975 (FRLANT ; 114) ; W. J. Kornfeld, « QDŠ und Gottesrecht im Alten Testament », dans *Congress Volume: Vienna 1980*, éd. par J. A. Emerton, Leiden, Brill, 1981, p. 1-9 (VTSup ; 32) ; J. Scharbert, « Jahwe im frühisraelitischen Recht », dans *Gott der einzige: Zur Entstehung des Monotheismus in Israel*, éd. par E. Haag, Freiburg, Herder, 1985, p. 160-183 (QD ; 104).

[14] Voir E. Gerstenberger, *Essence and Origin of "Apodictic Law"*, Neukirchen-Vluyn, Neukirchener, 1965, p. 110 (WMANT ; 20) ; B. Meyer, *Das apodiktische Recht*, Stuttgart, Kohlhammer, 2017 (BWANT ; 213).

[15] Voir également J. Wellhausen, *Prolegomena zur Geschichte Israels*, 3e éd., Berlin, Reimer, 1886, p. 411 et 413.

[16] Voir parmi tant d'autres E. Blum, *Studien zur Komposition des Pentateuch*, Berlin, de Gruyter, 1990, p. 69 *sq*. (BZAW ; 189) ; Sh. Gesundheit, *Three Times a Year: Studies on Festival Legislation in the Pentateuch*, Tübingen, Mohr Siebeck, 2012, p. 12-43 (FAT ; 82). Différemment, p. ex. Fr. Crüsemann, *Die Tora: Theologie und Sozialgeschichte des alttestamentlichen Gesetzes*, 3e éd., Gütersloh, Gütersloher Verlag-Haus, 1992, p. 142.

[17] Pour Wellhausen, par exemple, le Code d'alliance fait indubitablement partie de JE. Voir J. Wellhausen, *Die Composition des Hexateuchs und der historischen Bücher des Alten Testaments*, 3e éd., Berlin, Reimer, 1899, p. 88-91.

littéraires plus larges[18]. On peut alors – et on doit – réévaluer à nouveaux frais la question de l'émergence de la Torah comme loi divine.

Dans ce qui suit, je vais premièrement jeter un bref regard sur l'histoire de la loi dans le Proche-Orient ancien et discuter comment – dans les grandes lignes – l'établissement de la loi appartient à la sphère du divin (2). Suivront un examen critique de la conception biblique des lois divines (3) et une enquête sur les forces historiques directrices qui les ont produites (4). Bien entendu, tout cela ne peut être qu'une première ébauche, qui requerrait de plus amples développements.

2. Les collections de lois du Proche-Orient ancien et leur ancrage dans la sphère du divin

Nulle part dans le Proche-Orient ancien ne se rencontre la notion de divinités formulant elles-mêmes des lois spécifiques[19]. Cela ne

---

[18] Voir J.-L. Ska, *Introduction to Reading the Pentateuch*, Winona Lake, Eisenbrauns, 2006 ; Th. Römer, « Zwischen Urkunden, Fragmenten und Ergänzungen: Zum Stand der Pentateuchforschung », *ZAW*, 125, 2013, p. 2-24 ; *id.*, « Der Pentateuch », dans *Die Entstehung des Alten Testaments*, éd. par W. Dietrich *et al.*, Stuttgart, Kohlhammer, 2014, p. 53-166 (TW ; 1.1) ; K. Schmid, « Der Pentateuch und seine Theologiegeschichte », *ZThK*, 11, 2014, p. 239-270 ; D. M. Carr, « Changes in Pentateuchal Criticism », dans *Hebrew Bible/Old Testament: The History of Its Interpretation*, *op. cit.*, 3.2, p. 433-466 ; R. G. Kratz, « The Analysis of the Pentateuch: An Attempt to Overcome Barriers of Thinking », *ZAW*, 128, 2016, p. 529-561 ; J. C. Gertz *et al.*, éd., *The Formation of the Pentateuch. Bridging the Academic Cultures of Europe, Israel, and North America*, Tübingen, Mohr Siebeck, 2016 (FAT ; 111) ; Br. A. Anderson, *An Introduction to the Study of the Pentateuch*, Londres, Bloomsbury, 2017 ; Th. B. Dozeman, *The Pentateuch: Introducing the Torah*, Minneapolis, Fortress, 2017.

[19] Voir M. T. Roth, *Law Collections from Mesopotamia and Asia Minor*, 2e éd., Atlanta, SBL, 1997 (WAW ; 6) ; J. Jeremias, *Theologie des Alten Testaments*, Göttingen, Vandenhoeck & Ruprecht, 2015, p. 55 (GAT ; 6). Pour le monde grec, voir G. N. Knoppers, « Moses and the Greek Lawgivers: The Triumph of the Torah in Ancient Mediterranean Perspective », dans D. Jaillard et Chr. Nihan, *Writing Laws*, *op. cit.*, p. 50-77, ici p. 59 *sq.*

veut pas dire, cependant, que la sphère de la loi doive être considérée comme séparée de celle de la religion, même si la recherche sur cet aspect est profondément partagée. Wolfram von Soden, par exemple, écrit à propos du système juridique du Proche-Orient ancien : « Au sens strict, il n'y a pas de loi séculière, mais seulement une loi religieuse[20]. » De son côté, Shalom Paul déclare : « La loi en Mésopotamie est une institution strictement séculière[21]. »

Manifestement, la question de la relation entre religion et loi dans le Proche-Orient ancien va au-delà de l'alternative loi religieuse (*fas*)/loi séculière (*ius*), que l'on peut proposer selon le point de vue romain[22]. Il semble que le cadre de référence doive être élargi : le Proche-Orient ancien ne connaît pas de loi théologisée, mais un soubassement religieux de la loi. Ainsi, aucune loi ne se tient en dehors d'un cadre de référence que l'on peut décrire comme religieux. La vision cosmologique du Proche-Orient ancien se caractérise par la conception d'un ordre du monde qui est généralement décrit en termes juridiques[23].

Mais comment les dieux s'intègrent-ils dans cette structure? Le Code de Hammourabi (v. 1750 av. J.-C.) nous donne quelques informations. Le relief qui se trouve au-dessus du texte de la stèle montre Hammourabi recevant un anneau et un bâton du dieu-soleil[24]. Habituellement, ces objets sont interprétés comme des

---

[20] W. von Soden, *Einführung in die Altorientalistik*, Darmstadt, WBG, 1985, p. 124.

[21] Sh. M. Paul, *Studies in the Book of Covenant in the Light of Cuneiform and Biblical Law*, Leiden, Brill, 1970, p. 8 (VTSup ; 18).

[22] Voir également E. Otto, « Study of Law », *op. cit.*, p. 399.

[23] Voir H. H. Schmid, *Gerechtigkeit als Weltordnung*, Tübingen, Mohr Siebeck, 1968 (BHT ; 40) ; J. Assmann, *Ma'at: Gerechtigkeit und Unsterblichkeit im Alten Ägypten*, Munich, Beck, 1990 ; voir S. Maul, « Der assyrische König - Hüter der Weltordnung », dans *Gerechtigkeit: Richten und Retten in der abendländischen Tradition und ihren altorientalischen Ursprüngen*, éd. par J. Assmann *et al.*, Munich, Fink, 1998, p. 65-77.

[24] Voir G. Elsen-Novák et M. Novák, « Der "König der Gerechtigkeit": On the Iconology and Teleology of the "Codex" Ḫammurapi », *Baghdader*

insignes de l'autorité royale, le bâton représentant peut-être même un stylet. Quoi qu'il en soit, il est clair que Hammourabi ne reçoit pas telle quelle la loi du dieu-soleil, mais est davantage chargé de faire respecter la justice, au sens large, dans le pays, ce qui inclut une activité législatrice. Dans l'épilogue du Code de Hammourabi, il est écrit :

> « Moi, le roi qui se distingue parmi les rois – mes paroles sont exquises, ma prouesse est sans égale. Par l'ordre du Dieu-Soleil, le grand Juge du ciel et de la terre, puisse ma rectitude être vue dans le pays ; par la parole de mon Seigneur Marduk, que mes recueils ne trouvent personne pour les effacer[25]. »

Il faut noter, cependant, que même le dieu-soleil n'est pas à l'origine de la structure de la justice dans le cosmos, mais que celle-ci est, pour ainsi dire, conçue de manière supradivine. Sur la stèle du roi Yaḫdun-Lim de Mari, se trouve la dédicace suivante au dieu-soleil Šamaš :

> « Pour Šamaš, le roi du ciel et de la terre, le souverain des dieux et de l'humanité, qui se soucie de la justice (*me-še-rum*) et à qui la justice (*ki-na-tum*) a été offerte en cadeau[26]. »

Šamaš est responsable du domaine de la loi, mais la structure juridique de l'ordre du monde n'est pas créée par lui et existait avant lui[27]. L'ordre du monde qui peut se décrire juridiquement (*kittum*)

Mitteilungen, 37, 2006, p. 131-155. Voir également P. Barmash, *The Laws of Hammurabi: At the Confluence of Royal and Scribal Traditions*, New York, Oxford University Press, 2021.

[25] TUAT, I/1, p. 76.

[26] Voir D. Frayne, *Old Babylonian Period (2003-1595 B.C.)*, Berlin, de Gruyter, 1990, p. 605 (RIM ; 4). Sur les termes *kinatum* et *kittum* voir CAD, 8, 1971, p. 383 *sq.* et p. 468-472 ; de même dans le détail : K. Lämmerhirt, *Wahrheit und Trug: Untersuchungen zur altorientalischen Begriffsgeschichte*, Münster, Ugarit, 2010, particulièrement p. 293-336 (AOAT ; 348).

[27] Voir la communication privée que Jacob Finkelstein a adressée à Moshe Greenberg et citée dans Moshe Greenberg, « Some Postulates of Biblical Criminal Law », dans *Essential Papers on Israel and the Ancient Near East*, éd. par Fr. E. Greenspahn, New York, New York University Press, 1991, p. 333-352,

est ainsi l'origine et la source de la loi, qui se tient au-dessus des dieux qui peuvent, cependant, demander aux rois de la formuler comme et lorsque nécessaire. Ce processus est moins celui d'une production que celui d'une réception : les lois ne peuvent pas être « inventées » par le roi, mais doivent être « trouvées » – en étant déduites de l'ordre du monde vécu dynamiquement. De ce fait, la loi n'a pas un caractère statique, mais doit être découverte et formulée à nouveaux frais à chaque fois, même si elle ne revêt pas une forme fondamentalement nouvelle dans ce processus, du fait de sa référence à l'ordre cosmologique[28].

3. La loi biblique comme loi divine

On ne peut douter – malgré toutes les différences entre la Torah actuelle et la tradition juridique du Proche-Orient ancien – du fait que la loi biblique soit profondément ancrée dans le système légal proche-oriental et en participe, tant dans ses principes fondamentaux que dans ses manifestations concrètes. Mais comment comprendre historiquement les continuités et les discontinuités entre la loi du Proche-Orient ancien et celle de la Bible?

Au sein de la Torah, trois corpus juridiques sont généralement identifiés : le Code d'alliance (Ex 20-23), le Code de sainteté (Lv 17-26) et le Code deutéronomique (Dt 12-26)[29]. Ces trois

---

ici p. 349, n. 7 : « *What the god "gives" the king is not "laws" but the gift of perception of* kittum, *by virtue of which the king, in distinction from any other individual, becomes capable of promulgating laws that are in accord or harmony with the cosmic principle of* kittum ».

[28] Voir G. Pfeifer, « Gerechtigkeit aus der Perspektive der altorientalischen Rechtsgeschichte », dans *Gerechtigkeit*, éd. par M. Witte, Tübingen, Mohr Siebeck, 2012, p. 15-36, ici p. 23 (UTB ; 3662).

[29] Voir C. Edenburg, « The Book of Covenant », dans P. Barmash, *Handbook, op. cit.*, p. 157-175; R. Achenbach, « Priestly Law », dans P. Barmash, *Handbook, op. cit.*, p. 177-198 ; A. C. Hagedorn, « Deuteronomy and the Deuteronomic Reform », dans P. Barmash, *Handbook, op. cit.*, p. 199-216 ; voir également Jeremias, *Theologie, op. cit.*, p. 59-64.

collections sont identifiées, dans leur forme actuelle, comme « loi de Dieu », soit directement soit indirectement. Le Code d'alliance s'ouvre ainsi :

> « Et YHWH dit à Moïse : "Tu parleras ainsi aux Israélites : 'Vous, vous avez vu que j'ai parlé avec vous depuis le ciel' ". » (Ex 20,22)

Ainsi, c'est Dieu lui-même qui parle ici, mais seulement à Moïse, qui à son tour s'adresse aux israélites. La révélation de Dieu au Sinaï est apparemment utilisée comme argument implicite pour sa vénération exclusive : puisque le peuple d'Israël a vu Dieu leur parler depuis le ciel, il ne peut plus y avoir de place pour d'autres dieux (et leurs images).

Le Code de sainteté commence avec cette instruction :

> « Et YHWH parla à Moïse en disant : "Parle à Aaron et à ses fils et à tous les fils d'Israël, et dis-leur : 'C'est la chose (*hadābār*) que YHWH a ordonnée (*ṣivvāh*)' ". » (Lv 17,1-2)

Le Code de sainteté est donc également un discours de Dieu, mais dans une forme plus indirecte que celle du Code d'alliance : dans ses instructions, Dieu se réfère déjà à lui-même à la troisième personne.

Le Code deutéronomique est introduit d'une manière encore plus distanciée. En Deutéronome 12,1, c'est Moïse et non Dieu qui parle dès le début :

> « Ceux-ci sont les statuts (*haḥuqqîm*) et les jugements (*hamišpaṭîm*) que vous garderez pour les accomplir dans le pays que YHWH, le Dieu de vos pères, vous a donné pour le posséder, aussi longtemps que vous vivrez sur la terre. » (Dt 12,1)

Cette particularité est due à la conception littéraire du Deutéronome en tant que discours d'adieu de Moïse (voir Dt 1,1), dans lequel il transfère vers Israël (depuis la Transjordanie) les lois qu'il avait auparavant reçues au Sinaï. Sous cet aspect, le Code deutéronomique, bien que transmis par Moïse, n'est rien d'autre que d'origine divine. Du point de vue de l'histoire littéraire, on peut même supposer que le Code deutéronomique était au départ conçu comme un discours de Dieu, retranscrivant ainsi directement la loi divine[30]. Des passages comme Deutéronome 6,17 et 28,45 peuvent aller dans ce sens, puisque Dieu semble y être explicitement présupposé comme législateur, même si cela reste discuté[31].

Dans tous les cas, les corpus législatifs de la Torah sont – soit directement (Code d'alliance et Code de sainteté) ou indirectement (Deutéronome) – littérairement conçus comme des lois divines. Aussi claire que soit cette constatation dans la Torah actuelle, il est également apparu évident, dans la recherche récente, que cette construction comme loi de Dieu n'appartient pas aux origines du développement historico-législatif des lois dans le Pentateuque[32]. Elle résulte davantage d'un long processus, qui peut être reconstruit

---

30 Sur la relation entre Dieu et Moïse comme législateurs dans la Torah et son impact dans l'histoire interne de la Bible, voir G. N. Knoppers, « Moses », *op. cit.*, p. 63-69; Sh. Jiang, « God's Law and Theocracy. The Use of "YHWH's Torah" in Chronicles », *ZAW*, 131, 2019, p. 444-458.

31 Voir N. Lohfink, « Das Deuteronomium: Jahwegesetz oder Mosegesetz? », *ThPh*, 65, 1990, p. 387-391 = *id.*, *Studien zum Deuteronomium und zur deuteronomistischen Literatur III*, Stuttgart, Katholisches Bibelwerk, 1995, p. 157-165 (SBAB ; 20). Voir également A. D. H. Mayes, « Deuteronomy: Law of Moses or Law of God? » *PIBA*, 5, 1981, p. 36-54. Différemment, R. G. Kratz, « Der literarische Ort des Deuteronomiums », dans *Liebe und Gebot: Studien zum Deuteronomium. Festschrift für Lothar Perlitt*, éd. par R. G. Kratz et H. Spieckermann, Göttingen, Vandenhoeck & Ruprecht, 2000, p. 101-120 (FRLANT ; 190) ; voir *id.*, « The Idea of Cultic Centralization and Its Supposed Ancient Near Eastern Analogies », dans *One God – One Cult – One Nation: Archaeological and Biblical Perspectives*, éd. par R. G. Kratz et H. Spieckermann, Berlin, de Gruyter, 2010, p. 121-144 (BZAW ; 405).

32 Voir E. Otto, *Wandel der Rechtsbegründungen in der Gesellschaftsgeschichte des Antiken Israel: Eine Rechtsgeschichte des „Bundesbuches". Ex XX,22–XXIII,13*, Leiden *et al.*, Brill, 1988 (StB ; 3) ; *id.*, « Vom Profanrecht zum Gottesrecht: Das Bundesbuch », *TR*, 56, 1991, p. 421-427 ; *id.*, *Deuteronomium 1,1–4,43*, Freiburg, Herder, 2012, p. 231 *sq.* (HThK.AT) ; *id.*, « The Book of Covenant », dans *The Oxford Encyclopedia of the Bible and Law*, éd. par Br. A. Strawn, Oxford, Oxford University Press, 2015, p. 68-77 ; L. Schwienhorst-Schönberger, *Das Bundesbuch (Ex 20,22-23,33): Studien zu seiner Entstehung und Theologie*, Berlin, de Gruyter, 1990 (BZAW ; 188).

le plus clairement pour le Code d'alliance (Ex 20–23)[33]. Les lois de son noyau littéraire et historique (Ex 21,12–22,14), qui est doublement encadré par Exode 20,23.24-26/Exode 23,13-19 et Exode 21,2-11/Exode 23,10-12, n'ont rien de théologique en elles-mêmes et s'inscrivent dans le contexte d'une tradition législative proche-orientale commune, dont la structure syntaxique relève de la forme casuistique habituelle : « si » (*kî*, respectivement pour les cas secondaires *'im*) – « alors » (suite formulée à l'imparfait)[34]. Elles peuvent être définies comme des réceptions provinciales de la tradition législative cunéiforme[35]. La transformation du Code d'alliance en loi divine est le résultat d'un processus interprétatif qui a remodelé l'ancienne tradition législative enracinée dans le Proche-Orient ancien et qui n'était pas encore conçue comme une loi de Dieu. Cette interprétation secondaire est accompagnée par l'intégration narrative du Code d'alliance au contexte de la péricope du Sinaï, qui permet alors à ses lois d'être révélées par Dieu dans ce lieu sacré[36].

---

[33] Voir R. G. Kratz, *Die Komposition der erzählenden Bücher des Alten Testaments*, Göttingen, Vandenhoeck & Ruprecht, 2000, p. 145-150 (UTB ; 2157) ; W. Oswald, « Die Exodus-Gottesberg-Erzählung als Gründungsurkunde der judäischen Bürgergemeinde », dans *Law and Narrative in the Bible and in the Neighbouring Ancient Cultures*, éd. par Kl.-P. Adam *et al.*, Tübingen, Mohr Siebeck, 2012, p. 35-51, ici p. 39-41 (FAT ; II/54) ; K. Schmid, « Divine Legislation », *op. cit.*, p. 141-144.

[34] C. Edenburg, « Book of Covenant », *op. cit.*, p. 158-160.

[35] R. Westbrook, « Cuneiform Law Codes and the Origins of Legislation », dans *Law from the Tigris to the Tiber: The Writings of Raymond Westbrook*, éd. par Br. Wells et R. Magdalene, Winona Lake, Eisenbrauns, 2009, p. 73-96, ici p. 92 ; R. Rothenbusch, *Die kasuistische Rechtssammlung im "Bundesbuch" (Ex 21,2-11.18-22,16) und ihr literarischer Kontext im Licht altorientalischer Parallelen*, Münster, Ugarit, 2000 (AOAT ; 259) ; C. Edenburg, « Book of Covenant », *op. cit.*, p. 160-163.

[36] Voir M. Köckert, « Wie kam das Gesetz an den Sinai », dans *Vergegenwärtigung des Alten Testaments: Beiträge zur biblischen Hermeneutik für Rudolf Smend zum 70. Geburtstag*, éd. par Chr. Bultmann *et al.*, Göttingen, Vandenhoeck & Ruprecht, 2002, p. 13-27, ici p. 21.

Quand et comment cela s'est-il produit ? Un premier indice peut être décelé dans l'introduction du Code d'alliance, en Exode 20,22 *sq.* Ce passage affirme que Dieu « a parlé depuis le ciel » (Ex 20,22b). Cette idée présuppose probablement la destruction du Temple de Jérusalem, après laquelle a prévalu la conception d'un Dieu résidant dans le ciel, d'où il parle (voir Dt 4,36)[37]. De plus, la séquence linguistique « discours de YHWH à Moïse – ordre de transmettre le discours aux israélites – discours direct de YHWH » est typique de la littérature sacerdotale[38].

Un autre indice provient du lien étroit entre Exode 20,24 – la dénommée loi sur l'autel – et Deutéronome 12,13 *sq.*[39]. Si l'on soutient une datation (discutée[40]) de la fin de l'époque préexilique

[37] Voir H.-Chr. Schmitt, « Das Altargesetz und seine redaktionsgeschichtlichen Bezüge », dans *„Einen Altar von Erde mache mir …": FS D. Conrad*, éd. par J. F. Diehl *et al.*, Waltrop, Spener, 2003, p. 269-282, ici p. 273 (KAANT ; 4/5) ; K. Schmid, « Himmelsgott, Weltgott und Schöpfer: "Gott" und der "Himmel" in der Literatur der Zeit des Zweiten Tempels », *JBT*, 20, 2006, p. 111-148 ; Chr. Koch, *Gottes himmlische Wohnstatt*, Tübingen, Mohr Siebeck, 2018, 11 (FAT ; 119).

[38] H.-Chr. Schmitt, « Altargesetz », *op. cit.*, p. 273. Voir également R. G. Kratz, *Komposition*, *op. cit.*, p. 144 *sq.*, p. 149.

[39] Voir, p. ex., B. M. Levinson, *Deuteronomy and the Hermeneutics of Legal Innovation*, New York, Oxford University Press, 1997 ; J. Schaper, « Schriftauslegung und Schrifttwerdung im alten Israel: Eine vergleichende Exegese von Ex 20,24–26 und Dtn 12,13–19 », *ZAR*, 5, 1999, p. 111-132 ; E. Otto, *Deuteronomium 12,1–23,15*, Freiburg, Herder, 2016, p. 1158 *sq.*, 1166 *sq.* (HThK. AT). Voir également J. C. Gertz, « Deuteronomy and the Covenant Code and their Cultural and Historical Contexts: Hermeneutics of Law and Innerbiblical Exegesis », *ZAR*, 25, 2019, p. 187-194.

[40] Sur la nouvelle « bataille du Deutéronome » (voir W. Baumgartner, « Der Kampf um das Deuteronomium », *ThR NF*, 1, 1929, p. 7-25), voir R. G. Kratz, « Der literarische Ort des Deuteronomiums », dans *Liebe und Gebot: Studien zum Deuteronomium*, éd. par *id.* et H. Spieckermann, Göttingen, Vandenhoeck & Ruprecht, 2000, p. 101-120 (FRLANT ; 190) et la discussion entre J. Pakkala, « The Date of the Oldest Edition of Deuteronomy », *ZAW*, 121, 2009, p. 388-401 ; N. MacDonald, « Issues in the Dating of Deuteronomy: A Response to Juha Pakkala », *ZAW*, 122, 2010, p. 431-435 ; J. Pakkala, « The Dating of Deuteronomy: A Response to Nathan MacDonald », *ZAW*, 123, 2011, p. 431-436.

pour le Code deutéronomique[41], cela implique que la formulation en loi divine d'Exode 20,24, qui fonctionnait déjà peut-être comme une introduction au Code d'alliance (ou à une de ses anciennes versions), doit être datée d'avant Deutéronome et donc probablement du VIIIe ou du début du VIIe siècle av. J.-C.[42].

Si l'émergence de l'idée de loi divine devait bien être datée de la fin de la période monarchique, alors on peut supposer que les conditions de l'Exil ont clairement permis d'élargir cette notion. C'est en tout cas évident pour le Code de sainteté (Lv 17-26), mais doit également être vrai pour le développement littéraire et intellectuel ultérieur du Code d'alliance et du Deutéronome. La simple survie d'une tradition législative dans les anciens Israël et Juda postétatiques peut difficilement être comprise sans sa théologisation, si l'on tient compte du fait que la fonction conventionnelle du roi est celle d'un législateur : sans la royauté, une loi royale devient obsolète ; en tant que loi de Dieu, en revanche, elle est capable de résister au cours du temps et aux aléas des changements politiques.

4. Facteurs et forces historiques développant l'idée d'une loi divine

De multiples développements historico-religieux ont été nécessaires avant que le dieu YHWH puisse être compris comme un législateur au Sinaï. Bien que cette affirmation puisse paraître triviale, il est important de garder à l'esprit que ce résultat n'était pas le fruit d'un processus volontaire, mais d'un processus ouvert :

[41] Sur Dt 12,13 *sq.* comme la partie la plus ancienne de la loi de centralisation, voir Th. Römer, « Entstehungsphasen des deuteronomistischen Geschichtswerkes », dans *Die deuteronomistischen Geschichtswerke: Redaktions- und religionsgeschichtliche Perspektiven zur "Deuteronomismus"-Diskussion in Tora und Vorderen Propheten*, éd. par M. Witte *et al.*, Berlin, de Gruyter, 2006, p. 45-70 (BZAW ; 365).

[42] Sur le problème de dater les corpus législatifs, voir P. Barmash, « Determining the Date of Biblical Legal Texts », dans P. Barmash, *Handbook*, *op. cit.*, p. 233-253.

le fait que Dieu ait finalement été présenté comme un législateur est un résultat extrêmement tributaire de son histoire religieuse. Mais d'où cette idée tire-t-elle son origine ? La provenance méridionale de YHWH est discutée[43], mais il semble évident qu'il fut, à l'origine, une divinité de l'orage et du ciel, correspondant au type Baal/Hadad[44]. Le culte de YHWH n'est pas originaire d'Israël ou de Juda, et n'a probablement pas atteint ces régions avant le xᵉ ou le ixᵉ siècle av. J.-C. À son arrivée, YHWH a rapidement été promu au statut de dieu étatique dans le royaume du Nord et seulement par la suite – peut-être par le biais de l'alliance entre la dynastie hiérosolymitaine et les Omrides[45] – dans le royaume du Sud[46].

En parallèle avec le développement monarchique d'Israël et de Juda, on peut aussi penser que YHWH, en tant que dieu d'État, était

---

[43] Voir H. Pfeiffer, *Jahwes Kommen von Süden: Jdc 5; Hab 3; Dtn 33 und Ps 68 in ihrem literatur- und theologiegeschichtlichen Umfeld*, Göttingen, Vandenhoeck & Ruprecht, 2005 (FRLANT ; 211) ; au contraire, M. Leuenberger, « Yhwhs Herkunft aus dem Süden: Archäologische Befunde - biblische Überlieferungen - historische Korrelationen », *ZAW*, 122, 2010, p. 1-19, et encore H. Pfeiffer, « Die Herkunft Jahwes und ihre Zeugen », *BTZ*, 30, 2013, p. 11-43, de même que M. Leuenberger, « Noch einmal: Yhwh aus dem Süden. Methodological and Religious Historical Considerations in the Recent Debate », dans *Geschichte und Gott: XV European Congress of Theology [14-18 September 2014 in Berlin]*, éd. par M. Meyer-Blanck, Leipzig, EVA, 2016, p. 267-287 (VWGT ; 44).

[44] Voir, p. ex., O. Keel, *Die Geschichte Jerusalems und die Entstehung des Monotheismus*, Göttingen, Vandenhoeck & Ruprecht, 2007, p. 199-212 (OLB ; VI,1) ; R. Müller, *Jahwe als Wettergott: Studien zur althebräischen Kultlyrik anhand ausgewählter Psalmen*, Berlin, de Gruyter, 2008 (BZAW ; 387) ; *id.*, « Die frühe Jahweverehrung im Spiegel der ältesten Psalmen », *BTZ*, 30, 2013, p. 89-119.

[45] Voir R. Müller, « Treue zum rettenden Gott: Erwägungen zu Ursprung und Sinn des Ersten Gebots », *ZThK*, 112, 2015, p. 403-428, ici 408, n. 28. Le fait que YHWH puisse être déjà présupposé en tant que dieu d'État dans le royaume du Nord au ixᵉ siècle av. J.-C. est soutenu par la stèle de Mesha (TUAT I/6, 649 l. 18).

[46] Voir M. Köckert, « YHWH in the Northern and Southern Kingdom », dans R. G. Kratz et H. Spieckermann, *One God, op. cit.*, p. 357-394.

compris comme un roi[47]. Cependant, l'idée de monarchie divine faisait au départ référence au règne de YHWH sur le monde céleste (voir Ps 29 ; 93 ; pour une réception plus tardive, voir également Ps 82) ; une conception « théocratique » dans un sens plus restreint, concevant Dieu comme impliqué politiquement et agissant directement comme gouverneur du monde de la sphère terrestre, n'émerge qu'à l'époque exilique et postexilique[48]. En ce qui concerne la notion de Dieu comme législateur, la monarchie divine fait office de prérequis intellectuel mais ne représente pas en soi un développement précoce de cette idée. Dieu gouverne en roi sur les puissances du chaos et les êtres célestes, pendant que les rois terrestres sont responsables de la gouvernance des êtres humains, une situation qui, bien entendu, est instituée et supervisée par Dieu, qui ne s'implique cependant pas directement.

Un autre processus, principalement lié à l'histoire religieuse de YHWH à Jérusalem, c'est-à-dire dans le royaume du Sud[49], est sa

[47] Voir S. Kreuzer, « Die Verbindung von Gottesherrschaft und Königtum Gottes im Alten Testament », dans *Congress Volume Cambridge 1992*, éd. par J. A. Emerton, Leiden, Brill, 1995 (VTSup ; 61), p. 145-161 ; Sh. Flynn, *YHWH is King: The Development of Divine Kingship in Ancient Israel*, Leiden, Brill, 2014 (VTSup ; 159) ; M. Leuenberger, « Die Jhwh-König-Theologie der formativen Psalter-Redaktion und ihre Trägerkreise », dans *Trägerkreise in den Psalmen*, éd. par Fr.-L. Hossfeld *et al.*, Göttingen, Vandenhoeck & Ruprecht, 2017, p. 61-95 (BBB ; 178) ; R. Schmitt, « Die Religionen Israels / Palästinas in der Eisenzeit. 12th-6th Century B.C.E. », *ÄAT*, 94, 2020, p. 125-135 ; Th. E. Lewis, *The Origin and Character of God: Ancient Israelite Religion Through the Lens of Divinity*, New York, Oxford University Press, 2020, p. 495-513.

[48] Voir M. Leuenberger, *Konzeptionen des Königtums Gottes im Psalter: Untersuchungen zu Komposition und Redaktion der theokratischen Bücher IV-V im Psalter*, Zürich, TVZ, 2004 (AThANT ; 83).

[49] Voir O. Keel, « Der salomonische Tempelweihspruch: Observations on the Religious Historical Context of the First Jerusalem Temple », dans *Gottesstadt und Gottesgarten: Zur Geschichte und Theologie des Jerusalemer Tempels*, éd. par O. Keel et E. Zenger, Freiburg, Herder, 2002, p. 9-23 (QD ; 191) ; *id.*, *Geschichte Jerusalems*, *op. cit.*, p. 335 *sq.* Voir Fr. Hartenstein, « Sonnengott und Wettergott in Jerusalem? », dans *Mein Haus wird ein Bethaus für alle Völker genannt werden (Jes 56,7): Judentum seit der Zeit des Zweiten Tempels in Geschichte, Literatur*

solarisation[50], qui doit cependant être interprétée dans le contexte plus large de l'histoire religieuse de l'ascension de YHWH pour devenir « la plus haute divinité »[51]. Les descriptions de Dieu en tant que roi avec des connotations solaires se trouvent, par exemple, dans le Psaume 104 (voir particulièrement les v. 1 *sq.* et 22 *sq.*)[52],

---

und Kult. Festschrift für Thomas Willi zum 65. Geburtstag, éd. par J. Männchen, Neukirchen-Vluyn, Neukirchener, 2007, p. 53-69 ; M. Rösel, « Salomo und die Sonne: Zur Rekonstruktion des Tempelweihspruchs I Reg 8,12f. », *ZAW*, 121, 2009, p. 402-417. Voir la contradiction de O. Keel, « Minima methodica und die Sonnengottheit von Jerusalem », dans *Iconography and Biblical Studies: Proceedings of the Iconography Sessions at the Joint EABS / SBL Conference, 22-26 July 2007, Vienna, Austria*, éd. par I. de Hulster et R. Schmitt, Münster, Ugarit, 2009, p. 213-223 (AOAT ; 361).

[50] Voir p. ex. B. Janowski, « JHWH und der Sonnengott: Aspekte der Solarisierung JHWHs in vorexilischer Zeit », dans *Pluralismus und Identität*, éd. par J. Mehlhausen, Gütersloh, Gütersloher, 1995, p. 214-241 = *id.*, *Die rettende Gerechtigkeit*, Neukirchen-Vluyn, Neukirchener, 1999, p. 192-219 (BTAT ; 2); O. Keel, « Der salomonische Tempelweihspruch », *op. cit.* ; *id.*, *Geschichte Jerusalems*, *op. cit.* ; M. Arneth, *"Sonne der Gerechtigkeit": Studien zur Solarisierung der Jahwe-Religion im Lichte von Psalm 72*, Wiesbaden, Harrassowitz, 2000, p. 54-108 (BZAR ; 1).

[51] Voir H. Niehr, *Der höchste Gott: Alttestamentlicher JHWH-Glaube im Kontext syrisch-kanaanäischer Religion des 1. Jahrtausends v.Chr.*, Berlin, de Gruyter, 1990, p. 17-68 et p. 149-163 (BZAW ; 190) ; H. Irsigler, « Vom Mythos zur Bildsprache: Eine Einführung am Beispiel der 'Solarisierung' JHWHs », dans *Mythisches in biblischer Bildsprache: Gestalt und Verwandlung in Prophetie und Psalmen*, éd. par H. Irsigler, Freiburg, Herder, 2004, p. 9-42 (QD ; 209) ; J. Kutter, « *nūr ilī*: Die Sonnengottheiten in den nordwestsemitischen Religionen von der Spätbronzezeit bis zur vorrömischen Zeit », *AOAT*, 346, 2008, p. 355-417 ; M. Leuenberger, *Gott in Bewegung: Religions- und theologiegeschichtliche Beiträge zu Gottesvorstellungen im alten Israel*, Tübingen, Mohr Siebeck, 2011, p. 14 *sq.* (FAT ; 76).

[52] Voir M. Köckert, « Literargeschichtliche und religionsgeschichtliche Beobachtungen zu Ps 104 », dans *Schriftauslegung in der Schrift: Festschrift für Odil Hannes Steck zu seinem 65. Geburtstag*, éd. par R. G. Kratz *et al.*, Berlin, de Gruyter, 2000, p. 259-279, particulièrement p. 237 (BZAW ; 300) ; voir également R. Müller, *Wettergott*, *op. cit.*, p. 229 *sq.* et p. 234, n. 157. Voir également A. Krüger, *Das Lob des Schöpfers: Studien zur Sprache, Motivik und Theologie von Psalm 104*, Neukirchen-Vluyn, Neukirchener, 2010 (WMANT ; 124).

mais également dans le Psaume 5, 2-4[53]. Outre Malachie 3,20 (« soleil de justice »)[54], la solarisation de YHWH est explicitement mentionnée en Psaume 84,12[55] : « Car un soleil et un bouclier[56] est YHWH Elohim ». De plus, de nombreux textes de la Bible hébraïque attribuent à YHWH des termes solaires, mais sans faire de référence directe au fait qu'il soit « soleil »[57].

La topographie religieuse de Jérusalem est traditionnellement marquée par le soleil, comme le nom de la ville l'indique déjà : *Uru-Šalim*, « ville du crépuscule » (*Šaḥar* et *Šalim* symbolisent l'aube et le crépuscule)[58]. Selon la Bible hébraïque, le culte de YHWH arrive à Jérusalem avec le transfert de l'Arche par David. Bien que ce fait ne puisse être historiquement vérifié[59], du point de vue de l'histoire religieuse, YHWH a bien pu faire son entrée à Jérusalem au Xe ou au IXe siècle av. J.-C. Sa solarisation a alors permis de le rapprocher de la sphère de la loi, puisque dans le Proche-Orient ancien, c'est le dieu-soleil qui est traditionnellement

---

53 Voir J. Kutter, « *nūr ilī* », art. cit., p. 393 ; voir également B. Janowski, *Rettungsgewissheit und Epiphanie des Heils: Das Motiv der Hilfe Gottes "am Morgen" im Alten Orient und im Alten Testament*, vol. 1 : Alter Orient, Neukirchen-Vluyn, Neukirchener, 1989, p. 188 (WMANT ; 59).

54 Voir J. Kutter, « *nūr ilī* », art. cit., p. 400-403.

55 Voir *ibid.*, p. 406 *sq.*

56 Voir R. S. Salo, *Die judäische Königsideologie im Kontext der Nachbarkulturen: Untersuchungen zu den Königspsalmen 2, 18, 20, 21, 45 und 72*, Tübingen, Mohr Siebeck, 2017, p. 242, n. 179 (ORA ; 25).

57 Voir Os 6,5 ; So 3,5 ; également Gn 32,23-33 ; Nb 25,4 ; Jg 19,14-26 ; Ex 17,8-16 ; Jos 10,12 *sq.* ; Jg 9,33 ; 1S 11,9-11. Voir à ce sujet J. Kutter, « *nūr ilī* », art. cit., p. 373-376. L'onomastique en Juda reflète également cette solarisation ; voir J. Kutter, « *nūr ilī* », art. cit., p. 355 *sq.*, p. 383, et p. 413.

58 Voir H. Niehr, « The Constitutive Principles for Establishing Justice and Order in Northwest Semitic Societies with Special Reference to Ancient Israel and Judah », *ZAR*, 3, 1997, p. 112-130.

59 Voir I. Finkelstein et Th. Römer, « The Historical and Archaeological Background Behind the Old Israelite Ark Narrative », *Biblica*, 101, 2020, p. 161-185. Voir également P. Porzig, *Die Lade Jahwes im Alten Testament und in den Texten vom Toten Meer*, Berlin, de Gruyter, 2009 (BZAW ; 397).

tenu pour garant de la législation, même si cela ne constitue pas sa compétence exclusive[60]. La solarisation de YHWH implique en même temps son universalisation, mais également sa rationalisation : par sa connexion au concept du soleil, les actions attribuées à YHWH prennent une dimension et une régularité cosmiques. Cependant, ce processus n'élève pas encore YHWH au rang de législateur, tout comme Šamaš n'est pas l'auteur de la loi dans la tradition proche-orientale. Mais YHWH est placé dans la sphère de la loi et sa nature et ses actions prennent une connotation et une interprétation légale.

L'expression la plus directe, et probablement la plus effective, de la perception de Dieu en termes juridiques en Juda, est la conceptualisation de Dieu comme prenant part au traité avec son peuple, comme cela est reflété avant tout dans le Deutéronome. Depuis les années 1960[61], il est devenu de plus en plus évident que le Deutéronome peut être envisagé comme une réception subversive des traités de vassalité néo-assyriens : il remplace le grand roi assyrien par son propre dieu[62]. C'est à lui, et non au roi assyrien, qu'Israël voue une loyauté absolue qui est légalement définie (voir particulièrement Dt 13, mais également Dt 6,5)[63].

---

[60] Voir B. Janowski, *Rettungsgewissheit*, *op. cit.*, p. 84-90 ; M. Arneth, *Sonne*, *op. cit.*, p. 109-170 ; J. Kutter, « *nūr ilī* », art. cit., p. 34-71 ; R. S. Salo, *Königsideologie*, *op. cit.*, p. 239-245.

[61] Voir, sur l'histoire de la recherche, Chr. Koch, *Vertrag, Treueid und Bund: Studien zur Rezeption des altorientalischen Vertragsrechts im Deuteronomium und zur Ausbildung der Bundestheologie im Alten Testament*, Berlin, de Gruyter, 2008, p. 2-14 (BZAW ; 383).

[62] Sur de possibles parallèles, bien qu'incertains, avec des traités passés avec une divinité dans la littérature législative proche-orientale, voir W. S. Morrow, « Treaties/Loyalty Oaths and Biblical Law », dans P. Barmash, *Handbook*, *op. cit.*, p. 319-322 et p. 327 *sq.*

[63] Voir p. ex. B. Levinson, *Deuteronomy and the Hermeneutics*, *op. cit.* ; B. Levinson et J. Stackert, « Between the Covenant Code and Esarhaddon's Succession Treaty: Deuteronomy 13 and the Composition of Deuteronomy », *JAJ*, 3, 2012, p. 123-140 ; E. Otto, *Das Deuteronomium: Politische Theologie und*

Qu'est-ce qui a déclenché l'interprétation subversive des traités de vassalité néo-assyriens dans le Deutéronome ? Depuis les découvertes de Tell Tayinat, nous possédons un élément empirique qui montre que le système des contrats de vassalité était également utilisé dans l'ouest de l'Empire néo-assyrien[64]. On peut penser que Manassé, roi de Juda, était également tributaire du grand roi néo-assyrien[65]. Après la chute du royaume du Nord en 722 av. J.-C., mais surtout avec la désintégration interne du pouvoir néo-assyrien et le déclin de son influence sur les périphéries de son empire à la fin du VIIe siècle av. J.-C., les cercles à l'origine du Deutéronome semblent avoir saisi l'occasion de remplacer la position du roi néo-assyrien et ses demandes de loyauté par YHWH. Il est facilement concevable, et même probable, qu'il existait un traité de vassalité propre à Juda, sans doute en araméen, qui fournissait la structure spirituelle pour le modèle de traité théologique du Deutéronome[66].

La conception de Dieu comme législateur fut ensuite soutenue de manière décisive par l'expérience de la disparition de la

---

Rechtsreform in Juda und Assyrien, Berlin, de Gruyter, 1999 (BZAW ; 284) ; d'un point de vue critique, C. L. Crouch, *Israel and the Assyrians: Deuteronomy, the Succession Treaty of Esarhaddon, and the Nature of Subversion*, Atlanta, SBL, 2014 (ANEM ; 8) ; W. S. Morrow, « Have Attempts to Establish the Dependence of Deuteronomy on the Esarhaddon Succession Treaty (EST) Failed? », *HeBAI*, 8, 2019, p. 133-158.

64 Voir J. Lauinger, « Esarhaddon's Succession Treaty at Tell Tayinat: Text and Commentary », *JCS*, 64, 2012, p. 87-123 ; T. P. Harrison, « Recent Discoveries at Tayinat (Ancient Kunulua/Calno) and Their Biblical Implications », dans *Congress Volume Munich 2013*, éd. par Chr. Maier, Leiden, Brill, 2014, p. 396-425 (VTSup ; 163).

65 Voir E. A. Knauf, « The Glorious Days of Manasseh », dans *Good Kings and Bad Kings: The Kingdom of Judah in the Seventh Century BCE*, éd. par L. L. Grabbe, Londres, T&T Clark, 2005, p. 164-188 ; G. Lehmann, « Survival and Reconstruction of Judah in the Time of Manasseh », dans *Disaster and Relief Management: Katastrophen und ihre Bewältigung*, éd. par A. Berlejung, Tübingen, Mohr Siebeck, 2012, p. 289-309 (FAT ; 81).

66 Voir Chr. Koch, *Vertrag*, *op. cit.*, p. 274 ; G. Lehmann, « Survival and Reconstruction of Judah », *op. cit.*, p. 306.

monarchie et de l'État en 587 av. J.-C. Avec la perte des institutions monarchiques, la loi n'avait plus de point de référence naturel et pouvait, et même devait, être liée au seigneur du traité, YHWH. De même, on peut supposer que le développement littéraire de la péricope du Sinaï (même si cela est discuté) a largement pris place durant la période de l'Exil[67]. Le transfert du pouvoir législatif du roi à Dieu a été accompagné d'une augmentation de l'obligation de justifier les propositions juridiques de la Bible. Il est notable que presque la moitié des lois du Pentateuque contiennent une clause de motivation qui enjoint le lecteur à les suivre. Sans l'autorité de l'État, l'application de la loi repose sur la perspicacité et l'automotivation de celui à qui elle s'adresse[68]. Cependant, le caractère fondamentalement utopique de la législation biblique doit être souligné. Selon les modèles du Proche-Orient ancien qui la sous-tendent[69], elle servait avant tout – du moins dans la trame littéraire du Pentateuque – de propagande royale pour son dieu, le dieu du monde, YHWH.

---

[67] Voir R. G. Kratz, *Komposition*, *op. cit.*, p. 145-155 ; M. Köckert, « Gesetz », *op. cit.*

[68] Voir C. A. Newsom, « Models of the Moral Self: Hebrew Bible and Second Temple Judaism », *JBL*, 131, 2012, p. 5-25 ; *ead.*, *The Spirit within Me: Self and Agency in Ancient Israel and Second Temple Judaism*, New Haven, Yale University Press, 2021.

[69] Voir R. Westbrook et Br. Wells, *Everyday Law*, *op. cit.*, p. 130 : « *What LH* [scil. *the Laws of Hammurabi*] *shows us is that such lists of laws could be used for purposes other than those initially envisioned by the scribes who authored them. In the case of LH and others (e.g., LU* [scil. *the Laws of Ur-Namma*], *LL* [scil. *the Laws of Lipit-Ishtar*]*), the lists/codes became tools for royal propaganda. They were lifted out of their original, scribal-academic context and inserted into an entirely different context: the royal inscription. They were framed by explicitly propagandistic prologues and epilogues to give them the look and feel of royal proclamation. The laws and rules of these codes were meant to illustrate how well the king, in whose name they were published, had established justice throughout this realm.* »

L'extension du droit sacral dans les traditions sacerdotales du Pentateuque

Christophe Nihan*

1. Liminaire : le retour des lois « sacerdotales » dans le champ du droit juif antique

Au sein du judaïsme antique, les premières collections de lois documentées sont préservées dans la Torah, la première partie du canon juif qui comprend les livres allant de la Genèse au Deutéronome[1]. Depuis le XIXe siècle, les chercheurs ont identifié dans

* Christophe Nihan est professeur de Bible hébraïque à l'université de Münster (Allemagne).

[1] Les autres recueils de la Bible hébraïque contiennent occasionnellement des références à des traditions légales, qui sont importantes pour l'histoire du droit, mais non des « lois » à proprement parler. La seule exception, partielle, se trouve dans la collection placée à la fin du recueil d'Ézéchiel, chap. 40-48, qui demanderait toutefois une autre discussion. Avant l'époque hellénistique, le dossier épigraphique demeure malheureusement très pauvre. On peut mentionner un ostracon provenant de Meṣad Hašavyāhu et datant du VIIe siècle av. J.-C. (pour l'édition, voir J. Renz et W. Röllig, *Handbuch der althebräischen Epigraphik: Band 1: Die althebräischen Inschriften. Text und Kommentar*, Darmstadt, Wissenschaftliche Bibelgesellschaft, 2016. p. 315-329), à quoi l'on peut encore ajouter les contrats

le Pentateuque un ensemble de lois désignées comme lois « sacerdotales » à la fois en raison de leur terminologie spécifique, des thèmes que ces lois abordent, ainsi que de leurs rapports étroits avec le sanctuaire central de Jérusalem. Sauf exception, la délimitation du corpus de ces lois sacerdotales, que l'on trouve principalement dans les livres du Lévitique (désormais abrégé : Lv) et des Nombres (Nb), fait l'objet d'un très large consensus. Il aura notamment fallu les efforts de chercheurs juifs au XXe siècle, tels que J. Milgrom[2], pour réhabiliter les lois sacerdotales et prendre la mesure de leur contribution aux origines du droit juif; à cela s'ajoute la découverte des manuscrits de la mer Morte (Khirbet Qumrân), dont les textes législatifs démontrent souvent une continuité importante avec les lois sacerdotales et témoignent ainsi de la vitalité de cette tradition rituelle et légale[3]. Ce point est désormais largement acquis dans la recherche, et les différents travaux réalisés depuis une vingtaine d'années environ permettent aujourd'hui de se faire une idée beaucoup plus précise à la fois de l'importance des lois sacerdotales, de leur contexte institutionnel, ainsi que des principales tendances qui les caractérisent. Dans le cadre de cet article, j'aimerais revenir sur ce qui me semble être l'une des tendances les plus significatives qui peuvent être observées au sein des lois sacerdotales, et qui concerne ce que j'appelle ici l'extension du droit sacral.

---

araméens provenant de la communauté judéenne d'Éléphantine et datant de l'époque perse (achéménide).

[2] Voir, entre autres publications, J. Milgrom, *Studies in Cultic Theology and Terminology*, Leiden, Brill, 1983, ainsi que son commentaire magistral en trois volumes sur le Lévitique : J. Milgrom, *Leviticus 1-16: A New Translation with Introduction and Commentary*, New York, Doubleday, 1990 ; *id.*, *Leviticus 17-22: A Translation with Introduction and Commentary*, New York *et al.*, Doubleday, 2000 ; *id.*, *Leviticus 23-27: A Translation with Introduction and Commentary*, New York *et al.*, Doubleday, 2001.

[3] On citera ici, entre autres exemples, le « Rouleau du Temple », un écrit datant du IIe siècle av. J.-C. (bien que certaines parties semblent plus anciennes) et présentant un remarquable exemple de réécriture des lois du Pentateuque, notamment des lois sacerdotales du Lévitique et des Nombres.

Avant d'en venir à ce point, quelques précisions s'imposent en ce qui concerne la définition du corpus. Parmi les traditions sacerdotales du Pentateuque, la plus ancienne collection de lois que l'on puisse identifier se trouve dans les chap. 1-16 du Lévitique. Il s'agit là exclusivement de lois rituelles, qui concernent principalement les offrandes apportées au sanctuaire (Lv 1-7) ainsi que les cas d'impureté au sein de la communauté (Lv 11-16). Bien que certaines de ces lois soient anciennes, et remontent selon toute vraisemblance à l'époque de la monarchie judéenne (IXᵉ-VIIᵉ siècle av. J.-C.), plusieurs indices suggèrent que leur rassemblement au sein d'une collection ainsi que leur rattachement au récit sacerdotal du Pentateuque datent du début de l'époque perse, probablement peu après la reconstruction du Temple de Jérusalem, entre 500 et 450 av. J.-C.[4]. Plus tard, cette collection a été complétée par deux ajouts substantiels : d'une part, la collection de lois comprise aux chap. 17-26 du Lévitique, désignée comme « loi de sainteté » ; d'autre part, les lois sacerdotales présentes dans le livre des Nombres. La « loi de sainteté » reprend, en les modifiant, certaines des lois que l'on trouve dans les recueils plus anciens du Pentateuque, notamment le « Code d'alliance » (Exode 21-23) et le Deutéronome (chap. 12-26), mais aussi dans les chap. 1-16 du Lévitique[5]. Il en résulte une collection complexe, bien que présentant une certaine cohérence, et qui combine en son sein des lois relevant de différents domaines du droit – familial, civil, pénal, mais aussi religieux. La composition de cette collection doit être datée, selon toute vraisemblance, de la seconde moitié du Vᵉ siècle av. J.-C., entre -450 et -400. Dans un dernier temps, enfin, les lois du Lévitique ont été complétées par différentes lois

---

[4] Voir là-dessus en détail ma discussion dans Chr. Nihan, *From Priestly Torah to Pentateuch: A Study in the Composition of the Book of Leviticus*, Tübingen, Mohr Siebeck, 2007.

[5] Ce point a bien été démontré dans plusieurs études ; voir notamment J. Stackert, *Rewriting the Torah: Literary Revision in Deuteronomy and the Holiness Legislation*, Tübingen, Mohr Siebeck, 2017 ; Chr. Nihan, *From Priestly Torah to Pentateuch*, *op. cit.*, p. 130-140 ainsi que 395-575.

introduites dans le livre des Nombres[6]. Ces lois servent généralement à préciser des informations qui faisaient défaut dans la législation du Lévitique : entre autres exemples, on y précise quand célébrer la Pâque lorsque celle-ci n'a pas pu être fêtée à la date fixée (Nb 9), ou encore quels sacrifices doivent être offerts lors des fêtes définies par le calendrier de Lévitique 23 (Nb 28-29)[7]. La composition de ces lois peut être située dans le courant du IVe siècle av. J.-C., comme l'a notamment montré Reinhard Achenbach[8].

En ce qui concerne la collection de lois rituelles dans la première partie du Lévitique, chapitres 1-16, il convient de relever que cette collection présente déjà un degré très significatif de codification : à quelques exceptions près, comme la législation du chap. 11 sur les animaux impurs (et par conséquent impropres à la consommation), la plupart des instructions rituelles sur les sacrifices et l'impureté sont organisées selon un schéma casuistique, dans lequel la protase présente le cas alors que l'apodose définit les règles à suivre. L'usage de la formulation casuistique pour organiser des instructions rituelles n'est pas entièrement exceptionnel dans le contexte du Proche-Orient ancien puisqu'on en trouve également des exemples en Mésopotamie, notamment dans la collection d'incantations Šurpu[9]. Par contre, la volonté de codifier de manière plus ou moins systématique des aspects majeurs de la pratique rituelle, tels que les sacrifices ou la gestion de l'impureté,

---

[6] Dans le livre des Nombres, on trouve pour l'essentiel ces lois dans les chap. 5-6, 9, 15, 18-19 et 28-29.

[7] Pour une étude détaillée de la manière dont Nombres 28-29 complète Lévitique 23, voir Chr. Nihan, « Israel's Festival Calendars in Leviticus 23 and Numbers 28–29 and the Formation of Priestly Literature », dans *The Books of Leviticus and Numbers*, éd. Th. Römer, Leuven, Peeters, 2008, p. 177-231.

[8] R. Achenbach, *Die Vollendung der Tora. Studien zur Redaktionsgeschichte des Numeribuches im Kontext von Hexateuch und Pentateuch*, Wiesbaden, Harrassowitz, 2003, p. 443-628.

[9] Pour l'édition de la collection, voir E. Reiner *et al.*, Šurpu*: A Collection of Sumerian and Akkadian Incantations*, 2e éd., Osnabrück, Biblio Verlag, 1970.

demeure exceptionnelle dans le contexte du Proche-Orient ancien. Faut-il alors parler de « lois » pour désigner les instructions qu'elle rassemble ? Cette question demeure passablement discutée. Dans une étude récente, Guy Darshan a proposé de comparer les lois rituelles dans les textes sacerdotaux avec les « lois sacrées » dans le monde grec[10], lesquelles présentent également une forme de codification des pratiques rituelles et cultuelles. Cette comparaison ne va pas sans poser problème, notamment dans la mesure où la notion de « lois sacrées », sans être complètement abandonnée, a fait l'objet d'une remise en question importante dans le domaine des études grecques[11]. Par ailleurs, si lesdites « lois sacrées » présentent certains parallèles formels avec les lois rituelles dans les textes sacerdotaux du Pentateuque, il s'agit là plus de coïncidences ponctuelles que d'un phénomène régulier. De ce point de vue, parler d'un « genre » méditerranéen de lois rituelles, comme le propose Darshan, me paraît excessif. Par contre, la comparaison avec les « lois sacrées » dans le monde grec montre bien qu'une approche excluant entièrement la codification du rituel du domaine du droit, si elle satisfait à nos critères modernes, ne va pas sans poser problème dans le contexte de l'Antiquité. Dans le cas des chap. 1-16 du Lévitique, cette conclusion est confirmée par la réception de cette collection au sein des autres lois sacerdotales du Pentateuque : en Lv 17-26, la « loi de sainteté », les prescriptions rituelles de Lv 1-16 sont reçues au même titre que les autres « lois » du Pentateuque, et systématiquement combinées à ces dernières

[10] G. Darshan, « The Casuistic Priestly Law in Ancient Mediterranean Context: The History of the Genre and Its *Sitz im Leben* », *Harvard Theological Review*, 111, 2015, p. 24-40.

[11] À ce sujet, voir déjà l'étude de R. Parker, « What Are Greek Sacred Laws? », dans *The Law and the Courts in Ancient Greece*, éd. E. M. Harris et L. Rubinstein, Londres, Duckworth, 2004, p. 57-70 ; et plus récemment, la mise au point de J.-M. Carbon et V. Pirenne-Delforge, « Codifying "Sacred Laws" in Ancient Greece », dans *Writing Laws in Antiquity = L'écriture du droit dans l'Antiquité*, éd. D. Jaillard et Chr. Nihan, Wiesbaden, Harrassowitz, 2017, p. 141-157.

sans qu'aucune distinction de forme ou de genre ne soit faite[12]. Tout semble indiquer, en conséquence, que pour les scribes responsables de la composition des textes sacerdotaux les lois rituelles faisaient pleinement partie du domaine du droit.

2. Un exemple de droit sacral dans les lois sacerdotales : l'offrande de « réparation »

Si la collection de Lv 1-16 contient essentiellement des instructions rituelles, on y trouve néanmoins déjà quelques textes qui relèvent d'une forme de droit « sacral », entendu au sens précis de lois concernant les atteintes aux choses sacrées. Or, bien que ce point n'ait pas toujours reçu l'attention qu'il mérite, ces éléments de droit sacral présentent un degré d'élaboration juridique et casuistique tout à fait remarquable. Prenons brièvement l'exemple du chap. 5 du Lévitique. Je donne ici ma traduction des versets 14-26, en justifiant brièvement en notes certains des choix les plus significatifs :

> « 14 Yhwh parla à Moïse : 15 "Quand un individu commet un sacrilège (*m'l m'l*)[13] en péchant de manière non intentionnelle (*biš^egāgâ*) contre les choses sacrées de Yhwh (*qodšê YHWH*) : il doit amener sa réparation (*'āšām*) pour Yhwh : un bélier sans défaut, pris dans le petit bétail et valant un certain nombre de sicles d'argent[14] – d'après le sicle du sanctuaire – pour un sacrifice de réparation (*'āšām*). 16 La chose sacrée contre laquelle il a péché, il la rembourse en y ajoutant le cinquième et il remet cela au prêtre. Quand le prêtre a fait sur lui le rite d'élimination [de

---

[12] Entre autres exemples, la loi de Lévitique 19,5-8 sur la consommation du « sacrifice de paix » reprend la prescription de Lv 7,16-18 en la complétant, et l'insère entre une loi reprenant des éléments clés du Décalogue (Lévitique 19,3-4) et une autre loi consacrée à l'exploitation du sol (Lévitique 19,9-10).

[13] Pour cette traduction de l'expression *m'l m'l* en hébreu, voir notamment la discussion détaillée de J. Milgrom, *Leviticus 1-16*, *op. cit.*, p. 345-356.

[14] Pour cette expression technique, voir ma discussion dans Chr. Nihan, *From Priestly Torah to Pentateuch*, *op. cit.*, p. 246-247, avec de nombreuses références supplémentaires.

la faute] au moyen du bélier du sacrifice de réparation, il lui est pardonné.
[17] Et si un individu pèche contre l'un des interdits de Yhwh, mais qu'il ne savait pas [qu'il avait péché] et qu'il subit les conséquences [de sa faute][15] et porte sa faute[16] : [18] il doit amener au prêtre un bélier sans défaut, pris dans le petit bétail, selon la valeur indiquée pour un sacrifice de réparation. Quand le prêtre a fait sur lui le rite d'élimination de la faute qu'il a commise de manière non intentionnelle et dont il n'avait pas connaissance, il lui est pardonné. [19] C'est un sacrifice de réparation ; il était effectivement coupable envers Yhwh."
[20] Yhwh parla à Moïse : [21] "Quand un individu pèche et commet un sacrilège (*m'l m'l*) envers Yhwh, en trompant son concitoyen à propos d'un bien reçu en dépôt, d'un bien mis en gage[17] ou d'un bien volé, ou en extorquant [un bien à] son compatriote, [22] ou encore en mentant à propos d'un bien perdu qu'il a trouvé – s'il prononce en outre un faux serment au sujet de l'une de ces actions

[15] Le sens de l'expression *we'āšēm* est débattu : l'expression renvoie clairement à la faute commise, mais s'agit-il d'un sens subjectif (c.-à-d., la personne se sent coupable) ou objectif (la personne est prouvée coupable) ? En réalité, l'examen des occurrences suggère que les deux sens sont possibles, et qu'il ne faut vraisemblablement pas les distinguer trop rigoureusement ; l'expression peut donc aussi bien désigner une culpabilité objective que subjective. Voir là-dessus par exemple J. Sklar, *Sin, Impurity, Sacrifice, Atonement: The Priestly Conceptions*, Sheffield, Phoenix Press, 2005, p. 39-41, qui propose ainsi de traduire *we'āšēm* par « subir les conséquences ».

[16] Comme l'a bien montré Br. J. Wells, *The Law of Testimony in the Pentateuchal Codes*, Wiesbaden, Harrassowitz, 2004, p. 78 *sqq.*, dans le contexte de Lv 5,17 cette expression signifie que la personne est objectivement coupable devant la divinité. En outre, elle semble également impliquer que la personne, en tant qu'elle est effectivement coupable, subit les conséquences de son crime : maladie, mauvaise fortune, etc., ce qui s'accorde bien avec le sens de l'expression *we'āšēm* qui précède. Sur l'expression « porter sa faute » dans les lois sacerdotales, voir également l'étude classique de B. J. Schwartz, « The Bearing of Sin in the Priestly Literature », dans *Pomegranates and Golden Bells. FS J. Milgrom*, éd. D. P. Wright, D. N. Freedman et A. Hurvitz, Winona Lake, Eisenbrauns, 1995, p. 3-21.

[17] L'expression correspondante en hébreu est un *hapax legomenon*, de sorte que sa traduction demeure nécessairement conjecturale. Pour la traduction par « gage », voir notamment B. Levine, *The JPS Torah Commentary, Volume 3, Leviticus*, Philadelphie *et al.*, Jewish Publication Society, 1989, p. 33.

> par lesquelles l'individu commet un péché : [23] celui qui a ainsi péché et subit les conséquences [de sa faute] doit rendre ce qu'il a volé, ou ce qu'il a extorqué à son compatriote, ou ce qu'il a reçu en dépôt, ou le bien perdu qu'il a trouvé, [24] ou encore tout bien à propos duquel il a prononcé un faux serment; il le rembourse en entier en y ajoutant le cinquième du prix et il le remet à son propriétaire lorsque sa faute est réalisée. [25] À titre de réparation pour Yhwh, il amène au prêtre un bélier sans défaut, pris dans le petit bétail, selon la valeur indiquée pour un sacrifice de réparation. [26] Quand le prêtre a fait sur lui devant Yhwh le rite d'élimination, il est pardonné, quoi qu'il ait fait pour être coupable." »

La seconde partie du chap. 5, v. 14-26, définit la sanction infligée en cas d'atteinte aux *qodšê YHWH*, expression qui désigne littéralement les « choses sacrées » ou les possessions du dieu (Yhwh); concrètement, et comme l'avait déjà démontré en détail Milgrom, il s'agit ici des biens appartenant au sanctuaire[18]. Le délit concerne donc une forme de *sacrilège*, au sens propre du terme; c'est d'ailleurs la signification du verbe employé en hébreu au v. 15, *m'l m'l*, soit « commettre un sacrilège[19] ». La loi précise en outre que le délit doit avoir été commis *bišᵉgāgâ*, expression qui désigne une faute commise de manière non intentionnelle[20]. Autrement dit, la loi ne

[18] J. Milgrom, *Leviticus 1-16*, *op. cit.*, p. 520-526. Il conclut que l'expression désigne « *all of the sancta, major and minor* ».

[19] Comparer encore Josué 7,1, où la même expression est employée pour désigner l'appropriation illégitime d'un bien appartenant à la divinité. Sur le sens technique de l'expression *m'l m'l* comme désignant le fait de commettre un sacrilège, voir notamment J. Milgrom, « The Concept of *ma'al* in the Bible and in the Ancient Near East », *Journal of the American Oriental Society*, 96, 1976, p. 236-247.

[20] J. Milgrom, *Leviticus 1-16*, *op. cit.*, p. 228-229, considère que l'expression *bišᵉgāgâ* désigne plus précisément une faute commise « par inadvertance », et non simplement de manière non intentionnelle; toutefois, ce sens est trop précis, et ne permet pas d'expliquer l'ensemble des cas dans lesquels cette expression est employée. À l'inverse, le cas de la faute par inadvertance est couvert dans la rubrique suivante, Lv 5,17-19, où il est clairement précisé que la faute par inadvertance se distingue de la faute *bišᵉgāgâ* : la personne a agi sans intention de nuire (šgg) et de surcroît n'avait pas connaissance de son délit (*wᵉhû lo' yāda'*, littéralement « et lui ne savait pas », v. 18b). Il faut donc donner raison aux auteurs

s'applique qu'à condition que *la faute ne relève pas d'une intention délictuelle* ; ce point est important, on y reviendra. La réparation consiste en un bélier mâle, à quoi s'ajoute l'obligation de retourner le bien volé ou endommagé au sanctuaire avec une compensation équivalent à 1/5, soit 20 % de la valeur du bien (Lv 5,14-16). Le bélier qui doit être apporté au sanctuaire est désigné comme *'êl-hā'āšām*, littéralement « le bélier de la faute » (ou éventuellement « de la réparation »), et doit être offert en sacrifice pour la réparation du délit commis à l'égard du sanctuaire ; le texte précise en outre que ce bélier doit être « sans défaut » – autrement dit, on ne peut offrir une bête présentant des tares – et doit avoir une certaine valeur, fixée en sicles d'argent du sanctuaire. La loi ne précise pas comment et par qui cette valeur est fixée ; toutefois, la comparaison avec un autre texte du Lévitique, chapitre 27, semble indiquer qu'il s'agit d'un prêtre[21], probablement le même qui est chargé d'offrir ce bélier en sacrifice. Il est intéressant de relever que, au regard des pénalités financières imposées en cas d'appropriation illégitime du bien d'autrui dans les lois du Proche-Orient ancien, mais aussi dans les autres collections légales du Pentateuque, la pénalité de 20 % qui est définie en Lv 5,14-16 paraît remarquablement clémente[22]. Ce phénomène s'explique vraisemblablement par l'absence

qui considèrent que l'expression *bišegāgâ* désigne la faute non intentionnelle, et non la faute par inadvertance ; voir par exemple Th. Seidl, « šāgag », dans *Theologisches Wörterbuch zum Alten Testament*, éd. G. J. Botterweck *et al.*, 1993, vol. 7, p. 1058-1065. Sur l'importance de ces distinctions en Lv 5, voir la discussion ci-dessous.

21 Lv 27 évoque à plusieurs reprises l'évaluation d'un bien par un prêtre, que ce soit dans le cas de donations au sanctuaire portant sur des personnes (v. 8), des animaux (v. 12-13) ou des maisons (v. 14).

22 Le Code d'alliance en Ex 21-23 définit ainsi une pénalité de 300 % de la valeur d'un animal dans le cas du petit bétail et de 400 % dans le cas du gros bétail, au cas où l'animal n'est pas retrouvé (Ex 21,37) ; dans le cas où l'animal est retrouvé, la pénalité n'est que de 200 % (Ex 22,3). Dans d'autres codes proche-orientaux, ces pénalités peuvent être encore considérablement plus élevées, comparer par exemple le § 8 du Code de Hammurabi.

d'intention délictuelle, qui agit ici comme un facteur atténuant. En même temps, un taux de 20 % est fréquemment mentionné, dans le Proche-Orient ancien, dans le contexte de prêts d'argent par les sanctuaires[23], et ce taux est également indiqué par la loi de Lv 27 en cas de rachat d'un objet donné au sanctuaire, par exemple dans le cadre d'un vœu[24]. Il semble donc que l'atteinte involontaire aux possessions du sanctuaire soit ici assimilée à une forme d'emprunt par les législateurs sacerdotaux.

Cette première loi sur les atteintes aux biens du sanctuaire est complétée par deux lois supplémentaires, aux v. 17-19 et 20-26. La première de ces lois, v. 17-19, stipule que l'obligation d'apporter un bélier mâle intact en réparation au sanctuaire s'applique également dans les cas où une personne aurait transgressé par inadvertance l'un des interdits divins (littéralement : « les commandements qu'il ne faut pas faire »), et n'aurait pris conscience de son tort qu'après coup. Spécifiquement, la formulation du v. 17b, « il subit les conséquences [de sa faute] et porte sa faute » fait clairement référence à une situation dans laquelle la personne réalise qu'elle a dû commettre un délit parce qu'elle s'estime punie par la divinité : la personne tombe malade, est frappée de divers malheurs, etc.[25]. Par rapport à la loi

[23] Voir là-dessus R. P. Maloney, « Usury and Restrictions on Interest-Taking in the Ancient Near East », *Catholic Biblical Quarterly*, 36, 1974, p. 1-20 ; et plus récemment M. E. Stevens, *Temples, Tithes, and Taxes: The Temple and the Economic Life of Ancient Israel*, Peabody MA, Hendrickson, 2006, p. 152-154. Le rôle des temples dans les prêts hypothécaires est effectivement bien documenté dans toute l'Antiquité ; voir là-dessus par exemple J. K. Davies, « Temples, Credit, and the Circulation of Money », dans *Money and Its Uses in the Ancient Greek World*, éd. A. Meadows et K. Shipton, Oxford/ New York, Oxford University Press, 2001, p. 117-128.

[24] Voir Lv 27,13.15.19.27.31.

[25] Cette conception renvoie évidemment à l'idée plus générale, dans le monde antique, selon laquelle les dieux sont les garants de l'ordre et du droit et se chargent en conséquence de sanctionner ceux qui transgressent cet ordre. Elle est abondamment illustrée par le discours des amis de Job dans le livre du même nom, ces derniers expliquant à Job que ses malheurs doivent nécessairement refléter une offense faite à la divinité.

des v. 14-16, on observe ici un double phénomène d'extension du champ juridique : d'une part, le délit dont il est question n'est plus seulement caractérisé par l'absence d'intention, mais par l'absence de conscience du caractère délictuel de l'acte au moment de sa réalisation; d'autre part, le champ du délit ne concerne plus seulement les biens appartenant en propre au sanctuaire, mais plus généralement l'ensemble des interdits divins, qui sont en quelque sorte assimilés ici aux possessions du sanctuaire. La seconde des lois qui vient compléter la législation en cas d'atteinte aux biens du sanctuaire, aux v. 20-26, concerne différents types de délits portant sur un bien appartenant à un autre membre de la communauté, mais qui se trouve entre les mains d'une personne, soit que ce bien ait été prêté, ou donné en gage, extorqué de manière frauduleuse ou encore simplement trouvé par hasard (v. 21-22); en outre, dans la situation juridique exposée par la loi, la personne qui se trouve dépositaire du bien en question alors qu'elle n'en est pas le ou la propriétaire légitime nie par serment avoir le bien en question en sa possession[26]. Si le délit est découvert, autrement dit si la détention frauduleuse du bien est avérée, la personne coupable doit restituer le bien en question à son propriétaire avec une plus-value de 20 %, comme déjà aux v. 14-16, et amener en outre au sanctuaire un bélier intact en offrande -*'āšām*, autrement dit, en réparation de son délit. De manière très intéressante, cette loi représente en réalité un complément à la loi du Code d'alliance en Ex 22,9-10[27] : cette dernière stipulait déjà qu'en cas de conflit sur un bien confié en dépôt mais égaré, la personne à qui le bien avait été confié devait prêter serment, sans toutefois évoquer le cas de figure où une personne prononcerait un faux serment. En Lv 5,20-26, les conséquences d'un tel faux

---

26 Cette interprétation des v. 20-26 avait été argumentée en détail par J. Milgrom, *Studies in Cultic Theology and Terminology*, *op. cit.*, p. 84-128, et a été généralement suivie depuis.

27 Comme l'avait justement relevé A. Schenker, *Recht und Kult im Alten Testament. Achtzehn Studien*, Freiburg, Universitätsverlag ; Göttingen, Vandenhoeck & Ruprecht, 2000, p. 120.

serment sont désormais couvertes par la loi. Il est toutefois probable que la loi a ici en vue le cas d'une personne qui, après avoir prêté un faux serment visant à couvrir la détention illégitime d'un bien, se dénoncerait d'elle-même. Cette interprétation permet notamment d'expliquer, là encore, la relative clémence de la loi, puisque la pénalité infligée est identique à celle en cas d'atteinte non intentionnelle aux possessions du sanctuaire (v. 14-16)[28].

En dépit de sa brièveté, la législation de Lv 5 est remarquable à plus d'un titre. Dans les limites de cet article, je me contenterai de souligner deux points en particulier. Le premier point concerne le degré d'élaboration casuistique, notamment pour ce qui touche à la question de la prise en compte et de la définition de l'intentionnalité. Ainsi qu'on l'a vu, la législation de Lv 5 distingue les délits non intentionnels des délits par inadvertance, c.-à-d. une forme de délit dans lequel le ou la coupable n'avait non seulement pas l'intention de nuire, mais n'était pas conscient du caractère potentiellement nuisible de son acte au moment de commettre ce dernier. En outre, la dernière rubrique, aux v. 20-26, complète cette législation par le cas d'un bien qui peut avoir été acquis sans délit, autrement dit de manière légitime, mais dont la possession fait par la suite l'objet d'un faux serment. La dernière rubrique représente très clairement un cas limite par rapport aux précédentes, puisqu'ici le délit est certes intentionnel ; la personne qui prête un faux serment à propos d'un objet qu'elle détient de manière illégitime agit nécessairement de manière délibérée. Toutefois, le caractère délictuel et intentionnel concerne non pas l'acquisition première de l'objet (sauf évidemment en cas de vol) mais bien plutôt sa conservation par le biais d'un faux serment. Par ailleurs, l'agencement des trois rubriques légales semble indiquer que le législateur sacerdotal réfléchit ici aux rapports entre le caractère intentionnel ou non du délit et la

[28] Dans ce cas, la loi a vraisemblablement pour fonction d'encourager le retour des biens détenus de manière illégitime, comme le relève justement J. Milgrom, *Leviticus 1-16*, *op. cit.*, p. 329-330.

dissimulation de ce dernier : le premier type de délit (v. 14-16) est non intentionnel mais manifeste, le deuxième type (v. 17-19) est non intentionnel et dissimulé (puisque la personne n'est initialement pas consciente du caractère délictuel de son acte), le troisième type (v. 20-26) est intentionnel mais non manifeste, puisque le coupable prête un faux serment afin précisément de dissimuler sa possession d'un bien dont il n'est pas propriétaire. On peut résumer ce point par le tableau suivant :

Lv 5,14-16	- intentionnel	- dissimulé
Lv 5,17-19	- intentionnel	+ dissimulé
Lv 5,20-26	+ intentionnel	+ dissimulé

La question de l'intentionnalité n'est pas entièrement nouvelle dans le champ du droit de l'Israël ancien, puisque les lois sur l'homicide du Code d'alliance (Ex 21,12-14) et, surtout, du Deutéronome (Dt 19,1-13) distinguent déjà entre homicide intentionnel et homicide accidentel ; dans le second cas, le meurtrier ne doit pas être mis à mort, mais est autorisé à se réfugier dans l'une des villes prévues à cet effet, désignées comme « villes de refuge ». Par contre, le degré de problématisation des notions d'intentionnalité et de non-intentionnalité que l'on observe dans la législation de Lv 5 est à ma connaissance sans parallèle dans les autres collections de lois du Pentateuque. Dans une étude de 2012, Angelos Chaniotis avait déjà montré, dans le cas des traditions grecques, que la notion de non-intentionnalité avait été initialement élaborée dans le cas du droit portant sur l'homicide, dans le but notamment de mettre un terme aux vendettas entre familles, avant d'être reprise et développée dans le domaine rituel[29]. Il semble bien que l'on ait affaire au même processus dans le cas de l'Israël ancien. Ce point est important, car il oblige à réévaluer substantiellement l'apport des législateurs

---

[29] A. Chaniotis, « Greek Ritual Purity: From Automatisms to Moral Distinctions », *How Purity Is Made*, éd. P. H. Rösch *et al.*, Wiesbaden, Harrassowitz, 2012, p. 123-139.

sacerdotaux à l'élaboration de la pensée juridique et casuistique aux origines du judaïsme.

La seconde remarque, qui n'est pas moins importante, concerne le champ d'application du droit sacral tel qu'il est défini par le législateur sacerdotal en Lv 5. Bien qu'il convienne d'éviter de projeter sur le texte de Lv 5 des distinctions modernes et par conséquent anachroniques, il est évident que cette législation témoigne d'une forme d'élargissement du droit sacral aux domaines du droit civil et pénal. Seule la première rubrique, v. 14-16, concerne à strictement parler les possessions du sanctuaire ; dès la deuxième rubrique, v. 17-19, la perspective est élargie aux transgressions contre les interdits divins, autrement dit, à toutes les formes de sacrilège contre la divinité ; et dans la troisième rubrique, v. 20-26, la perspective est encore étendue aux faux serments. Cette dernière extension n'est pas aussi arbitraire qu'il peut y paraître de prime abord, car dans l'Antiquité les serments – en tout cas les serments importants – comportaient généralement l'invocation des dieux comme garants de la validité du serment[30]. Ici, la législation de Lv 5,20-26 a très vraisemblablement en vue le cas d'une personne ayant prêté un faux serment au nom du dieu d'Israël[31] ; il s'agit donc bien, techniquement, d'une forme de sacrilège, ce qui explique la présence de cette rubrique légale dans la législation de Lv 5. De ce point de vue, l'importance de la législation de Lv 5 réside dans le fait que cette législation commence par une définition assez étroite du droit sacral, qui comprend l'ensemble des biens relevant du sanctuaire (v. 14-16), pour étendre ensuite ce droit à l'ensemble des atteintes non seulement à l'encontre du sanctuaire, mais également de la divinité elle-même. Dans des sociétés antiques où les dieux sont

[30] Sur la nature de ce type de serment dans le Proche-Orient ancien, voir R. Westbrook, « The Deposit Law of Exodus 22,6-12 », *Zeitschrift für die Alttestamentliche Wissenschaft*, 106, 1994, p. 390-403.

[31] De fait, certains passages de la Bible hébraïque, tels que Deutéronome 6,13 et 10,20, exigent que les serments soient exclusivement jurés au nom de Yhwh, et non d'un autre dieu.

de facto associés à la plupart des activités sociales – et le judaïsme postexilique ne fait pas exception sur ce point, en dépit du développement d'une forme de culte monothéiste –, le champ d'application d'une telle législation est en principe quasiment illimité. L'expression employée dans la deuxième rubrique pour désigner l'objet sur lequel porte la transgression, *k^{o}l-miṣwot YHWH*, littéralement « tous les commandements de Yhwh », est particulièrement révélatrice à cet égard ; rapportée au cas du Pentateuque, dans lequel toutes les lois ou presque sont considérées comme des lois d'origine divine, le principe posé ici par la législation de Lv 5 est celui de l'extension du droit sacral à l'ensemble des lois, et corrélativement, d'une subsomption du droit sous la législation du sanctuaire central de Jérusalem.

3. Le cas de la femme soupçonnée d'adultère en Nombres 5

Une telle conception du droit sacral, posée de manière programmatique en Lv 5, trouve plusieurs prolongements dans les révisions ultérieures des lois sacerdotales. Un exemple particulièrement intéressant de ce phénomène se trouve dans la loi du chap. 5 du livre des Nombres sur la femme soupçonnée d'adultère. Nb 5,11-31 envisage une situation dans laquelle un homme soupçonne son épouse d'adultère, sans pouvoir toutefois prouver la culpabilité de cette dernière : comme l'énonce le v. 13, il n'y a pas de témoins, et la femme n'a pas été prise sur le fait. L'acte délictuel n'est donc pas avéré. En ce sens, la loi de Nb 5 vient compléter la loi plus ancienne de Deutéronome 22[32], laquelle envisageait déjà une sanction en cas d'adultère, à savoir la mise à mort des deux amants, mais seulement

[32] Sur ce point, voir par exemple R. Achenbach, *Die Vollendung der Tora, op. cit.*, p. 507 ; ainsi que H. Seebass, *Numeri, 1. Teilband : Numeri 1,1–10,10*, Neukirchen-Vluyn, Neukirchener Verlag, 2012, p. 125. Plus généralement, sur l'adultère dans une perspective de droit proche-oriental comparé, voir S. Lafont, *Femmes, droit et justice dans l'Antiquité orientale : contribution à l'étude du droit pénal au Proche-Orient ancien*, Fribourg, Éditions universitaires ; Göttingen, Vandenhoeck & Ruprecht, 1999, p. 29-91.

pour le cas où ces derniers étaient pris sur le fait (Dt 22,22; comparer encore Lv 20,10). Selon Nb 5, le mari doit conduire sa femme au sanctuaire en emportant une offrande, désignée comme « offrande de jalousie ». Une fois au sanctuaire, la femme est conduite devant la divinité par un prêtre, qui pose dans ses mains l'offrande de jalousie apportée par le mari; le prêtre fait alors prêter serment au nom du dieu à la femme, puis rédige ce serment sur un document (*sēper*), qu'il plonge ensuite dans une eau désignée comme « eau d'amertume ». La femme doit alors boire cette eau contenant les paroles du serment qu'elle a prononcé; la fin du texte décrit les conséquences de l'absorption de cette eau par la femme soupçonnée d'adultère : si elle est innocente, elle sera féconde, alors que si elle est coupable, elle deviendra apparemment incapable de procréer[33]. Il est important de relever que, bien que cette loi vienne compléter la législation du Deutéronome, le langage employé est celui du Lévitique. Ainsi, l'adultère est décrit en Nb 5,13 comme une forme de « souillure » (avec le niphal du verbe *ṭm'*)[34], expression que l'on trouve déjà employée dans le même contexte en Lv 18,20; l'acte sexuel proprement dit est désigné dans le même verset comme šikbat-zera‘, littéralement « émission de semence », comme en

[33] Il pourrait s'agir d'un abaissement de l'utérus, comme le soutient T. Frymer-Kensky, « The Strange Case of the Suspected Sotah (Numbers V 11-31) », *Vetus Testamentum*, 34, 1984, p. 11-26, ici p. 20. Toutefois, cette question n'est pas décisive dans le cadre de cette étude. Par ailleurs, il est possible que la loi ait en vue le cas d'une femme enceinte, dont la paternité de l'enfant serait incertaine, ainsi que l'ont suggéré certains commentateurs. En effet, selon la logique du rituel, une femme soupçonnée d'adultère par son mari qui, après avoir été soumise à ce rituel, conduirait sa grossesse à terme, démontre publiquement que les soupçons de son époux sont infondés, obligeant ainsi ce dernier à reconnaître l'enfant comme étant légitime. Cette lecture présente une certaine cohérence, et ne peut être exclue. Toutefois, elle demeure hypothétique dans la mesure où le texte n'indique pas clairement que la femme soupçonnée d'adultère est enceinte.

[34] Cette expression est répétée aux v. 14.20.27.28 et 29. Sur l'emploi du verbe *ṭm'* dans cette loi, voir notamment l'étude de E. Van Wolde, « The Niphal as Middle Voice and Its Consequence for Meaning », *Journal for the Study of the Old Testament*, 43, 2019, p. 453-478.

Lv 19,20. Au v. 15, il est précisé que le mari jaloux ne doit pas mettre d'huile ni d'encens sur son offrande, dans le but de distinguer cette offrande des offrandes végétales ordinaires telles qu'elles sont définies en Lv 2[35]. En ce sens, la loi de Nb 5 ne se contente pas de prolonger la législation du Deutéronome sur l'adultère, elle reformule également la loi sur l'adultère dans un langage qui est celui des législateurs sacerdotaux du Pentateuque.

Ce texte, évidemment fort dérangeant pour nous, est néanmoins fascinant à plus d'un titre, entre autres parce qu'il représente le seul véritable cas d'ordalie au sein du corpus légal du Pentateuque[36]. Pour ce qui m'intéresse ici, je me contenterai de souligner un point essentiel. La principale innovation introduite par le texte de Nb 5 est de placer désormais le temple au centre de la procédure en cas d'adultère, puisque la femme soupçonnée d'adultère est amenée par son mari devant un prêtre, qui se charge de lui appliquer le rituel prévu par la loi[37]. Bien que ce point n'ait pas toujours été compris, ce développement, qui place la procédure en cas d'adultère sous l'autorité du sanctuaire, est en réalité justifié par la terminologie employée en Nb 5. En effet, le texte n'emploie pas la terminologie classique de l'adultère dans la Bible hébraïque, notamment le verbe *n'p*[38], mais décrit l'adultère supposé de la femme avec l'expression *m'l m'l*, expression que nous avons déjà rencontrée déjà en Lv 5 pour qualifier le sacrilège : « Si une femme se détourne de son mari et lui est infidèle (*m'l m'l*)... »

---

[35] Comme le relèvent plusieurs commentateurs : voir, entre autres, H. Seebass, *Numeri*, *op. cit.*, p.136.

[36] Comme le relève, à juste titre, S. Lafont, *Femmes, droit et justice*, p. 274.

[37] S. Lafont, *Femmes, droit et justice*, p. 275, reconstruit derrière Nb 5 une procédure plus complexe, dans laquelle la femme soupçonnée d'adultère aurait d'abord été soumise à un jugement interlocutoire, « prescrivant le recours à ce type de preuve et énonçant peut-être la sanction encourue ». Toutefois, une telle reconstruction n'est appuyée par aucun indice dans le texte de Nb 5.

[38] C'est l'expression employée ailleurs dans le Décalogue (Ex 20,14 ; Dt 5,18), ainsi qu'encore dans la « loi de sainteté » (Lv 20,10).

(v. 12) ; cette formulation est répétée à la fin du texte, v. 27, de sorte qu'elle encadre en quelque sorte l'ensemble de la législation définie en Nb 5,11-31 et de la procédure rituelle que cette législation prescrit. Ailleurs dans la Bible hébraïque, l'expression *m'l m'l* est exclusivement employée pour désigner des atteintes à la divinité ; c'est d'ailleurs également le cas dans la loi de Nb 5,5-10, qui précède immédiatement Nb 5,11-31[39]. En Nb 5,12 et 27, cette expression est employée, pour la première fois, afin de caractériser l'atteinte faite au mari par son épouse au cas où l'adultère est effectivement réalisé. *L'adultère est ainsi assimilé ici à une forme d'atteinte contre la divinité* : en trompant son mari, la femme ne se montre pas seulement infidèle à l'égard de ce dernier, mais également de son dieu.

Du point de vue du droit de l'Israël ancien, l'adultère est ainsi requalifié ici comme une forme de sacrilège, ce qui justifie en retour le fait que l'ensemble de la procédure juridico-rituelle se déroule au sanctuaire, sous l'autorité d'un prêtre. Ce développement correspond lui-même à une évolution plus générale de l'institution du mariage qui, dans certains textes bibliques et post-bibliques, est réinterprété comme une institution *sacrale*, protégée en quelque sorte par la divinité elle-même. Cette conception n'est pas la conception classique dans l'Israël ancien – comme d'ailleurs dans le reste du Proche-Orient – où le mariage semble avoir été pour l'essentiel un arrangement socio-économique entre deux familles ; c'est d'ailleurs la pratique qui est encore documentée dans les contrats de mariage de la communauté juive d'Éléphantine, en

[39] Contra J. Milgrom, *The JPS Torah Commentary, Volume 4, Numbers*, Philadelphie *et al.*, Jewish Publication Society, 1990, p. 37, il n'y a pas de raison de considérer que l'expression *m'l m'l* serait employée en Nb 5,12 dans un sens métaphorique ou abstrait, plutôt que technique. Cette hypothèse est déjà contredite par la formulation casuistique du v. 12, ainsi que par l'emploi de cette expression dans la loi qui précède immédiatement, Nb 5,5-10 (v. 6), où elle désigne clairement une forme de sacrilège.

Égypte, au ve s. av. J.-C.[40]. En dehors de Nb 5, la conception du mariage comme institution sacrale, et non plus comme simple arrangement socio-économique, est également documentée pour la première fois dans un passage du recueil de Malachie, 2,13-16, lequel date également de la seconde moitié de l'époque perse (fin v^{e}/ive siècle av. J.-C.). Ce texte, philologiquement complexe, ne peut être discuté en détail dans le cadre de cette étude et mériterait une étude distincte[41]. Néanmoins, ce qui ressort clairement de ce texte est que le mariage y est défini comme une « alliance » (*b^{e}rît*) entre l'époux et l'épouse (Ml 2,14), dont la rupture par l'époux en cas de divorce représente non seulement une forme de violence à l'encontre de l'épouse (v. 16) mais également une offense à l'encontre de la divinité (v. 15), cette dernière apparaissant ici par conséquent comme garante du mariage. La loi de Nb 5, également rédigée dans la seconde moitié de l'époque perse et qui est donc à peu près contemporaine du texte de Malachie 2,13-16, présente une même conception du mariage comme institution sacrale, mais dont elle développe pour sa part les implications juridiques : si le mariage est une institution sacrale, l'adultère, qu'il soit avéré ou non, relève de l'autorité du sanctuaire, et non plus simplement de la sphère familiale ou même civile, comme c'était encore le cas en Dt 22[42].

---

[40] À ce sujet, voir par exemple la mise au point de B. S. Jackson, « Marriage and Divorce: From Social Institution to Halakhic Norms », dans *The Dead Sea Scrolls : Texts and Context*, éd. Ch. Hempel, Leiden *et al.*, Brill, 2010, p. 339-364.

[41] Pour une étude détaillée des problèmes philologiques de ce passage, voir notamment A. Meinhold, *Maleachi*, Neukirchen-Vluyn, Neukirchener Verlag, 2006 (avec de nombreuses références bibliographiques supplémentaires).

[42] On notera au passage que si les deux textes développent les conséquences du concept du mariage comme institution sacrale, le texte de Nb 5 le fait du point de vue des droits du mari sur son épouse, alors que Ml 2,13-16 évoque pour sa part le problème inverse du tort causé à l'épouse par le mari en cas de divorce.

4. La primauté du droit sacral sur d'autres formes de droit : l'exemple de Lévitique 24

Si Nb 5 illustre l'extension du droit sacral jusque dans la sphère familiale, d'autres textes, pour leur part, posent le principe du primat du droit sacral sur d'autres formes de droit. Le meilleur exemple de ce phénomène se trouve probablement dans le texte de Lv 24. Comme le reste des chap. 17-26 du Lévitique, le chap. 24 fait partie de la collection de lois sacerdotales désignée sous le nom de « loi de sainteté ». Comme indiqué plus haut, cette collection de lois se caractérise notamment par la réception systématique des lois du Décalogue (Ex 20 et Dt 5), du Code d'alliance (Ex 20-23) et du Deutéronome, lois qui sont révisées en Lv 17-26 dans une perspective typiquement sacerdotale et combinées avec les instructions rituelles déjà présentes en Lv 1-16. La loi de sainteté représente, à cet égard, une forme de synthèse légale entre les lois sacerdotales et les autres traditions légales du Pentateuque, qui a pour effet d'élargir le champ des lois sacerdotales bien au-delà du sanctuaire, en intégrant plusieurs aspects essentiels du droit civil et pénal présents dans les autres collections de lois. Le chap. 24, pour sa part, conserve aux v. 10-23 ce que l'on peut appeler une *fiction légale* : lors d'une rixe entre deux hommes, l'un d'eux aurait blasphémé – littéralement « percé » (*nqb*) selon le texte hébreu – le nom de la divinité. Le coupable est alors amené devant Moïse, qui consulte la divinité pour savoir ce qu'il convient de faire. Moïse reçoit un oracle, l'informant que le coupable de blasphème doit être mis à mort en étant lapidé par l'ensemble de la communauté (v. 13-16) ; de manière quelque peu surprenante en apparence, la réponse de la divinité ne s'arrête cependant pas là mais poursuit en énumérant les sanctions pour différents types de blessures infligées à autrui : l'homicide doit être puni de la peine de mort (v. 17), alors que la mort d'un animal doit être simplement compensée financièrement (v. 18) ; quant aux blessures non létales infligées à autrui, la sanction consiste à infliger la même blessure au coupable (v. 19-20).

« [13] Yhwh parla ainsi à Moïse : [14] "Fais sortir du camp celui qui a blasphémé ; que tous ceux qui l'ont entendu imposent leurs mains sur sa tête, et que toute la communauté le lapide. [15] Tu parleras ainsi aux fils d'Israël : Si un homme insulte (*qll*) son Dieu, il doit porter le poids de son péché ; [16] mais celui qui blasphème (litt. « perce », *nqb*) le Nom de Yhwh sera mis à mort[43] : toute la communauté le lapidera ; émigré ou indigène, il sera mis à mort pour avoir blasphémé le Nom.

[17] Quiconque frappe [G : et tue][44] tout être humain (*k^o^l-nepeš ʾādām*) sera mis à mort. [18] Celui qui frappe [G : et tue] un animal (*nepeš-b^e^hēmâ*) donnera compensation – [une] vie pour [une] vie (*nepeš taḥat nepeš*). [19] Quiconque inflige une infirmité à un autre : comme il a fait, c'est ainsi qu'il lui sera fait – [20] [une] fracture pour [une] fracture, [un] œil pour [un] œil, [une] dent pour [une] dent ; comme il a infligé une infirmité à un être humain, c'est ainsi qu'il lui sera infligé. [21] Qui frappe un animal donnera compensation ; mais qui frappe [G : et tue] un être humain sera mis à mort." »

Il y aurait, là encore, beaucoup à dire sur ce texte complexe mais important, que j'ai étudié plus en détail ailleurs[45]. Je me limiterai ici à quelques remarques essentielles. Pour commencer, la fiction légale de Lv 24 représente une exégèse assez sophistiquée de la

---

[43] Le verbe *qll*, au piel, fonctionne ici comme antonyme de *kbd* piel, « honorer », et désigne par conséquent le fait d'insulter ou de mépriser la divinité, sans toutefois nécessairement prononcer le nom de cette dernière. Le verbe *nqb*, pour sa part, n'est pas simplement employé comme synonyme mais renvoie spécifiquement à une forme d'atteinte, pour ainsi dire physique, au nom de la divinité. Pour une analyse détaillée de ces deux termes, voir notamment S. V. Tishchenko, « To Curse God? Some Remarks on Jacob Milgrom's Interpretation of Lev 24:10-16, 23 », dans *Babel und Bibel 3: Annual of Ancient Near Eastern, Old Testament, and Semitic Studies*, éd. L. Kogan, Winona Lake, Eisenbrauns, 2006, p. 543-550 ; ainsi que Chr. Nihan, « Murder, Blasphemy and Sacral Law: Another Look at Lev 24,10-23 », *Zeitschrift für Altorientalische und Biblische Rechtsgeschichte*, 17, 2011, p. 211-240, ici p. 215-220.

[44] Le texte grec ancien (G) ajoute systématiquement la précision *kaì apotháne̅*, « et tue », après la mention du coup porté à un être humain ou un animal, explicitant ainsi qu'il s'agit bien de coups mortels.

[45] Chr. Nihan, « Murder, Blasphemy and Sacral Law », art. cit., où l'on trouvera de nombreuses références bibliographiques supplémentaires.

loi du talion présentée au chap. 21 du livre de l'Exode, v. 22-25[46]. Comme en Ex 21,22-25, une rixe entre deux hommes débouche sur une blessure infligée à un tiers (Lv 24,10-12), laquelle fournit alors l'occasion de promulguer la loi sur le talion (Lv 24,13-23). Les v. 17-21 reprennent d'ailleurs certaines des expressions de la loi d'Ex 21,22-25, soulignant ainsi la continuité lexico-sémantique entre les deux textes. C'est le cas, notamment, de la formule dite « talionique » en Ex 21,23b-24 : « [une] vie pour [une] vie, [un] œil pour [un] œil, [une] dent pour [une] dent » ; l'expression « [une] vie pour [une] vie » (*nepeš taḥat nepeš*) est ainsi reprise en Lv 24,18, alors que la formule « [un] œil pour [un] œil, [une] dent pour [une] dent » est citée au v. 20, où elle est désormais précédée de la mention « [une] fracture pour [une] fracture », ce motif étant peut-être repris pour sa part de Lv 21,19[47]. C'est donc bien la réécriture de la loi du talion qui forme en quelque sorte le cadre à la fois narratif et juridique du récit de Lv 24,10-23[48]. Il y a toutefois plusieurs différences essentielles entre la loi du talion en Ex 21 et

---

[46] Comme le relève notamment B. S. Jackson, *Studies in the Semiotics of Biblical Law*, Londres, Bloomsbury Publishing, 2000, p. 292-293. Ce point est central pour comprendre la fiction légale de Lv 24,10-23, même s'il n'a pas toujours été correctement perçu. La loi du talion en Ex 21 a fait l'objet de très nombreux travaux, qu'il n'est pas possible de citer ici en détail. Entre autres études, voir E. Otto, « Die Geschichte der Talion im Alten Orient und Israel », dans *Ernten, was man sät. FS K. Koch*, éd. D. R. Daniels, U. Glessmer et M. Rösel, Neukirchen-Vluyn, Neukirchener Verlag, 1991, p. 101-130 ; ainsi que Chr. Nihan, « Révisions scribales et transformations du droit dans l'Israël ancien : le cas du talion (jus talionis) », dans *Loi et justice dans la littérature du Proche-Orient ancien*, éd. O. Artus, Wiesbaden, Harrassowitz, 2013, p. 123-158, où l'on trouvera un état relativement récent de la discussion. Pour une synthèse générale sur le talion dans le contexte proche-oriental, voir notamment O. Artus, « Talion », *Dictionnaire de la Bible. Supplément*, Paris, Letouzey et Ané, 2005, vol. 13, p. 881-908.

[47] En effet, il n'y a que dans ces deux passages que le terme hébreu šeber I « fracture » apparaît; pour plus de détails sur ce point, voir Chr. Nihan, « Murder, Blasphemy and Sacral Law », art. cit., p. 244, n. 46.

[48] Sur ce point, voir ma discussion dans Chr. Nihan, « Murder, Blasphemy and Sacral Law », art. cit., p. 212-215.

sa réécriture en Lv 24. Premièrement, la blessure qui intervient dans le cadre de la rixe n'est plus infligée à un tiers humain, mais à la divinité : en blasphémant la divinité, le coupable a littéralement « percé son nom » selon Lv 24,11. Deuxièmement, le talion, qui concernait en Ex 21 uniquement les blessures *non létales*, est désormais étendu en Lv 24 à l'homicide[49]. Troisièmement, enfin, alors que la loi sur le talion d'Ex 21 envisageait la possibilité d'une compensation financière pour les blessures non létales[50], le principe du talion est désormais réinterprété en Lv 24 dans une perspective littérale[51]. En conséquence, une infirmité infligée à autrui est désormais sanctionnée par la perte du membre correspondant chez le coupable, comme le précise clairement la formulation des v. 19b et 20b, lesquels encadrent la liste des infirmités en 20a : « Quiconque inflige une infirmité à un autre : comme il a fait, c'est ainsi qu'il lui sera fait » (19), et encore : « comme il a infligé une infirmité à un être humain, c'est ainsi qu'il lui sera infligé »

---

[49] Le cas de l'homicide est réglé séparément dans le Code de l'alliance en Ex 21,12-14, d'où il ressort clairement que l'homicide est sanctionné par la peine de mort si l'intentionnalité est avérée.

[50] Ce point fait désormais l'objet d'un large consensus dans les études sur la loi du talion en Ex 21,22-25 ; voir notamment R. Westbrook, « Lex Talionis and Exodus 21,22–25 », *Revue Biblique*, 93, 1986, p. 52-69 ; E. Otto, « Die Geschichte der Talion », art. cit. ; L. Schwienhorst-Schönberger, « Auge um Auge, Zahn um Zahn », *Bibel und Liturgie*, 63, 1990, p. 163-175 ; Chr. Nihan, « Révisions scribales et transformations du droit dans l'Israël ancien », art. cit., p. 136-140. De ce point de vue, il serait plus juste de parler de « formule d'équivalence » plutôt que de « formule talionique » en Ex 21. Voir déjà à ce sujet les remarques de G. Cardascia, « La place du talion dans l'histoire du droit pénal à la lumière des droits du Proche-Orient ancien », dans *Mélanges offerts à Jean Dauvillier*, Toulouse, 1979, p. 169-183, ici p. 171-172.

[51] Comme le relevait déjà à juste titre Westbrook, « Lex Talionis and Exodus 21,22–25 », p. 68-69, qui concluait : « *The law unambiguously demands literal retaliation* ». D'autres auteurs, tels que L. Schwienhorst-Schönberger, « Auge um Auge, Zahn um Zahn », art. cit., p. 169-171, ont parfois soutenu que la loi de Lv 24,17-21 envisagerait également une forme de compensation financière. Toutefois, cette lecture semble clairement contredite par la formulation des v. 17-21.

(v. 20b)[52]. La compensation financière n'a pas entièrement disparu en Lv 24, mais elle est désormais réservée aux blessures infligées aux animaux (v. 18 et 21).

L'herméneutique légale qui ressort de cette exégèse du talion en Lv 24 ne propose rien de moins qu'un système d'équivalence entre les torts infligés à la divinité, aux hommes et aux animaux[53], ces derniers étant bien sûr envisagés ici non pas pour eux-mêmes mais – dans le contexte de l'Antiquité – en tant que propriété d'autrui. Dans le cas des torts à l'encontre d'un autre membre de la communauté, un strict principe de proportionnalité s'applique : l'homicide est sanctionné par la peine capitale, alors que les blessures non létales sont sanctionnées par la perte du même membre. Dans le cas des torts envers la divinité et les animaux, par contre, la sanction n'est pas proportionnelle à la faute : l'insulte faite à la divinité est sanctionnée par la peine de mort, alors que les blessures infligées à un animal sont seules à pouvoir faire l'objet d'une compensation financière.

---

[52] Cette relecture littérale du talion en Ex 21 semble reposer sur un autre passage de la tradition sacerdotale, Genèse 9,5-6, qui interdit formellement de verser le sang d'autrui au motif que l'être humain a été créé à l'« image » ou à l'effigie (*ṣelem*, terme que l'on peut rapprocher de l'accadien *ṣalmu* II) de la divinité : « Qui verse le sang de l'homme, au nom de l'homme [ou : par l'homme] son sang sera versé ». Sur ce point, voir ma discussion détaillée dans Chr. Nihan, « Murder, Blasphemy and Sacral Law », art. cit., p. 232-234 ; *id.*, « Révisions scribales et transformations du droit dans l'Israël ancien », art. cit., p. 153-156 ; et comparer également E. Otto, « Geschichte der Talion », art. cit., p. 125-126 ; A. Ruwe, « Heiligkeitsgesetz » und « Priesterschrift »: Literaturgeschichtliche und rechtssystematische Untersuchungen zu Leviticus 17,1-26,2, Tübingen, Mohr Siebeck, 1999, p. 336.

[53] Ce point avait déjà été vu par A. Ruwe, « Heiligkeitsgesetz » und « Priesterschrift », art. cit., p. 333, bien que l'interprétation qu'il en donne diffère de celle proposée ici.

Victime	Délit	Sanction	Proportionnalité
divinité	blasphème	peine capitale	–
humain	homicide blessure non létale	peine capitale blessure	+
animal	blessure, létale ou non létale	compensation financière	–

Comme on le voit, la conception juridique introduite ici par le législateur sacerdotal repose sur une hiérarchisation claire des délits et des peines en fonction de la victime : les délits les plus graves concernent les offenses faites à la divinité – autrement dit les sacrilèges –, puis viennent les blessures – mortelles et non mortelles – infligées à autrui, puis enfin les dommages à la propriété. *Droit sacral, droit pénal et droit de la propriété sont ici intégrés dans un système à la fois cohérent et différencié, qui repose entièrement sur le primat du droit sacral sur les autres formes de droit.* De ce point de vue, la fiction juridique de Lv 24 fonctionne comme une espèce de métacommentaire pour l'ensemble de la loi de sainteté en Lv 17-26, voire – au-delà – pour l'ensemble des lois sacerdotales.

5. Conclusion : l'extension du droit sacral dans le contexte sociohistorique de l'époque perse (v^e^-ive siècles av. J.-C.)

J'ai cherché à montrer dans cette étude que la formation des lois sacerdotales dans le courant de l'époque perse, au ve et au ive siècles av. J.-C., s'accompagne systématiquement, chez les législateurs sacerdotaux, d'une réflexion sur la place du droit sacral. La centralité du droit sacral est posée, en quelque sorte de manière programmatique, dans la législation de Lévitique 5, pour être ensuite développée dans plusieurs textes clés de la législation sacerdotale, tels que Nombres 5 ou Lévitique 24. Nombres 5 illustre l'extension du droit sacral dans la sphère familiale ; Lévitique 24, pour sa part, pose le principe du primat du droit sacral sur les autres formes de droit.

Il resterait alors à discuter de manière plus approfondie le contexte social et politique propre à cette conception du droit sacral dans la législation sacerdotale. À bien des égards, la conception du droit sacral projetée par la législation sacerdotale relève d'abord et avant tout d'un idéal juridico-légal, qui n'a vraisemblablement jamais été mis en pratique tel quel. Les quelques données historiques dont nous disposons indiquent qu'à l'époque perse, le grand prêtre était soumis à l'autorité du gouverneur, ou *peḥâ*, nommé par l'administration royale achéménide. Il est d'ailleurs probable que la nomination du grand prêtre devait être confirmée par le gouverneur, comme le suggèrent notamment les données comparatives[54]. À ce titre, il est probable que le grand prêtre disposait d'une certaine autonomie administrative et juridique dans l'enceinte du sanctuaire de Jérusalem[55], mais guère au-delà ; du point de vue historique, il paraît donc très peu vraisemblable que les prêtres de Jérusalem aient eu le pouvoir d'appliquer la plupart des lois que j'ai discutées ici. Les choses semblent toutefois avoir évolué dans la dernière partie de l'époque perse, au IVe siècle av. J.-C., où certaines

[54] Voir P. Berlin 13539 et 13540, où il est question de la nomination d'un nouveau prêtre-*lesonis* pour le temple du dieu Khnûm à Éléphantine ; pour l'édition de ces textes, voir C. J. Martin, « The Demotic Texts », dans *The Elephantine Papyri in English: Three Millennia of Cross-Cultural Continuity and Change*, éd. B. Porten, Leiden *et al.*, Brill, 1996, p. 277-385, ici p. 289-290. Dans le cas de la Judée perse, ce point est peut-être corroboré par un récit de Flavius Josèphe, *Ant.* 11.297-301, selon lequel le gouverneur Bagōsēs (= Bagohi) aurait promis la prêtrise à un certain Jēsūs (Josué), frère du grand prêtre légitime Jōannēs (Yoḥanan). Toutefois, l'historicité de ce récit est discutée, bien qu'il semble à peu près certain que Josèphe ait utilisé une source plus ancienne. Dans tous les cas, son récit semble compatible avec les données dont nous disposons quant au rapport entre le gouverneur et le grand prêtre. Sur ce dossier, voir notamment l'ouvrage de L. S. Fried, *The Priest and the Great King: Temple-Palace Relations in the Persian Empire*, Winona Lake, Eisenbrauns, 2004.

[55] Ce point est notamment suggéré par un passage du recueil de Zacharie, Za 3,7, qui promet au grand prêtre de Jérusalem qu'il pourra « gouverner » librement le Temple au retour d'exil ; le verbe employé (*dyn*) implique notamment une fonction juridique, bien que le champ sémantique soit plus large.

indications suggèrent que le Temple de Jérusalem a occupé une place plus importante dans l'administration de la province de Judée[56]. Le poste de gouverneur disparaît à la fin du IVe siècle, lors de la transition entre la domination perse (achéménide) et lagide[57]. Dans ce contexte, si le grand prêtre ne remplace pas simplement le gouverneur (contrairement à ce que l'on a pu parfois affirmer)[58], la disparition de ce dernier semble néanmoins avoir consolidé l'autorité sacerdotale à Jérusalem ; ce point est notamment corroboré par la petite pièce de monnaie portant la légende « YWḤNN HKHN », soit « Yoḥanan le grand-prêtre » et datant de la fin du IVe siècle av. J.-C.[59], qui semble indiquer qu'en l'absence du gouverneur le grand prêtre disposait de l'autorité nécessaire pour frapper monnaie

[56] Voir par exemple à ce sujet A. Lemaire, « Administration in Fourth-Century B.C.E. Judah in Light of Epigraphy and Numismatics », dans *Judah and the Judeans in the Fourth Century B.C.E.*, éd. O. Lipschits *et al.*, Winona Lake, Eisenbrauns, 2007, p. 53-74, particulièrement p. 58-61.

[57] Selon H. Gonzalez et M. Mendoza, « "What Have the Macedonians Ever Done for Us?" A Reassessment of the Changes in Samaria by the Start of the Hellenistic Period », dans *Yahwistic Diversity and the Hebrew Bible: Tracing Perspectives of Group Identity from Judah, Samaria and the Diaspora in Biblical Traditions*, éd. B. Hensel, D. Nocquet et B. Adamczewski, Tübingen, Mohr Siebeck, 2020, p. 169-229, ici p. 205-206, le dernier gouverneur de Judée, Ézéchias, aurait été déporté en Égypte dans le contexte de la campagne de Ptolémée I dans le Levant.

[58] En particulier, rien ne permet d'affirmer que le grand prêtre ait joué un rôle significatif dans l'administration de la province sous la domination lagide (IIIe siècle av. J.-C.). En ce sens, il est excessif de parler du grand prêtre comme d'un « ethnarque » à cette époque, comme le fait par exemple W. Oswald, « Der Hohepriester als Ethnarch. Zur politischen Organisation Judäas im 4. Jahrhundert v. Chr. », *Zeitschrift für altorientalische und biblische Rechtsgeschichte*, 21, 2015, p. 309-320. Une telle conception semble plutôt refléter une rétroprojection de la situation à l'époque hasmonéenne (IIe-Ier siècle av. J.-C.) sur les époques antérieures.

[59] Pour la première publication de cette pièce, voir D. P. Barag, « A Silver Coin of Yoḥanan the High Priest and the Coinage of Judea in the Fourth Century B.C. », *Israel Numismatic Journal*, 9, 1986-1987, p. 4-21. Pour la datation de cette pièce dans la dernière partie du IVe s., voir désormais H. Gitler et C. Lorber, « A New Chronology for the Yehizkiyah Coins of Judah », *Schweizerische Numismatische Rundschau*, 87, 2008, p. 61-82, ici p. 69-70.

à Jérusalem, en tout cas de manière provisoire[60]. En ce sens, si l'extension du droit sacral dans la législation sacerdotale que j'ai discutée ici demeure avant tout un programme politico-juridique qui n'a jamais été appliqué comme tel durant l'époque perse, ce programme s'inscrit néanmoins dans un contexte historique caractérisé par le développement du rôle administratif, politique et juridique du sanctuaire central de Jérusalem, principale institution indigène en Judée après la disparition de la monarchie locale au début du VIe siècle av. J.-C.

---

[60] Cette autorité semble toutefois avoir été limitée à Jérusalem et ses environs immédiats : rien n'indique, encore une fois, que le grand prêtre ait joué un rôle quelconque dans l'administration de la province sous la domination lagide.

La prééminence du droit dans le judaïsme antique à l'épreuve du cas hasmonéen

Katell Berthelot*

La question posée lors de la journée d'étude organisée à Orléans en 2021 peut être résumée ainsi : l'existence d'une loi ancrée dans la révélation d'un dieu transcendant garantit-elle la prééminence du droit (« *the rule of law* »)? Comme historienne, il m'a semblé approprié de répondre à cette question à partir d'un cas historique concret, celui de la dynastie hasmonéenne, issue d'une famille de prêtres juifs qui s'empara du pouvoir politique et militaire et gouverna la Judée aux IIᵉ et Iᵉʳ siècles avant notre ère[1]. Cet exemple

* Katell Berthelot est directrice de recherche au CNRS, centre Paul-Albert-Février.

[1] Parmi les études récentes sur cette dynastie, voir E. Dabrowa, *The Hasmoneans and their State: A Study in History, Ideology, and the Institutions*, Krakow, Jagiellonian University Press, 2010 ; E. Regev, *The Hasmoneans: Ideology, Archaeology, Identity*, Göttingen, Vandenhoeck & Ruprecht, 2013 ; B. Eckhardt, *Ethnos und Herrschaft: Politische Figurationen judäischer Identität von Antiochos III. bis Herodes I.*, Berlin, Walter de Gruyter, 2013 ; V. Babota, *The Institution of the Hasmonean High Priesthood*, Leiden, Brill, 2014 ; K. Atkinson, *A History of the Hasmonean State: Josephus and Beyond*, Londres, T&T Clark, 2016 ; K. Berthelot, *In Search of the Promised Land? The Hasmonean Dynasty between Biblical Models and Hellenistic Diplomacy*, Göttingen, Vandenhoeck

entretient des liens étroits avec la question de la dimension contraignante d'un droit « supérieur » pour le pouvoir royal, ou plus généralement politique.

La gouvernance hasmonéenne a suscité beaucoup d'intérêt chez ceux qui se sont penchés sur la question de l'articulation du politique et du juridique (ou du judiciaire) dans le judaïsme antique, car c'est le moment où la Judée est à nouveau gouvernée par des rois, et où il est question de l'institution d'une cour de justice appelée sanhédrin. De plus, les *Antiquités juives* de Flavius Josèphe et les sources rabbiniques rapportent plusieurs épisodes de conflit entre les dirigeants hasmonéens (en particulier Jean Hyrcan, Alexandre Jannée et Hyrcan II) et les pharisiens, qui sont censés incarner la connaissance de la Loi et, dans certains récits, être dépositaires de la fonction judiciaire comme membres du sanhédrin[2].

Dans le cadre de cet article, j'ai choisi d'examiner une autre source, le *Premier Livre des Maccabées*, qui nous renseigne de manière privilégiée sur le fondateur de la dynastie hasmonéenne à proprement parler, Simon (le frère de Judas Maccabée et le père de Jean Hyrcan), et sur le mode de fonctionnement de l'État judéen vers 140 avant notre ère. J'exposerai dans un premier temps comment s'est posée la question de la prééminence du droit (c'est-à-dire de la Torah) au cours de la lutte des Maccabées pour le pouvoir,

& Ruprecht, 2018. L'ouvrage d'É. Will et Cl. Orrieux, *Ioudaïsmos-Hellènismos : essai sur le judaïsme judéen à l'époque hellénistique*, Nancy, Presses universitaires de Nancy, 1986, demeure par ailleurs une ressource précieuse.

[2] Je pense ici aux études de Robert M. Cover, Michael Walzer et David Flatto, qui portent en particulier sur le Talmud de Babylone, Sanhedrin 19a-b (un conflit entre le roi Alexandre Jannée et les sages membres du sanhédrin). Voir R. Cover, « The Folktales of Justice: Tales of Jurisdiction », *Capital University Law Review*, 179, 1985, p. 179-203 ; M. Walzer, « A Monarchic Constitution? », dans *The Jewish Political Tradition, vol. I, Authority*, éd. par M. Walzer, M. Lorberbaum et N. J. Zohar, avec la collaboration de Y. Lorberbaum, New Haven, Yale University Press, 2000, p. 139-141 ; D. Flatto, « Justice Retold: The Seminal Narrations of the Trial of the Judean King », *Journal of Law and Religion*, 30.1, 2015, p. 3-35.

puis je me pencherai sur l'édit du peuple en faveur de Simon dans 1 Maccabées 14, 27-47. Dans un troisième temps, j'examinerai l'opposition au pouvoir hasmonéen formulée dans les textes de Qumrân et les écrits rabbiniques, en m'interrogeant sur le rôle qu'y joue la prééminence du droit.

Avant d'aborder le cas hasmonéen, il faut toutefois rappeler brièvement la complexité des données bibliques. En effet, les Hasmonéens revendiquaient une grande fidélité à la Torah et une observance scrupuleuse de ses lois. Mais plusieurs questions se posent : qui, dans les textes bibliques, a la charge de transmettre, interpréter et faire appliquer la Loi ? Qui dit le droit et qui exerce le pouvoir judiciaire ?

1. Les données bibliques

D'après les sources bibliques, la connaissance de la Loi et l'exercice de la justice se rattachent à l'origine à la fonction prophétique, qui est intrinsèquement liée à la transmission de la parole divine : ainsi Moïse est-il à la fois prophète, législateur et juge[3]. On peut aussi relever que dans les livres bibliques relatifs à la période de la royauté (l'ensemble 1 Samuel-2 Rois, complété par 1-2 Chroniques), la figure qui s'oppose le plus fréquemment au pouvoir royal au nom de la Loi divine ou d'une parole divine particulière n'est autre que

[3] Sur Moïse comme juge, voir par exemple Ex 18, 13.16. Haim Shapira note à propos d'Exode 18 et de la nomination des juges : « *Nevertheless, the prophet is not removed from the picture. Under the new system, the prophets engage in revealing the law: "Stand before God for the people, so that you may bring the difficulties to God. And you shall teach them the statutes and the laws, and show them the way in which they must walk and the work they must do." As against that, the judges will deal with judgment: "and let them judge the people at all times." The distinction drawn between the function of the prophet and that of the judge is similar to that drawn between legislation and judgment. The prophet deals with legislation, while the judges engage in judgment* » (« "For the Judgment is God's": Human Judgment and Divine Justice in the Hebrew Bible and Jewish Tradition », *Bar Ilan Law Review*, 26, 2010, p. 273-328, citation p. 285).

le prophète. Mais si les cas de Moïse et Samuel représentent des exemples de figures prophétiques exerçant des fonctions judiciaires, sous la monarchie il est difficile de voir dans les prophètes de la Bible hébraïque des juges, et encore moins des juristes[4].

Les prophètes ne sont toutefois pas les seules figures chargées de dire le droit et rendre la justice. Le livre de l'Exode évoque non seulement le don de la Loi au Sinaï par l'intermédiaire de Moïse, mais la mise en place d'un système judiciaire dans lequel Moïse délègue sa fonction de juge à des hommes choisis parmi les différentes tribus du peuple d'Israël, chargés de résoudre les cas ordinaires, tandis qu'il conserve pour lui-même la responsabilité de trancher les cas difficiles ou nouveaux, au sujet desquels il faut consulter Dieu directement (18, 17-26)[5]. Deux niveaux de juridiction sont ainsi esquissés : le premier nécessite le don de prophétie, tandis que le second ne le requiert pas. Le récit de la nomination des juges en Exode 18 est repris au début du livre du Deutéronome (1, 9-18), qui stipule également au chapitre 16 : « Tu te donneras des juges et des secrétaires aux portes de toutes les villes que l'Éternel, ton Dieu, te donne, tribu par tribu ; ils jugeront le peuple avec justice » (16, 18, trad. NBS)[6].

Dans le corpus biblique, la connaissance de la Loi et l'exercice de la justice apparaissent aussi tantôt comme une fonction royale, tantôt comme une fonction sacerdotale. Plusieurs textes décrivent le roi comme exerçant la justice et prononçant des jugements (on

---

[4] Pour Samuel, voir 1 Sam 7, 6.15-16.

[5] Esdras apparaît comme un nouveau Moïse quand on lit en Esdras 7, 25 : « Et toi, Esdras, selon la sagesse de Dieu, qui est entre tes mains, nomme des juges et des magistrats qui rendent la justice pour tout le peuple de Transeuphratène, pour tous ceux qui connaissent les lois de ton Dieu ; et fais-les connaître à ceux qui ne les connaissent pas » (trad. NBS).

[6] Cependant les modalités d'exercice de la fonction de juge ne sont guère explicitées. Par ailleurs il ne faut pas confondre ces juges avec les chefs politico-militaires qualifiés de « juges » dans le Livre des Juges, qui décrit la période précédant l'établissement de la royauté (voir en particulier Jg 2, 16-19).

pense notamment à la fameuse scène du jugement de Salomon en 1 Rois 3, 16-28), rejoignant par là d'autres traditions du Proche-Orient ancien[7]. Cependant d'autres textes bibliques, sans doute plus tardifs, ne semblent pas envisager de fonction judiciaire pour le roi. Deutéronome 17, 14-20 souligne la dimension contraignante de la Loi pour le roi, qui doit lui-même réaliser une copie de la Torah, la lire tous les jours et s'y soumettre (v.18-19)[8]. De manière significative, il n'est pas dit que le roi rend la justice. Dans ce chapitre 17, les dépositaires de la Loi, ceux qui assument les fonctions de juristes et de juges, semblent être avant tout les prêtres et les Lévites, deux groupes liés au temple. Deutéronome 17, 18 présente en effet les Lévites comme les gardiens de la Loi, tandis que les v. 8 à 13 de ce même chapitre évoquent les prêtres-Lévites et « celui qui sera juge dans ces jours-là » dans l'exercice collectif d'une fonction judiciaire, en lien avec les cas difficiles. Il semble qu'ici, les prêtres-Lévites et « celui qui sera juge dans ces jours-là » exercent la juridiction qui était dévolue à Moïse dans Exode 18, restreinte aux cas difficiles. L'identité et le statut de « celui qui sera juge dans ces jours-là » ne sont pas précisés.

---

[7] 1 Sam 8, 20; 2 Sam 15, 4; 1 Rois 3, 9.28; 7, 7; 2 Rois 15, 5; Isaïe 11, 3-4 et 16, 5 (le messie). Noter également Proverbes 20, 8 : « Un roi assis sur le trône pour juger dissipe tout mal par son regard » ; Prov 29, 14 : « Le roi qui juge les pauvres avec loyauté, son trône sera affermi pour toujours » (trad. NBS).

[8] Dt 17, 14-20 : « Lorsque tu seras entré dans le pays que l'Éternel, ton Dieu, te donne, lorsque tu en prendras possession, que tu y habiteras et que tu diras : "Je veux placer un roi à ma tête, comme toutes les nations qui m'entourent", 15 tu pourras placer un roi à ta tête, celui que l'Éternel, ton Dieu, choisira; tu placeras à ta tête un roi d'entre tes frères; tu ne pourras pas avoir à ta tête un étranger qui ne soit pas ton frère. [...] 18 Quand il se sera assis sur son trône royal, il écrira pour lui, dans un livre, un double de cette loi, qu'il prendra auprès des prêtres-lévites. 19 Il devra l'avoir avec lui et la lire tous les jours de sa vie, afin d'apprendre à craindre l'Éternel, son Dieu, et à observer toutes les paroles de cette loi et toutes ces prescriptions en les mettant en pratique; 20 afin que son cœur ne s'élève pas au-dessus de ses frères et qu'il ne s'écarte du commandement ni à droite ni à gauche; afin qu'il prolonge ses jours dans son royaume, lui et ses fils, au sein d'Israël » (traduction NBS, très légèrement modifiée).

Dire le droit au nom de Dieu reste en définitive une fonction quelque peu « flottante » au sein du corpus biblique. Alors que les fonctions royale, prophétique et sacerdotale sont assez clairement distinctes, les fonctions juridique et judiciaire peinent à se distinguer en tant que telles, et ne semblent pas associées de manière exclusive à un corps constitué qui serait indépendant du pouvoir politique (royal) ou « religieux » (sacerdotal)[9], malgré les références aux juges, généralement désignés par le terme *shoftim* (ou, plus rarement, *dayanim/in* – en Esdras 7, 25 par exemple)[10].

Avec ces données en tête, nous pouvons à présent aborder le cas particulier de la dynastie hasmonéenne, issue de la révolte des Maccabées.

2. L'État sacerdotal hasmonéen, un exemple de « confusion de la religion et de l'État » ?

La révolte dite des Maccabées, qui éclate en 167 avant notre ère, se présente dans nos sources comme une réaction à la « persécution » décrétée par le roi séleucide Antiochos IV Épiphane en 168/167 avant notre ère, lequel avait déclaré illicite le mode de vie

[9] Sur la critique de la notion de religion dans l'étude du judaïsme antique, voir B. Nongbri, *Before Religion: A History of a Modern Concept*, New Haven, Yale University Press, 2013.

[10] Voir par exemple Dt 19, 17 : « Les deux hommes en litige se tiendront devant l'Éternel, devant les prêtres et les juges qui seront en fonction en ces jours-là ». Les juges officient de concert avec les prêtres. Les juges sont parfois aussi associés aux « anciens », comme en Dt 21, 2 : « tes anciens et tes juges iront mesurer les distances à partir du cadavre jusqu'aux villes des environs ». En Josué 8, 33 il est question de « tout Israël, ses anciens (*zqenim*), ses officiers (*shotrim*) et ses juges (*shoftim*) », face aux prêtres. Cf. Jos 23, 2, qui ajoute les « chefs » (*roshim*). En Michée 3, 11, ce sont les « chefs » qui jugent. Shapira écrit : « *Divine judgment is connected with the priesthood or prophecy, whereas human judgment was connected with other frameworks, such as that of the elders or the monarchy* » (« "For the Judgment is God's" », p. 277). Mais les prêtres semblent bien avoir jugé des affaires relevant également de la juridiction des juges, au moins dans des cas complexes.

judéen traditionnel, probablement en réponse des troubles qu'il aurait interprétés comme une tentative de révolte contre son autorité[11]. Le mouvement maccabéen apparaît donc avant tout motivé par le désir de restituer aux Judéens le droit de vivre selon leurs lois ancestrales. Un prêtre nommé Mattathias, le père de Judas Maccabée, Jonathan et Simon, les trois frères qui seront amenés à jouer un rôle clé dans la révolte, déclare au chapitre 2 face à l'officier royal qui veut l'obliger à offrir un sacrifice idolâtre :

> « Moi, mes fils et mes frères nous marcherons dans l'alliance de nos pères. 21 Loin de nous d'abandonner la Loi (*nomos*) et les ordonnances/commandements/décrets (*dikaiômata*) ! 22 Nous n'écouterons pas les ordres/paroles (*logoi*) du roi pour transgresser notre culte (*latreia*) à droite ou à gauche » (2, 19-22).

Dans son testament, Mattathias exhorte encore ses fils à être « embrasés de zèle pour la Loi » (1 Macc 2, 50). En bref, Mattathias et ses fils brandissent la loi divine, la Torah, contre le pouvoir du roi séleucide Antiochos IV. Dans ce cas, la Loi apparaît bien comme une instance autonome qui constitue un contre-pouvoir; c'est en son nom que sont dénoncés les abus du pouvoir politique et que les décrets du roi sont bravés. Que le roi soit un étranger n'est pas ici l'élément déterminant, car le père d'Antiochos IV, Antiochos III, est quant à lui présenté dans les sources juives comme un roi respectueux des lois ancestrales judéennes, et même comme un garant de celles-ci[12]. Par ailleurs, la Bible hébraïque ne manque pas d'exemples de rois israélites impies à qui l'on oppose l'autorité divine de la Torah.

Suite à la mort de leur père, Judas et ses frères mènent dans un premier temps une forme de guérilla contre les forces séleucides.

---

[11] Sur les causes de la révolte, voir J. Ma, « Re-Examining Hanukkah », dans *The Marginalia Review of Books*, 9 juillet 2013 (https://themarginaliareview.com/re-examining-hanukkah/) ; S. Honigman, *Tales of High Priests and Taxes: The Books of the Maccabees and the Judean Rebellion against Antiochos IV*, Berkeley, University of California Press, 2014.

[12] Voir Josèphe, *Antiquités juives*, XII, 138-146.

Mais après le décès de Judas au combat, et à la faveur de divisions internes au sein du royaume séleucide et de l'ascension d'un usurpateur, Alexandre Balas, sur le trône, une alliance est conclue entre ce dernier et Jonathan, le frère de Judas. De chef des rebelles, celui-ci devient alors grand prêtre du Temple de Jérusalem et est également nommé stratège (*stratègos*) ; en d'autres termes, il fait régner l'ordre dans la région pour le compte du nouveau roi séleucide (lequel, pour se rallier Jonathan, s'est empressé de rétablir ou confirmer le droit des Judéens à vivre selon leurs lois ancestrales). Simon, l'autre frère de Judas, reçoit lui aussi des fonctions officielles de nature militaire (1 Macc 11, 59).

Petit à petit, Jonathan et Simon arrachent au pouvoir séleucide une certaine autonomie pour la Judée, l'adjonction de territoires supplémentaires (notamment du côté de la Samarie) et des privilèges fiscaux. Jonathan est même proclamé « ami du roi » et autorisé à porter la pourpre, deux honneurs insignes à la cour séleucide (1 Macc 10, 62.65). À la mort de Jonathan, Simon devient grand prêtre et ethnarque (dirigeant) de la Judée, qui connaît alors, à partir de 141 av. J.-C., une sorte d'indépendance vis-à-vis des Séleucides, puisqu'elle est affranchie du tribut et autorisée à frapper monnaie (1 Macc 13, 41-42 ; 14, 11 ; 15, 5-8). Bien que Simon ne prenne pas le titre royal comme le feront ses descendants à partir d'Aristobule Ier et Alexandre Jannée, la nature de ses fonctions fait de lui le chef politico-militaire tout autant que religieux de la Judée. En d'autres termes, même s'il ne porte pas le titre de roi, il cumule les fonctions royale et sacerdotale[13].

[13] Voir V. Babota, *The Institution of the Hasmonean High Priesthood*, *op. cit.*, p. 289-290, qui avance que l'activité militaire des grands prêtres hasmonéens les rapproche du modèle des *archiereis* séleucides plutôt que des grands prêtres israélites. Benedikt Eckhardt conteste cette analyse, arguant entre autres du fait que les grands prêtres séleucides n'exerçaient pas de fonctions militaires (« The Seleucid Administration of Judea, the High Priesthood and the Rise of the Hasmoneans », *Journal of Ancient History*, 4.1, 2016, p. 57-87 ; voir p. 76).

L'organisation du pouvoir hasmonéen sous Simon remet donc en cause la distinction entre deux types de pouvoir qui, dans le Pentateuque et l'historiographie deutéronomiste, demeuraient séparés. De plus, à l'époque des Maccabées, le grand prêtre est le garant suprême de l'observance de la Torah. De fait, le *Premier Livre des Maccabées*, rédigé par un partisan des Hasmonéens, met constamment en avant le souci qu'eurent Judas, Jonathan et Simon de préserver et de faire appliquer les lois ancestrales des Judéens. Le chapitre 14, qui commence par un éloge de Simon sous forme poétique, affirme ainsi : « Il fut un appui pour tous les humbles de son peuple ; il chercha [à appliquer] scrupuleusement la Loi, et il retrancha tout impie et [tout] méchant » (v. 14). Mais la question se pose de savoir comment, dans la configuration créée par Jonathan et Simon, la Torah pouvait représenter un contre-pouvoir face au politique.

On peut même aller jusqu'à se demander si le mode de gouvernement hasmonéen, impliquant le cumul des fonctions royale et sacerdotale en une seule et même personne, ne rapproche pas la Judée hasmonéenne des contre-modèles mis en avant par Francis Fukuyama, à savoir la Chine et l'Empire byzantin, où l'absence de différenciation entre la religion et l'État rendait impossible la limitation du pouvoir de l'État par la religion[14]. En effet, dans le cas hasmonéen, le grand prêtre incarne à la fois l'État judéen et la fidélité à la Torah (en termes modernes, la « religion »).

3. La référence à un prophète à venir dans 1 Maccabées 14

Dans un décret voté par le peuple en faveur de Simon et de ses fils en 140 avant notre ère, c'est même un pouvoir absolu qui se dessine, dans le cadre duquel toute opposition, fût-elle formulée au nom de la Loi, semble muselée d'avance. Voici le texte du décret d'après 1 Maccabées, chapitre 14 :

---

[14] Fr. Fukuyama, *The Origins of Political Order: From Prehuman Times to the French Revolution*, New York, Farrar, Straus and Giroux, 2012.

« 25 Lorsque le peuple eut appris cela [les hauts faits politiques et militaires de Simon], il dit : “Quelle faveur accorderons-nous à Simon et à ses fils ? 26 Car lui, ses frères et la maison de son père ont été un appui pour nous ; ils ont combattu les ennemis d'Israël, les ont éloignés de lui et ils ont rétabli sa liberté”. Ils firent une inscription sur des tablettes d'airain et placèrent celles-ci sur des stèles sur la Montagne de Sion. 27 Voici la copie de l'écrit :
« Le 18 Elul de l'année 172 [141/140] (ce qui est la 3e année de Simon, insigne grand prêtre dans Asaramel), 28 dans la grande assemblée (*synagôgè*) des prêtres, du peuple (*laos*), des chefs de la nation (*archontes ethnous*) et des anciens (*presbyteroi*) du pays, il a été porté à notre connaissance ceci : 29 quand à maintes reprises des combats ont eu lieu dans le pays, Simon fils de Mattathias, prêtre d'entre les fils de Yoarib, et ses frères se sont exposés au danger et se sont levés contre les adversaires de leur nation, pour que fussent maintenus leur Lieu saint et la Loi, et ils ont couvert d'une grande gloire leur nation. [v. 30-34 : *résumé des exploits militaires de Simon*] 35 Le peuple vit la fidélité de Simon et la gloire qu'il se proposait de donner à sa nation, et l'institua sur lui commandant (*hègoumenos*) et grand prêtre (*archiereus*), parce qu'il avait fait tout cela, à cause aussi de sa justice (*dikaiosynè*) et de la fidélité qu'il avait gardée pour sa nation et parce qu'il avait cherché de toutes les manières à élever son peuple. 36 Dans ses jours on réussit grâce à lui à retrancher les non-Juifs de la région, ainsi que ceux qui étaient dans la Cité de David, à Jérusalem… [v. 37-40 : *nouveau résumé des hauts faits de Simon, politiques et diplomatiques cette fois*]. 41 [Le roi Démétrios avait appris] que les Judéens et les prêtres avaient jugé bon que Simon fût pour eux commandant et grand prêtre à perpétuité jusqu'au moment où se lèverait un prophète digne de foi ; 42 qu'il serait aussi leur général (*stratègos*) ; qu'il s'occuperait du Lieu saint en établissant lui-même ceux qui présideraient aux travaux le concernant, au pays, aux armes et aux forteresses ; 43 qu'il s'occuperait des choses saintes (i.e. du culte) ; qu'il serait obéi de tous ; que tous les actes écrits dans le pays porteraient son nom et que lui-même serait revêtu de pourpre et porterait de l'or. 44 À personne du peuple ou d'entre les prêtres il ne sera permis de violer aucune de ces choses, ni de parler contre ce qu'il aura dit, ni de faire sans lui aucun rassemblement dans le pays, ni de se

vêtir de pourpre et de se mettre une agrafe d'or ; 45 celui qui agira contre ces dispositions ou qui en violera quelqu'une sera passible du châtiment. 46 Le peuple entier a jugé bon de proposer à Simon d'agir conformément à cela ; 47 Simon a accepté et a jugé bon de remplir les fonctions de grand prêtre, d'être général et ethnarque des Juifs et des prêtres et de les gouverner tous. »
48 Ils ordonnèrent de mettre cela par écrit sur des tablettes d'airain, de placer celles-ci dans l'enceinte du Lieu saint en un endroit signalé, 49 et d'en déposer les copies dans le trésor, afin que Simon et ses fils les eussent[15] ».

D'après ce décret, dont on peut subodorer que l'initiative revenait en sous-main au grand prêtre et à ses partisans, le pouvoir de Simon est établi à vie (v. 41 : *eis ton aiôna*, à perpétuité) ; il ne tolère aucune rivalité ni contestation d'aucune sorte (v. 44-45), et cumule en définitive tous les pouvoirs : religieux (comme *archiereus*), militaire (comme *stratègos*) et politique (comme ethnarque) (v. 47). Ce décret ouvre en outre la porte au principe dynastique, de par la référence aux fils de Simon au v. 49.

L'ambition de Simon de mettre fin à toute contestation interne de son pouvoir ressort également du chapitre suivant, où, dans le cadre du renouvellement des relations diplomatiques entre la Judée et Rome, le consul Lucius écrit au roi Ptolémée : « … si donc des vauriens [comprendre : des Judéens contestant le pouvoir de Simon] se sont enfuis de leur pays auprès de vous, livrez-les au grand prêtre Simon afin qu'il les punisse selon leur loi (*nomos*) » (15, 21)[16]. Simon apparaît ici comme détenant des fonctions judiciaires et comme celui qui garantit l'application de la Loi. Il cumule donc bien tous les pouvoirs : religieux, politique, militaire et judiciaire. On voit mal dans ce contexte comment la Loi pourrait jouer son rôle de garde-fou.

Le décret du chapitre 14 mentionne toutefois que le pouvoir de Simon est établi « jusqu'au moment où se lèvera un prophète digne

[15] Traduction d'A. Guillaumont, dans *La Bible*, dir. É. Dhorme, Paris, Gallimard, 1956, vol. I, p. 1644 (La Pléiade), légèrement modifiée.

[16] Trad. d'A. Guillaumont, *La Bible*, p. 1648, légèrement modifiée.

de foi » (14, 41), ce qui rappelle l'existence d'une transcendance et pose une limite au pouvoir hasmonéen, au moins à titre d'horizon. Cette référence à un prophète que Dieu enverra en son temps s'inspire sans doute de Deutéronome 18, 18 : « Je susciterai pour eux, parmi leurs frères, un prophète comme toi [c'est-à-dire comme Moïse] ; je mettrai mes paroles dans sa bouche, et il leur dira tout ce que je lui ordonnerai » (trad. NBS). La référence à un prophète envoyé par Dieu, dont la venue pourrait mettre un terme au régime instauré par Simon et ses partisans, suggère a priori que la transcendance fonctionne bien comme une limite du pouvoir. Il s'agit toutefois de la transcendance de la parole prophétique, selon un modèle biblique, et non de la transcendance de la Loi/Torah en tant que telle.

Mais cette référence à la venue d'un prophète en 1 Maccabées 14 n'est-elle pas toute rhétorique ? Ne faut-il pas y voir une forme de *captatio benevolentiae* ? Une telle interprétation est vraisemblable. Cependant la mention d'un prophète à venir pourrait revêtir une autre signification, si on l'interprète à la lumière du contexte de rédaction de 1 Maccabées, qui est sans doute le grand pontificat de Jean Hyrcan, le fils de Simon. D'après Flavius Josèphe et des traditions rabbiniques, Jean Hyrcan fut reconnu par certains Judéens comme dépositaire du don de prophétie[17]. Il est donc possible que la référence à un prophète à venir dans 1 Maccabées 14 soit une allusion à Jean. Il s'agirait implicitement de conforter la légitimité et le pouvoir de ce dernier en suggérant qu'il incarnait le prophète attendu par le peuple au temps de Simon.

En définitive, la lecture de 1 Maccabées ne permet pas de saisir comment, en contexte hasmonéen, la Loi pouvait jouer un rôle de

---

[17] Voir *B.J.* I, 68-69 ; *A.J.* XIII, 282-283 et 299-300 ; comparer *A.J.* XIII, 282-283 et Tosefta, Sotah 13.5, Talmud de Jérusalem, Sotah 45b et Talmud de Babylone, Sotah 33a. Sur le don de prophétie de Jean Hyrcan dans l'œuvre de Flavius Josèphe et la littérature rabbinique, voir V. Noam, *Shifting Images of the Hasmoneans: Second Temple Legends and Their Reception in Josephus and Rabbinic Literature*, trad. par D. Ordan, Oxford, Oxford University Press, 2018, chapitre 2, « John Hyrcanus and a Heavenly Voice ».

contre-pouvoir. D'autant qu'à aucun moment le livre ne fait référence à un sanhédrin (*synedrion* en grec) ou une instance équivalente[18]. À la différence de 2 Maccabées, il n'est presque pas question dans 1 Maccabées de la *gerousia*, terme qui désignait l'assemblée des anciens ou des notables[19]. Le livre n'y fait référence qu'une seule fois, en passant, dans une lettre que Jonathan envoie aux Spartiates en son nom et au nom de « la *gerousia* de l'*ethnos* », des prêtres et du reste du peuple (*dèmos*) des Judéens (12, 6)[20]. Le rôle joué par cette *gerousia* n'est pas clair et, dans 1 Maccabées, rien ne permet *a priori* de lui attribuer une fonction judiciaire, même si cela n'est pas exclu[21]. Encore une fois, on peine à discerner quelles pouvaient être les institutions ou les figures qui auraient été en

[18] Dans la *Guerre des Juifs*, Josèphe n'évoque le sanhédrin qu'à l'époque du roi Hérode ; dans les *Antiquités*, il en est question pour la première fois sous Hyrcan II, qui tente précisément de faire juger Hérode (qui n'est pas encore roi) par le sanhédrin (*A.J.* XIV, 167). Sur cet épisode du jugement (ou non-jugement) d'Hérode, voir D. Flatto, « Justice Retold », art. cit., en particulier p. 24-33.

[19] Pour David Goodblatt, l'existence d'un conseil – sanhédrin ou *gerousia* – qui aurait géré les affaires de la Judée relève du mythe et d'une projection de notions rabbiniques sur la période du Second Temple (voir D. Goodblatt, *The Monarchic Principle: Studies in Jewish Self-Government in Antiquity*, Tübingen, Mohr Siebeck, 1994, p. 130). Il définit le régime à l'époque hasmonéenne comme une « monarchie sacerdotale ». Lester L. Grabbe défend un point de vue plus nuancé : selon lui, une institution de type *gerousia* existait bien durant cette période, mais son fonctionnement différait de la description donnée dans le traité Sanhedrin de la Mishnah (L. Grabbe, « Sanhedrin, Sanhedriyyot, or Mere Invention? », *Journal for the Study of Judaism*, 39.1, 2008, p. 1-19).

[20] Comparer avec 2 Macc 1, 10 ; 4, 44 ; 11, 27. D'après L. Grabbe, qui s'appuie sur 2 Macc 4, 43-47, « *Such a body* [la gerousia] *definitely functioned for the Hellenistic city established by Jason* » (l'un des grands prêtres qui précédèrent les Hasmonéens) (« Sanhedrin, Sanhedriyyot, or Mere Invention? », art. cit., p. 7).

[21] Le terme *gerousia* figure dans la traduction grecque de l'Exode, où les expressions « la *gerousia* des fils d'Israël » et « la *gerousia* d'Israël » traduisent l'expression hébraïque « les anciens d'Israël » (*ziqney Israel*) (Ex 3, 16.18 ; 4, 29 ; 12, 21 ; 24, 9 ; voir aussi Lv 9, 1). Dans le Deutéronome, cette *gerousia* semble dotée d'un rôle judiciaire qui n'est pas attesté dans Exode, Lévitique et Nombres ; voir Dt 19, 12 ; 21, 2 (qui associe les anciens et les juges) ; 21, 19 ; 22, 15-18 ; 25, 7-9.

mesure de limiter le pouvoir hasmonéen à l'époque de Simon et de garantir la prééminence du droit en cas de conflit.

4. La contestation de l'État hasmonéen au nom de la Loi : l'éclairage des textes de Qumrân et des sources rabbiniques

Le pouvoir hasmonéen a pourtant bel et bien été contesté, comme le révèle l'œuvre de Flavius Josèphe, qui fait état d'une opposition à Jean Hyrcan et à ses descendants au sein de la société judéenne[22]. De plus, l'examen de deux types de sources juives très différentes les unes des autres, les textes de Qumrân et les sources rabbiniques, montre que le pouvoir hasmonéen a été critiqué et même condamné au nom de la Torah et de l'autorité divine qui la sous-tend.

Plusieurs manuscrits de Qumrân rejettent en effet le cumul des fonctions royale et sacerdotale et, dans le cas de 4QTestimonia (4Q175), le cumul des fonctions royale, sacerdotale et prophétique (ce texte vise donc certainement Jean Hyrcan, même si ce dernier n'est pas nommé)[23]. Le mouvement associé à Qumrân était dirigé par des prêtres, et plusieurs textes mettent en avant l'obligation, pour le roi ou le chef politico-militaire, de se soumettre à l'autorité du grand prêtre[24]. Certains textes condamnent en outre les Hasmonéens comme impies et transgresseurs de la Loi, même si ces derniers sont désignés par des sobriquets et que leurs noms ne sont donc pas mentionnés. Ces condamnations sont formulées au nom de l'interprétation révélée de la Loi reçue par les chefs de la communauté, dont l'autorité était de nature à la fois sacerdotale et

[22] Voir en particulier *A.J.* XIII, 288-296, 372-376 ; XIV, 41.

[23] Voir K. Berthelot, *In Search of the Promised Land?*, p. 354-358.

[24] Voir, entre autres, 4Q522 fragment 9, col. ii (qui évoque le cas de Josué, alors le chef politico-militaire d'Israël, face au grand prêtre Éléazar) ; *Rouleau du Temple* (11Q19), col. LVII et LVIII (qui subordonne la décision du roi de déclarer la guerre à l'autorisation du grand prêtre, lequel doit recourir à une pratique oraculaire connue sous le nom de « Urim et Tummim » ; voir col. LVIII, lignes 18-21). Sur ces textes, voir K. Berthelot, *In Search of the Promised Land?*, *op. cit.*, p. 362-371.

prophétique[25]. Mais le mouvement lié aux manuscrits de Qumrân ne semble pas avoir constitué une alternative au pouvoir hasmonéen, ni pesé sur l'organisation politico-juridique de la société judéenne.

Du côté de la littérature rabbinique, plus favorable dans l'ensemble à la dynastie hasmonéenne, la critique porte également sur le cumul des fonctions royale et sacerdotale, et débouche sur la nécessaire limitation des pouvoirs du roi par le sanhédrin, ou plus généralement par les « sages » (les rabbins). Ainsi, d'après la Mishnah Sanhedrin (II, 4), « [Le roi] ne peut conduire [l'armée] à l'extérieur pour une guerre permise que sur la décision d'une cour [ou : d'un tribunal, *beit dîn*] de 71 membres ». Dans la discussion de cette mishnah dans le Talmud de Babylone, il est question d'un *sanhedrin* de 71 membres (b. Sanhedrin 16a). D'après Édouard Will et Claude Orrieux, la tradition rabbinique relative au rôle du sanhédrin a dû commencer à se former en contexte hasmonéen[26]. Cette thèse est a priori confortée par l'existence de textes rabbiniques qui évoquent l'opposition de certains dirigeants hasmonéens à l'autonomie du pouvoir judiciaire du sanhédrin et, par conséquent, des « sages » (qui sont alors les pharisiens, considérés dans ces textes comme les prédécesseurs des rabbins)[27]. Plus largement, les textes rabbiniques qui discutent de la

---

[25] Sur cette dimension prophétique, voir en particulier A. P. Jassen, « The Presentation of the Ancient Prophets as Lawgivers at Qumran », *Journal of Biblical Literature*, 127.2, 2008, p. 307-337. Comme le résume très justement Tzvi Novick, « *The sect thus ends up conceiving of the law as a set of divine secrets, progressively revealed at the appropriate moment* » (« Tradition, Scripture, Law, and Authority », dans *The Literature of the Sages: A Re-visioning*, éd. par Chr. Hayes, Leiden, Brill, 2022, p. 64-92, citation p. 76).

[26] É. Will et Cl. Orrieux, *Ioudaïsmos-Hellènismos, op. cit.*, p. 207, 210.

[27] Voir notamment b. Sanhedrin 19a-b (Alexandre Jannée contre Simon ben Shetah et les autres membres du sanhédrin), et l'analyse de D. Flatto, « Justice Retold », art. cit., p. 14-20. Pour Shapira, « *The view that "judgment belongs to God" thus serves here as a source for the authority of the court and supports the principle of the rule of law* » (« "For the Judgment is God's" », art. cit., p. 300). Flatto estime que c'est bien le message du texte dans sa version finale, mais que le noyau de l'histoire va plutôt dans le sens de reconnaître la fragilité du tribunal vis-à-vis du politique et la nécessité de le soustraire au contrôle de ce dernier.

question de savoir si le roi peut être traduit en justice s'enracinent en partie dans la mémoire de l'époque hasmonéenne[28].

Contrairement aux dirigeants du mouvement lié à Qumrân, l'autorité des sages ne provient ni d'un statut sacerdotal ni d'une connaissance de la Loi par révélation divine. Si certains pharisiens ou rabbins ont pu être issus de familles de prêtres, le pouvoir des sages tel qu'il est décrit dans la littérature rabbinique s'apparente davantage à celui des juristes romains qu'à celui des prêtres et des prophètes, deux groupes vis-à-vis desquels la littérature rabbinique prend des distances[29]. Très révélatrice à cet égard est l'anecdote rapportée dans le Talmud de Babylone, Bava Metzi'a 59b, qui met en scène le refus par les sages d'une parole divine révélée (*bat qol*) – c'est-à-dire de la prophétie – pour résoudre une question d'interprétation de la Loi[30]. L'activité juridique des rabbins est clairement présentée comme indépendante d'une nouvelle révélation divine.

Ces derniers insistent néanmoins sur le fait que leur autorité en tant que juges leur vient de Dieu, le juge suprême, qui leur délègue en quelque sorte son pouvoir judiciaire[31]. On lit ainsi dans des textes

---

[28] Voir note précédente.

[29] Cf. H. Shapira, « "For the Judgment is God's" », art. cit., p. 291 : « *They saw judgment as an independent process separate from both cult and prophecy, based upon rational judgment* ». Tzvi Novick note également que la littérature rabbinique marginalise à la fois la figure du prophète et celle du prêtre comme source de l'autorité judiciaire (« Tradition, Scripture, Law, and Authority », art. cit., p. 78-81).

[30] Voir aussi le midrash Sifra, Behuqotai, 8.13, 7 : « Voici les commandements que l'Éternel commanda à Moïse pour Israël sur le mont Sinaï. À partir de maintenant, un prophète n'est pas autorisé à innover » ; H. Shapira, « "For the Judgment is God's" », art. cit., p. 293-294.

[31] Sur Dieu comme juge, voir entre autres Gn 18, 25 ; Dt 32, 36 ; Juges 11:27 ; 1 Sam 24:12.15 ; 2 Sam 18:19 ; Isaïe 33, 22 ; Jérémie 11, 20 ; Ez 11, 10-11 ; 18, 30 (et beaucoup d'autres versets d'Ézéchiel) ; Joël 3, 2 ; Michée 5, 1 ; Ps 7, 8.11 ; 9, 8 ; etc. Noter en particulier 2 Chroniques 19, 6 : « Et il dit aux juges : Prenez garde à ce que vous ferez, car ce n'est pas pour les hommes que vous prononcerez des jugements ; c'est pour l'Éternel, qui sera près de vous quand vous les prononcerez ». Voir aussi H. Shapira, « "For the Judgment is God's" », art. cit., p. 276-291.

rabbiniques que celui qui vient devant le tribunal des sages est apostrophé en ces termes : « Sache devant qui tu te tiens » – à savoir Dieu lui-même[32]. Dans leur exercice de la fonction de juge, y compris en théorie face au roi, les rabbins se revendiquent donc bien d'une transcendance[33]. Leur manière de penser l'élaboration du droit et la fonction de juge s'inscrit en partie dans la continuité du système deutéronomique tel qu'il est analysé par Haim Shapira, même s'ils se substituent aux prêtres[34]. Cependant les rabbins sont également conscients de la fragilité de leur position face au pouvoir politique et des pressions que le politique peut exercer sur le juridique. Leurs écrits laissent entendre que même le fait de mettre en

[32] Voir Sifre Deutéronome Zutta sur Dt 19, 17, d'après l'interprétation de Flatto, « Justice Retold », art. cit., p. 21 : « *According to the Sifre Zuta, the verse from Deuteronomy mandating the appearance of both before God translates into a summons to appear before the (rabbinic) court, echoing the theme encountered above that the (rabbinic) tribunal serves as a proxy for divine justice* ». Voir surtout Tosefta, Sanhedrin 1:9 ; Talmud de Jérusalem, Sanhedrin 1:1, 18a (« Rabbi Aqiva, lorsqu'une personne venait le voir pour une action en justice, lui disait : "Sache devant qui tu te tiens. [Tu te tiens] devant Celui qui parla et le monde fut, ainsi qu'il est dit : 'les deux hommes en contestation comparaîtront devant l'Éternel' (Dt 19:17) – et non devant Aqiva ben Joseph !" ») ; Talmud de Babylone, Sanhedrin 6a ; H. Shapira, « "For the Judgment is God's" », art. cit., p. 294-301, 305.

[33] Même si pour Shapira, il s'agit d'une présence divine immanente plutôt que transcendante. Voir H. Shapira, « "For the Judgment is God's" », art. cit., p. 295 : « *God is present in judgment together with the judges: "From whence do we know that three [people] who sit in judgment, the Divine Presence (Shekhinah) is with them? As is said, 'in the midst of the judges He holds judgment.'" Unlike the Biblical model of agency, based upon a clear distinction between God, the principal, and the judge, the agent, the Talmudic model of presence blurs this distinction and reduces the distance between them. In this model, God is present in judgment and is represented by the judge. He is a central participant in the legal process and is in practice the true judge* ».

[34] H. Shapira, « "For the Judgment is God's" », art. cit., p. 287-290. À la suite de Moshe Weinfeld (*Deuteronomy and the Deuteronomic School*, Oxford, Clarendon Press, 1972, p. 233-234), qui parle de « sécularisation » à l'œuvre dans le Deutéronome, Shapira estime que les rabbins conçoivent l'exercice de la justice comme une activité humaine, tout en maintenant que Dieu leur délègue son autorité.

avant la dimension transcendante de la Loi ne suffit pas toujours à l'ériger en contre-pouvoir efficace.

Conclusion

Le statut de la Torah comme Loi révélée a sans doute contribué à l'autonomisation du juridique et du judiciaire vis-à-vis du politique dans le judaïsme antique, mais cette histoire reste difficile à retracer. Les liens entre la Torah et les milieux sacerdotaux, ainsi que le rôle politique de plus en plus important joué par les prêtres à l'époque du Second Temple, notamment lors de l'épisode de la royauté sacerdotale hasmonéenne, ont obscurci la distinction entre pouvoir religieux, politique et juridique (et même militaire, sous les Hasmonéens). En définitive, à la question de savoir si « la transcendance religieuse fut un facteur décisif dans le développement de “la prééminence du droit” », l'examen de la période du Second Temple et plus précisément de l'épisode hasmonéen conduit à répondre de manière plutôt négative. La dimension transcendante de la Loi ne semble pas avoir été suffisante pour garantir la prééminence du droit.

En réalité, l'autonomisation du juridique et du judiciaire vis-à-vis du politique dans le judaïsme antique a certainement été due en grande partie à la disparition de la royauté, puis de la grande prêtrise qui avait repris à son compte les fonctions politique et militaire associées à la royauté[35]. Davantage que la dimension transcendante de la Loi, c'est la séparation des pouvoirs (fût-ce dans un cadre impérial comme l'Empire romain) et la préservation de l'indépendance des juges (au moins au niveau des communautés juives) qui ont pu garantir la prééminence du droit. Mais dans les textes juifs antiques, ou tout du moins rabbiniques, cette indépendance des juges est elle-même liée à la Présence divine et donc à une transcendance.

---

[35] Walzer aboutit à une conclusion comparable lorsqu'il écrit : « *Just as the king rules only when God is displaced, so priests, judges, and sages rule only when the king is displaced—when the people are living under foreign kings, as in Persian times, or in exile* » (« A Monarchic Constitution? », art. cit., p. 141).

La prééminence du droit dans la Bible hébraïque

Dylan R. Johnson*

Introduction[1]

Dans son étude comparative *The Origins of Political Order*, Fr. Fukuyama soutient que les « grandes religions du monde » sont uniques dans leur capacité à rassembler les forces sociales et spirituelles nécessaires pour limiter le pouvoir des souverains politiques[2]. Dans ces traditions, une « prééminence du droit » émerge lorsque les normes sociales se sont cristallisées en lois écrites

* Dylan Johnson est maître de conférences en histoire du Proche-Orient ancien à l'université de Cardiff, au pays de Galles.

[1] Ce projet a reçu un financement du Conseil européen de la recherche (CER) dans le cadre du programme de recherche et d'innovation Horizon 2020 de l'Union européenne (convention de subvention n° 833222). Les abréviations dans cette étude sont conformes à *The SBL Handbook of Style*, 2e éd., SBL Press, 2014 et « Abbreviations for Assyriology » en cdli:wiki : http://cdli.ox.ac.uk/wiki/abbreviations_for_assyriology.

[2] Fr. Fukuyama, *The Origins of Political Order: From Prehuman Times to the French Revolution*, New York, Farrar, Straus and Giroux, 2011, p. 15, 246, 262.

formelles. Ces lois organisent la distribution du pouvoir politique et juridique ; elles deviennent ainsi l'autorité suprême dans une société, supérieure aux dirigeants qui contrôlaient une bureaucratie administrative coercitive. Fr. Fukuyama n'a jamais appliqué sa théorie à la Bible hébraïque et à ses recueils de lois, mais la question se pose : la Bible contient-elle une conception de la « prééminence du droit » ? Comment se rapporte-t-elle aux traditions juridiques des anciens royaumes d'Israël et de Juda ? Pour tenter de répondre à ces questions, cette étude explore le dernier acte juridique d'un roi judéen indépendant, celui du roi Sédécias en 587 avant notre ère (Jr 34), et comment les rédacteurs deutéronomistes ont transformé cette mémoire historique en une vision utopique de la Torah comme prééminence du droit.

On peut affirmer que la tradition juive, en tant que religion transcendante, impose des limites au pouvoir de ses dirigeants politiques à travers le concept d'une Torah écrite, que Dieu a donnée au peuple d'Israël lors de la révélation du Sinaï. Cependant, la notion de Torah en tant qu'ordre moral et légal auquel même les rois doivent se soumettre est un développement tardif de la tradition biblique. Elle est en contradiction avec les textes qui épousent une vision plus ancienne selon laquelle les rois sont les représentants temporels de Dieu sur terre, dont l'élection divine et le mandat de protéger les marginaux de la société les placent au-dessus du rang de leurs pairs[3]. Le rejet de la monarchie comme fondement du droit s'est produit après la fin de la dynastie davidique, dans les cercles de scribes deutéronomistes qui ont participé à la rédaction et à la refonte de la place de la royauté dans l'ordre juridique d'Israël.

---

[3] B. Levinson, « The Reconceptualization of Kingship in Deuteronomy and the Deuteronomistic History's Transformation of Torah », *Vetus Testamentum*, 51(4), 2001, p. 511-534.

La Torah comme prééminence du droit

Le problème avec les grandes théories de l'ordre social, de l'élaboration des lois ou de l'autorité politique est leur incapacité à rendre compte de traditions juridiques hétérogènes qui présentent des contradictions internes. C'est particulièrement vrai pour la représentation du droit et de son application dans la Bible hébraïque. Un corpus substantiel de littérature biblique a émergé des royaumes d'Israël et de Juda, mais l'ensemble de ce matériel a fini par passer entre les mains de scribes qui vécurent après que le dernier roi autochtone de ces royaumes eut été déposé. Les textes bibliques qui correspondraient à la définition de « la prééminence du droit » proviennent de cercles de scribes qui travaillèrent longtemps après la fin de la monarchie. Ces rédacteurs ont subordonné les prérogatives judiciaires traditionnelles du roi à l'autorité de Yahvé, telle qu'elle est incarnée dans sa « Torah ».

Cette mentalité s'exprime le plus clairement dans la « Loi du roi » (Deut 17,14-20), qui se trouve dans le recueil juridique du Deutéronome[4]. Le récit se situe à l'époque prémonarchique, lorsque les israélites demandent un roi « pour régner sur eux comme les nations qui les entourent » (אשימה עלי מלך ככל הגוים אשר סביבתי) (Deut 17,14b). Yahvé consent à la demande des israélites, mais prend soin de subordonner tout futur roi à l'autorité de « cette Torah » (התורה הזאת), dont un exemplaire doit être rédigé sous la supervision des prêtres lévitiques[5]. Ce que ce texte implique, et ce que d'autres

[4] Sur les dates de Deut 17,14-20 (part. v. 18-20), voir R. Achenbach, « Das sogenannte Königsgesetz in Deuteronomium 17,14-20 », *Zeitschrift für altorientlische und biblische Rechtsgeschichte*, 15(1), 2009, p. 216-233 ; Chr. Nihan, « Rewriting Kingship in Samuel: 1 Samuel 8 and 12 and the Law of the King (Deuteronomy 17) », *Hebrew Bible and Ancient Israel*, 2(3), 2013, p. 328-329, n. 41 ; E. Otto, *Deuteronomium12,1-23,15*, vol. 2, Freiburg im Breisgau, Herder, 2016, p. 1455.

[5] L'expression « cette Torah » (התורה הזאת) fait probablement référence au texte de Deut 12-26. Voir notamment G. Braulik, « Die Ausdrücke für 'Gesetz' im Buch Deuteronomium », *Biblica*, 51(1), 1970, p. 39-66 ; B. Levinson, « Kingship in Deuteronomy », art. cit., p. 522.

rendent explicite (cf. 1 Kgs 2,3 ; 3,14 ; 6,11-12 ; 9,4-6 ; 11,11-13), c'est que la continuité de la lignée royale dépendait de l'observance royale de la Torah ; toute déviation de ses préceptes entraînerait la ruine de la dynastie. L'ordre politique envisagé dans cette loi ne subordonne le roi qu'à la Torah divine, mais aussi lui refuse le statut de *primus inter pares* au sein de ce système : לבלתי רום לבבו מאחיו (v. 20a). Sur la base de ce texte, la Bible hébraïque semble effectivement préserver une conception claire de la prééminence du droit. Ce concept promet une protection divine au roi, mais uniquement dans la mesure où il se conforme à cet ordre politique[6].

Mais ce texte et d'autres semblables épousent une vision de l'ordre normatif d'Israël qui est en contradiction avec d'autres textes de Samuel et de Rois – ce qu'on appelle *l'histoire deutéronomiste* – qui considèrent la royauté comme une institution fondamentale de la société israélite[7]. Comme leurs homologues dans tout le Proche-Orient ancien, les rois d'Israël et de Juda se présentaient presque certainement comme des médiateurs temporels entre le monde divin et le monde humain (par exemple, 1 Rois 3 ; 2 Rois 7:12-16 ; 11:17). Même au sein des récits de Samuel et de Rois, la représentation de la royauté oscille souvent entre le positif et le négatif[8].

---

[6] G. Knoppers a caractérisé cette position dans les termes suivants : « *like the authors of Deuteronomy, the Deuteronomist believes in a constitutional theocracy, a society in which the king is allowed to play a restricted role. But the king, no less than anyone else in Israelite society, is subject to* <u>*the rule of law*</u> *[nous soulignons]. By markedly reducing royal powers, the Deuteronomist makes kingship compatible with traditional Yahwism* » : « The Deuteronomist and the Deuteronomic Law of the King: A Reexamination of a Relationship », *Zeitschrift für die alttestamentliche Wissenschaft*, 108(3), 1996, p. 332. Cependant, B. Levinson a montré que *l'histoire deutéronomiste ne promeut pas une réduction du pouvoir du roi*, du moins pas celle épousée dans Deut 17,14-20 : « Kingship in Deuteronomy », art. cit., p. 522.

[7] B. Levinson, « Kingship in Deuteronomy », art. cit., p. 529 ; E. Otto, *Deuteronomium*, *op. cit.*, p. 1454.

[8] Th. Römer, « Salomon d'après les Deutéronomistes : un roi ambigu », dans Cl. Lichtert and D. Nocquet (dir.), *Le Roi Salomon : un héritage en question : hommage à Jacques Vermeylen*, Bruxelles, Lessius, 2008, p. 98-130.

Cela se manifeste dans la polémique du Deutéronome contre la cour opulente, la richesse et les épouses étrangères de Salomon (Deut 17,15-17 ; 1 Sam 11), dont certains éléments sont décrits ailleurs en termes positifs : comme une récompense divine pour l'altruisme et la sagesse du roi (1 Rs 3 ; 10)[9]. À travers l'archétype de Salomon, certains rédacteurs deutéronomistes s'attaquent aux motifs centraux de l'idéologie royale proche-orientale, en la dépeignant comme quelque chose d'étranger et qui doit être limité[10]. Dans sa forme actuelle, Deut 17 est peut-être l'articulation la plus claire de cette idée, mais il reflète des sentiments similaires que l'on retrouve dans d'autres textes attribués aux cercles deutéronomistes.

Dans 1 Sam 8, un texte que l'on compare souvent à Deut 17, les israélites demandent un roi à Samuel afin de ressembler aux nations qui les entourent : שימה לנו מלך לשפטנו ככל הגוים (v. 5b)[11]. La motivation des israélites évoque les motifs traditionnels du dirigeant judiciaire et militaire (ושפטנו ויצא לפנינו ונלחם את מלחמתנו [v. 20b]), comme on le retrouve dans l'idéologie royale proche-orientale à travers toutes les périodes historiques. Contrairement à la « Loi du roi » (Deut 17, 14-20), qui limite les responsabilités du roi à la lecture de la Torah, 1 Sam 8 accepte à contrecœur la fonction du roi et lui accorde ses prérogatives judiciaires et militaires

[9] G. Knoppers, « The Deuteronomist », art. cit., p. 337-344 ; Th. Römer, « Un roi ambigu », art. cit., p. 98.

[10] Dans l'oracle d'Ézéchiel contre le souverain de Tyr (Ez 28,1-10), le prophète dépeint les caractéristiques normalement positives du roi idéal – la sagesse (חכם), la richesse (חיל/אוצרות), le mercantilisme (רכלה) et même la divinité – comme de l'arrogance blasphématoire. Voir M. Nevader, « Yhwh and the Kings of Middle Earth: Royal Polemic in Ezekiel's Oracles Against the Nations », dans A. Mein, E. Holt et H. C. P. Kim (dir.), *Concerning the Nations: Essays on the Oracles Against the Nations in Isaiah, Jeremiah and Ezekiel*, Londres, Bloomsbury T&T Clark, 2014, p. 161-178.

[11] Sur l'antériorité de 1 Sam 8 par rapport à Deut 17:14-20, voir : R. Achenbach, « Königsgesetz », art. cit., p. 216-233 ; H. D. Preuβ, *Deuteronomium*, Darmstadt, Wissenschaftliche Buchgesellschaft, 1982, p. 137 ; E. Otto, *Deuteronomium*, *op. cit.*, p. 1454 ; *contra* Chr. Nihan, « Rewriting Kingship », art. cit., p. 315-350.

traditionnelles. Ainsi 1 Sam 8 reflète une limitation du pouvoir royal à un stade antérieur à Deut 17. En outre, ce texte ne révèle aucune conception d'un ordre moral supérieur incarné par quelque chose comme la Torah[12]. Néanmoins, 1 Sam 8 présente un concept sans précédent dans le Proche-Orient ancien : l'existence d'un souverain terrestre équivaut au rejet de Yahvé, dieu suprême d'Israël et son véritable « roi » (v. 7). Les divinités suprêmes représentées comme les « rois » de leurs adorateurs respectifs ne manquent pas dans l'histoire de la Mésopotamie (par exemple Enki, Enlil, Marduk, Assur), et l'existence d'un souverain humain n'a jamais été comprise comme étant en tension avec eux[13].

La royauté était l'un des éléments d'un système complexe de régulation sociale et cosmique qui maintenait l'ordre dans le monde. Ainsi, l'idée que la royauté divine et la royauté humaine étaient en quelque sorte incompatibles laisse perplexe. Un autre thème important de ce texte est la représentation de la royauté comme une fonction ou une institution étrangère au peuple d'Israël, une notion qu'il partage avec Deut 17[14]. Contrairement à la Torah et

[12] Bien que les conceptions conflictuelles de la royauté ne soient pas entièrement réductibles à des considérations chronologiques (les cercles de scribes contemporains pouvaient avoir des avis divergents sur la question), il est frappant de constater que même un texte postexilique comme 2 Chr 19 maintient la supériorité du roi sur les prêtres lévitiques, qu'il (et non Dieu) nomme à leurs fonctions judiciaires.

[13] Cette notion est mieux connue grâce à la *Liste des rois sumériens* (ETCSL 2.1.1) : « Après que la royauté était descendue du ciel, la royauté était à Eridu » ([nam]-lugal an-ta ed_3-de_3-a-ba). Les rois du Proche-Orient se sont également appuyés sur cette mythologie pour promulguer leurs recueils de lois, affirmant que la royauté divine était passée des dieux astraux du panthéon (Anu et Enlil) aux capitales de chaque roi : Ur-Namma d'Ur (CU Épilogue A i : 31-35), Lipit-Ištar d'Isin (CL Épilogue i : 1-19), et Hammurabi de Babylone (CH Épilogue i : 1-26). Cela signifie que la législation était étroitement liée aux ambitions politiques locales, et non le reflet d'une tradition théologique. Voir G. Ries, *Prolog und Epilog in Gesetzen des Altertums*, Munich, C. H. Beck, 1983, p. 42.

[14] Chr. Nihan, « Rewriting Kingship », art. cit., p. 329. Voir la définition de « differentation » dans M. S. Smith, *The Early History of God: Yahweh and Other Deities in Ancient Israel*, 2e éd., Grand Rapids, Eerdmans, 2002, xxiii-xxiv.

à la souveraineté divine de Yahvé (cf. Deut 4,5-8), un roi humain porte atteinte à la spécificité d'Israël. Mais cette appréhension, non seulement à l'égard de rois spécifiques, mais aussi de la fonction royale elle-même, contraste fortement avec les mémoires d'un autre ordre normatif dans lequel le souverain humain était le représentant délégué de Yahvé sur terre (1 Rs 3 ; 1 Rs 11 ; Ps 72).

Vestiges de l'autorité judiciaire royale

Les réminiscences de cet ordre normatif plus ancien pour le droit d'Israël occuperont maintenant le centre de cette étude. En particulier, on analysera un petit ensemble de textes bibliques qui offrent une vue représentative de l'histoire de la monarchie davidique. Peut-être en raison de leur prestige dans la mémoire biblique, certains récits, hymnes et psaumes dédiés à David et Salomon ont conservé certains motifs qui célèbrent l'autorité juridique de ces rois[15]. En outre, le Livre de Jérémie relate le dernier acte judiciaire d'un roi indépendant de la lignée davidique, lorsque le roi Sédécias déclara un édit de rémission à la veille de la destruction de Jérusalem (Jr 34). Ce récit illustre encore la manière dont les rédacteurs deutéronomistes ont subordonné l'autorité normative des rois au concept de la règle de droit, incarnée par la souveraineté exclusive de Yahvé et l'autorité de la Torah.

L'autorité judiciaire des rois bibliques était validée par une source extérieure, mais rarement sous la forme articulée dans les textes examinés jusqu'ici. Dans le Proche-Orient ancien, l'autorité judiciaire des rois découle d'un modèle de mandat : en vertu de sa fonction, le roi humain avait l'obligation de promulguer la loi, de protéger les marginaux de la société et de rendre la justice

---

[15] Il a été proposé qu'il y ait trois descriptions distinctes de Salomon dans la Bible hébraïque. Ces représentations correspondent aux strates rédactionnelles monarchiques, exiliques et perses de la description du célèbre roi d'Israël. Ce n'est que dans cette dernière étape que le roi doit obéir à la Torah et qu'Israël doit rester distinct des autres peuples. Voir Th. Römer, « Un roi ambigu », art. cit., p. 98-130.

lorsqu'elle avait été corrompue. Ce modèle de mandat a défini l'idéologie judiciaire royale depuis les premiers textes sumériens du milieu du troisième millénaire avant notre ère jusqu'à l'époque hellénistique. Bien que des traces de ce modèle apparaissent dans la tradition biblique, la métaphore de la royauté divine de Yahvé et son rôle de législateur d'Israël ont largement supplanté l'idéologie judiciaire des souverains humains[16].

Offrant quelques indications sur l'idéologie royale dans les royaumes d'Israël et de Juda, Ps 72 démontre comment les motifs judiciaires ont contribué au processus de construction de l'image politique. Yahvé donne au roi la justice et la droiture, grâce auxquelles le représentant temporel de Dieu est capable d'exercer ses fonctions judiciaires et de remplir son rôle de protection des marginaux de la société : l'orphelin, la veuve, le faible, le pauvre et l'opprimé :

Psaume 72 ,1-2

אלהים משפטיך למלך תן וצדקתך לבן מלך: ידין עמך בצדק ועניך במשפט:
לשלמה

« Pour Salomon : Ô Dieu, donne ta justice au roi et ta droiture au fils du roi. Qu'il juge votre peuple avec droiture et vos opprimés avec justice. »

L'idée que Dieu (ou les dieux) « donne[nt] la justice » au roi, lui permettant de rendre la justice sur terre, est un motif juridique courant dans l'idéologie royale du Proche-Orient[17]. Non seulement

---

[16] B. Jackson a qualifié ces deux ordres normatifs de « modèle moniste » et de « modèle dualiste » du droit biblique. Le *modèle moniste* comprend l'idéal abstrait de la justice, la loi divine et la résolution des conflits entre des humains comme un système singulier fonctionnant sous l'autorité directe de Yahvé. Le *modèle dualiste* (ou le modèle de mandat) définit un rôle important pour le roi humain, qui sert de médiateur entre le monde humain qu'il gouverne, et un ordre moral supérieur situé dans le domaine divin : « Human Law And Divine Justice: Towards The Institutionalisation of Halakhah », *Jewish Studies an Internet Journal*, 9(1), 2010, p. 223.

[17] Plusieurs rois mésopotamiens affirment que les dieux leur ont « donné la justice et l'équité » (*kīttu u mīšāru... šerēku*). Par exemple : Hammurabi (CH Épilogue xlviii : 95-99), Assarhaddon (RINAP 4.33 rev. iii : 31-36), et Assurbanipal (SAA 3 11 : 8).

cette idée élevait le roi au-dessus de ses pairs humains, mais elle le rapprochait également des dieux, en particulier des dieux solaires de la justice[18]. La solarisation des législateurs est un motif prééminent en Mésopotamie et figure comme principe totalisant des notions égyptiennes de la royauté[19]. On comprend moins bien comment les rois bibliques se sont assimilés au dieu soleil dans leurs capacités judiciaires[20]. Dans *Les Dernières Paroles de David* (2 Sam 23 :1-7), par exemple, le motif de la règle humaine juste passe sans transition à l'image du soleil levant et de la fécondité :

2 Sam 23,3-4

אמר אלהי ישראל לי דבר צור ישראל מושל באדם צדיק מושל יראת אלהים:
וכאור בבקר יזרח שמש בקר לא עבות מנגה ממטר דשא מארץ:

« Le Dieu d'Israël m'a parlé ; le Rocher d'Israël a dit : "Celui qui règne sur l'humanité avec justice, c'est celui qui règne [dans] la révérence de Dieu". Comme la lumière du matin, le Soleil se lève un matin sans nuages. De sa lumière [et] de sa pluie, l'herbe [pousse/émerge] de la terre[21]. »

Ainsi, la royauté israélite ressemblait probablement à celle de « toutes les autres nations qui les entouraient » (Deut 17,14 ; 1 Sam 8,5, 20), avec toutefois certaines particularités résultant d'un culte centré sur le dieu Yahvé.

---

[18] Comme les législateurs temporels, le dieu-soleil Šamaš a également reçu le « don » (*šeriktum*) de la justice de la part de donateurs inconnus, selon une inscription de Mari datant du règne de Yaḫdun-lim : « (Dédié) à Šamaš, roi du ciel et de la terre, juge des dieux et de l'humanité, dont l'héritage est le *mīšarum*, à qui le *kīnātum* a été donné en don. » (RIME 4, 4.6.8.2 : 1-6).

[19] Voir D. Charpin, « I am the Sun of Babylon': Solar Aspects of Royal Power in Old Babylonian Mesopotamia », dans J. A. Hill, P. Jones et A. J. Morales (dir.), *Experiencing Power, Generating Authority*, Philadelphie, University of Pennsylvania Museum of Archaeology and Anthropology, 2013, p. 65-96 ; E. Frahm, « Rising Suns and Falling Stars: Assyrian Kings and the Cosmos », dans *Experiencing Power, Generating Authority*, *op. cit.*, p. 97-120.

[20] Mais voir M. Arneth, *"Sonne der Gerechtigkeit:" Studien zur Solarisierung der Jahwe-Religion im Lichte von Psalm 72*, Wiesbaden, Harrassowitz, 2000.

[21] Voir aussi Pss 72,5-7 ; 89,36.

Les traditions mésopotamiennes et bibliques s'accordent à dire que la capacité des rois à percevoir la justice, à différencier le bien du mal et à statuer équitablement sur les affaires juridiques était un don divin. Dans les récits relatifs à l'exercice de l'autorité judiciaire par David et Salomon, les auteurs bibliques font allusion à une sagesse divine leur permettant de rendre la justice dans les cas difficiles. Cette sagesse était autant un savoir-faire pratique de la procédure judiciaire qu'une connaissance abstraite ou philosophique. Dans l'idéologie juridique des rois du Proche-Orient, la capacité de rendre un jugement ne se rapportait pas seulement (ou même principalement) aux capacités personnelles des rois individuels, mais plutôt aux pouvoirs judiciaires que les souverains individuels possédaient en vertu de leur fonction royale. Ainsi, le grand législateur Hammurabi se qualifie lui-même de « roi capable » (*šarrum lēʾûm*) et invite les futurs rois « dotés de discernement et de la capacité de rendre la justice » (*awīlum šû tašīmtam išūma māssu šutēšuram*) à tenir compte des statuts de son célèbre recueil de lois[22]. Dans l'histoire de *La femme sage de Teqoa*, David détient une sagesse « comme celle d'un messager de Dieu » (כחכמת מלאך האלהים [2 Sam 14,17, 20]), alors que dans le *Jugement de Salomon* (1 Rs 3,16-28), les israélites reconnaissent que « la sagesse de Dieu était en lui pour rendre la justice » (כי חכמת אלהים בקרבו לעשות משפט [v. 28]).

L'édit de Sédécias : mémoire historique et rédaction idéologique

L'autorité juridique des rois bibliques est rappelée non seulement par les archétypes de David et de Salomon, mais aussi par le dernier souverain de Juda : le roi Sédécias. À la veille de la destruction de Jérusalem, au milieu d'une famine causée par un siège (2 Rs 25,1-3 ; Jr 39,1-2), le récit rappelle le dernier acte juridique attribué à un roi indépendant de Juda :

[22] CH Épilogue xlvii : 4 ; xlviii : 59-62, 75-77.

Jr 34,7-8
כל ערי יהודה הנותרות אל לכיש ואל עזקה כי הנה נשארו בערי יהודה ערי
את כל העם אשר בירושלם לקרא להם וחיל מלך בבל נלחמים על ירושלם ועל
מבצר: הדבר אשר היה אל ירמיהו מאת יהוה אחרי כרת המלך צדקיהו ברית
דרור:

« Alors que l'armée du roi de Babylone combattait contre Jérusalem et contre toutes les villes de Juda qui restaient, notamment Lakhis et Azéqa, car c'étaient les villes fortifiées qui subsistaient encore parmi les villes de Juda. La parole fut adressée à Jérémie de la part de Yahvé après que le roi Sédécias eut conclu une alliance avec l'ensemble de la population de Jérusalem pour proclamer un édit de libération. »

L'édit que Sédécias déclare pour le peuple de Jérusalem est décrit comme un דרור, mot akkadien emprunté à l'hébreu et qui aurait été bien connu des Babyloniens qui encerclaient la ville[23].

---

[23] Sur les édits d'*(an)durāru* dans leur contexte mésopotamien, voir : D. Charpin, « L'*andurârum* à Mari », *M.A.R.I.*, 6(1), 1990, p. 253-270; *id.*, « L'*andurârum* à l'époque médio-babylonienne : une attestation dans le royaume d'Emar », *NABU*, 2002(1), 2002, p. 23 ; F. M. Fales, *L'impero assiro: Storia e amministrazione (IX-VII secolo a.C)*, Rome, Roma-Bari, 2001, p. 199, 332 ; B. Lion, « L'andurāru à l'époque médio-babylonienne d'après les documents de Terqa, Nuzi et Arrapha », dans D. I. Owen et G. Wilhelm (dir.), *Nuzi at Seventy-Five*, 1999, p. 313-327 (SCCNH ; 10) ; J. N. Postgate, *The Governor's Palace Archive, Cuneiform Texts from Nimrud II*, Londres, British Institute for the Study of Iraq, 1973, p. 38-39, 230-232 ; K. Radner, *Die neuassyrischen Privatrechtsurkunden als Quelle für Mensch und Umwelt*, Helsinki, State Archives of Assyria, 1997, p. 70, n. 354-355 (SAAS ; VI) ; P. Villard, « L'(an)durāru à l'époque néo-assyrienne », *Revue d'Assyriologie*, 101(1), 2007, p. 107-124. Le parallèle entre l'hébreu דרור et l'akkadien *(an)durāru* a été observé pour la première fois par F. Delitzsch, *Prolegomena eines neuen Hebräisch-Aramäischen Wörterbuchs zum Alten Testament*, Leipzig, J. C. Hinrichs, 1886, p. 46; *id.*, *Assyrisches Handwörterbuch*, Leipzig, J. C. Hinrichs, 1896, p. 228. Parmi les études comparatives sur les actes de rémission mésopotamiens et bibliques on peut noter les suivantes : N. P. Lemche, « The Manumission of Slaves: The Fallow Year, the Sabbatical Year, the Jobel Year », *Vetus Testamentum*, 26(1), 1976, p. 38-59; *id.*, « *Andurārum* and *Mīšarum*: Comments on the Problem of Social Edicts and their Application in the Ancient Near East », *Journal of Near Eastern Studies*, 38(1), 1979, p. 11-22 ; J. Lewy, « The Biblical Institution of Deror in Light of the Akkadian Documents », *Israel Exploration Society*, 5(1), 1958, p. 21-31 ; P. J. Nel, « Social Justice as Religious Responsibility in Near Eastern Religions: Historic Ideal and

En Mésopotamie, les édits de *durāru* ou d'*andurāru* étaient des actes royaux normatifs attestés entre le XXVe et le VIIe siècle avant notre ère[24]. Ces édits annulaient les dettes non commerciales, restituaient les biens aliénés et libéraient les esclaves pour dettes[25]. De nombreux rois de l'ancienne Babylonie (Hammurabi, Samsu-iluna et Ammī-ṣaduqa) ont eu recours aux édits d'*andurāru* pour libérer des hommes qui avaient vendu leurs femmes, leurs enfants et eux-mêmes comme esclaves pour dettes[26]. Les rois néo-assyriens ont également promulgué des édits d'*andurāru* qui remettaient les dettes privées et restituaient les biens aliénés, mais ils les ont également utilisés pour affirmer les privilèges sociaux (*kidinnu*) des habitants de diverses villes sacrées[27].

Ideological Illusion », *Journal of Northwest Semitic Languages*, 26(2), 2000, p. 143-153 ; N. Sarna, « Zedekiah's Emancipation of Slaves and the Sabbatical Year », dans N. Sarna (dir.), *Studies in Biblical Interpretation*, Philadelphie, The Jewish Publication Society, 2000, p. 300-301.

24 N. P. Lemche a suggéré que le mot דרור fût entré dans l'hébreu au cours du VIIe ou du VIe siècle avant notre ère : « *Andurārum* et *Mīšarum* », art. cit., p. 22. Cette hypothèse semble toutefois peu probable compte tenu des preuves de l'existence du terme à l'ouest au milieu du deuxième millénaire avant notre ère (voir D. Charpin, « L'*andurârum* », art. cit., p. 23) et des changements phonémiques (le « glissement cananéen » de /*ā*/ à /*ō*/) qui se sont produits avant la période néo-assyrienne.

25 Voir D. Charpin, « Les édits de "restauration" des rois babyloniens et leur application », dans C. Nicolet (dir.), *Du pouvoir dans l'Antiquité : mots et réalités*, Genève, Librairie Droz, 1990, p. 13-24; P. Villard, « L'(an)durāru », art. cit., p. 107.

26 Les stipulations figurent dans l'édit d'Ammī-ṣaduqa § 20-21 (F. R. Kraus, *Königliche Verfügungen in altbabylonischer Zeit*, Leiden, Brill, 1984, p. 265-284); dans le Code d'Hammurabi (§ 117); et, dans l'édit fragmentaire de Samsu-iluna (F. R. Kraus, *Königliche Verfügungen*, *op. cit.*, p. 155-557, 276-277). L'*andurāru*-édit n'est pas une proclamation d'émancipation universelle, il ne fait que ramener le statut des personnes et des biens à leur statut antérieur. Voir D. Charpin, « Les édits », art. cit., p. 13-24; N. P. Lemche, « *Andurārum* et *Mīšarum* », art. cit., p. 18.

27 Voir N. P. Lemche, « *Andurārum* et *Mīšarum* », art. cit., p. 20-21. Une inscription royale du roi Assarhaddon (RINAP 4, 4.105 vii : 12-24) mentionne la manumission des Babyloniens réduits en esclavage, bien que l'*andurāru* actuel semble affirmer le statut privilégié de *kidinnu* des habitants de Babylone et d'Assur.

L'édit de Sédécias (v. 9-10) a eu pour effet d'affranchir tous les esclaves hébreux/juifs, hommes et femmes, de Jérusalem. Mais les chercheurs ont longtemps identifié les stipulations ethniques de l'édit (ע ברי et עבריה) comme des ajouts secondaires deutéronomistes tirés directement de Deut 15,12[28]. Si l'on supprime ces ajouts secondaires et les répétitions rédactionnelles évidentes qui les encadrent, l'édit concerne la rémission des hommes et des femmes esclaves et la violation de cet accord par l'élite de Jérusalem.

Jr 34,10aβ-11

שפחתו חפשים לבלתי עבד בם עוד וישמעו וישלחו: וישובו אחרי כן וישבו את
שלחו חפשים ויכבישום לעבדים ולשפחות: לשלח איש את עבדו ואיש את
העבדים ואת השפחות אשר

« [L'édit] : Tous [les élites de Jérusalem] s'engagèrent à renvoyer libres chacun son esclave et sa servante, afin de ne plus les tenir dans la servitude ; ils obéirent, et les renvoyèrent. Mais ensuite ils changèrent d'avis ; ils reprirent les esclaves et les servantes qu'ils avaient affranchis, et les forcèrent à redevenir esclaves et servantes[29]. »

Les chercheurs ont proposé essentiellement trois motivations à la base de l'édit de Sédécias[30]. Tout d'abord, la rémission des esclaves aurait permis de reconstituer les rangs des soldats qui repoussaient le siège de Nabuchodonosor[31]. Deuxièmement, l'élite

---

[28] N. P. Lemche, « *Andurārum* et *Mīšarum* », art. cit., p. 52.

[29] La version massorétique du v. 11 comporte plusieurs ajouts à la forme courte préservée dans la LXX, bien qu'elle contienne essentiellement la même information. Voir S. L. Wijesinghe, *Jeremiah 34,8-22 : Structure, and Redactional History of the Masoretic Text and of the Septuagint Hebrew Vorlage*, Colombo, The Centre for Society & Religion, 1999, p. 9.

[30] Pour un résumé des explications proposées, voir S. L. Wijesinghe, *Jeremiah*, *op. cit.*, p. 38-48.

[31] Voir M. David, « The Manumission of Slaves under Zedekiah », *Oudtestamentische studiën*, 5(1), 1948, p. 63-79 ; N. P. Lemche, « Manumission of Slaves », art. cit., p. 51 ; B. Levinson, « The Manumission of Hermeneutics: The Slave Laws of the Pentateuch as a Challenge to Contemporary Pentateuchal Theory », dans A. Lemaire (dir.), *Congress Volume Leiden 2004*, Leiden, Brill, 2006, p. 283 ; M. Weinfeld, « Sabbatical Year and the Jubilee in the Pentateuchal

de Jérusalem a peut-être demandé la manumission des esclaves qu'elle ne pouvait plus nourrir[32]. Troisièmement, le roi Sédécias a proclamé cet édit pour remplir son mandat judiciaire divin envers les opprimés de la société[33]. Les deux dernières possibilités semblent les plus probables, car les données comparatives indiquent que les conditions sociales du siège lui-même sont le principal facteur qui a nécessité l'acte normatif du roi[34].

L'édit de Sédécias est présenté comme une alliance (ברית) entre le roi et le peuple/les élites (שרים/כל העם) de Jérusalem[35]. Il n'existe que peu d'exemples de dirigeants israélites ou judéens concluant des pactes avec leurs sujets (Jos 24,25 ; 2 Sam 3,21 ; 2 Sam 5,3 ; 1 Rs 11), où le pouvoir royal est décrit comme dépendant du soutien d'autorités corporatives localisées. En tant qu'institutions sociales et juridiques, les villes (Akk. *ālu* ; Héb. עיר) du Proche-Orient ancien étaient constituées de divers organes administratifs collectifs, dont les rois devaient gagner la loyauté et l'obéissance en renforçant certains privilèges. En fait, plusieurs édits d'*andurāru*

Laws and their Ancient Near Eastern Background », dans T. Veijola (dir.), *The Law in the Bible and in Its Environment*, Helsinki, The Finnish Exegetical Society, 1990, p. 39-62. Cependant, l'inclusion des femmes esclaves dans cet édit de rémission implique fortement que d'autres motivations étaient également à l'œuvre : S. Chavel, « "Let My People Go!" Emancipation, Revelation, and Scribal Activity in Jeremiah 34.8-14 », *Journal for the Study of the Old Testament*, 22(76), 1997, p. 71.

[32] N. P. Lemche, « *Andurārum* et *Mīšarum* », art. cit., p. 51.

[33] M. Kessler, « The Law of Manumission in Jer 34 », *Biblische Zeitschrift*, 15(1), 1971, p. 105-108 ; A. Weiser, *Das Buch Jeremia : Kapitel 1-25,14*, Göttingen, Vandenhoeck und Ruprecht, 1966, p. 311-312. Weiser a constaté que l'action de Sédécias visait à accomplir des lois spécifiques du Pentateuque, comme le prévoyaient les révisions deutéronomistes. En revanche, les motivations de Sédécias découlaient très probablement des mêmes impulsions idéologiques qui ont poussé tous les dirigeants du Proche-Orient à proclamer des actes normatifs : assurer le bon fonctionnement de la société, réaffirmer leur autorité judiciaire et démontrer l'accomplissement de leur mandat divin auprès du Dieu/des dieux.

[34] *Contra* S. L. Wijesinghe, *Jeremiah*, *op. cit.*, p. 116.

[35] Il n'y a pas de parallèle à אשר בירושלם ou à שרי ירושלם dans Jr (LXX) 41,8, 19.

de rois néo-assyriens, comme Sargon II et Assarhaddon, visaient à réaffirmer les privilèges spéciaux (*kidinnu*) des habitants de villes sacrées comme Assur, Babylone, Sippar et d'autres, en les libérant des obligations royales de corvée et d'impôts[36]. Au-delà de l'affranchissement de ces esclaves, aucun détail de l'accord d'alliance entre Sédécias et les élites de Jérusalem n'est mentionné. Mais surtout, les intérêts du roi et des élites ne sont pas les mêmes dans cet épisode – même s'ils partagent finalement la même punition divine selon le rédacteur deutéronomiste de ce texte (v. 21). De plus, cette alliance est un accord politico-juridique entre le roi et l'élite de Jérusalem qui ne se réfère ni à l'alliance divine avec Dieu ni à la loi du Pentateuque. La motivation de Sédécias pour affranchir les esclaves de Jérusalem n'était pas d'accomplir la règle de droit (c'est-à-dire la Torah), mais une réponse aux circonstances historiques en 587 avant notre ère.

Les villes assiégées connaissent un incroyable chaos humanitaire et social ; ce qui est rarement pris en compte, ce sont les effets du siège et de la famine sur la vie juridique des personnes dans de telles conditions[37]. C'est précisément la circonstance racontée dans neuf tablettes cunéiformes datant de 626 avant notre ère (seulement quarante ans avant le siège de Jérusalem), qui décrivent la situation désastreuse de Nippur. La ville de Nippur était sous contrôle assyrien, alors qu'elle subissait elle aussi un siège de six mois de l'armée babylonienne sous le commandement du roi Nabopolassar[38]. Alors que les habitants de Nippur tentaient désespérément de se procurer de la nourriture pour eux-mêmes et leurs familles, ils vendaient leurs biens patrimoniaux en dessous de leur valeur marchande

---

[36] P. Villard, « L'(an)durāru », art. cit., p. 110, 123.

[37] Voir S. A. Divon, « A Survey of the Textual Evidence for 'Food Shortage' from the Late Hittite Empire », dans L. D'Alphonso, Y. Cohen, et D. Sürenhagen (dir.), *The City of Emar Among the Late Bronze Age Empires*..., Münster, Ugarit-Verlag, 2008, p. 101-109 ; A. L. Oppenheim, « 'Siege Documents' from Nippur », *Iraq*, 17(1), 1955, p. 67-89 ; P. Villard, « L'(an)durāru », art. cit., p. 119f.

[38] A. L. Oppenheim, « Siege Documents », art. cit., p. 85.

et étaient contraints de se vendre eux-mêmes ou de vendre leurs enfants pour survivre. Il n'est pas difficile d'imaginer que les habitants de Jérusalem se soient trouvés dans la même situation que les habitants de Nippur[39]. L'édit de remise de Sédécias a donc pu représenter une tentative désespérée de contrôler l'esclavage pour dettes, de maintenir un semblant d'ordre social et de se conformer à son mandat divin de protéger les marginaux[40]. Sans écarter la possibilité que les élites profitent encore du chaos, le ré-asservissement de la population était peut-être la seule option possible en l'absence de toute autre forme de sécurité sociale. Sur la base des preuves comparatives, l'édit de Sédécias et sa violation par l'élite de Jérusalem semblent refléter les réalités historiques de l'esclavage pour dettes pendant les sièges et l'utilisation des édits d'*andurāru* pour résoudre les crises humanitaires. Ce sont *les circonstances du siège* qui ont incité Sédécias à promulguer son édit, plutôt que son adhésion à un quelconque cycle calendaire de manumission tel qu'on le trouve dans le Pentateuque[41].

Contrairement à cette reconstruction historique, la plupart des analyses de Jr 34 se concentrent sur les parallèles intertextuels potentiels entre l'édit de Sédécias et les lois du Pentateuque sur

---

[39] Alors que Nabuchodonosor assiège Jérusalem, le prophète Jérémie achète les biens de son cousin paternel pour éviter qu'ils ne sortent de la famille (Jr 32,7-16). Cent ans après ce siège, Néhémie rencontre le même problème au milieu d'une famine (ערב) pendant laquelle les Judéens vendent leurs biens et leurs enfants afin de survivre (Neh 5,1-13).

[40] P. Villard a proposé que plusieurs édits d'*andurāru* ont été proclamés dans ces moments de crise économique (« L'(an)durāru », art. cit., p. 119f).

[41] *Contra* A. Schenker, « La liberazione degli schiavi a Gerusalmme secondo Ger 34, 8-22 », *Rivista biblica*, 41(4), 1991, p. 454-457. Il ne s'agit pas de nier tout lien entre le système septennal de manumission (Ex 21,2 ; Deut 15,12 ; Lev 25) et les édits mésopotamiens (*an*)*durāru*. Le Code d'Hammurabi (§ 117), par exemple, limite la durée de l'esclavage pour dettes à trois ans, après quoi les esclaves pour dettes doivent être libérés (*andurāršunu iššakkan*). Cependant, le Code d'Hammurabi prévoit également des actes spontanés de remise (§ 171 et § 280), comme les exemples néo-assyriens, ce qui implique que les rois de Juda pouvaient également connaître ces deux types d'actes.

la manumission ([i] Ex 21,2-11 ; 23,10-12 ; [ii] Deut 15,1-18 ; 31,9-13 ; [iii] Lev 25)[42]. La preuve d'une relation textuelle directe entre l'édit de Sédécias (à savoir les v. 9 et 14) et Deut 15 est évidente. Cependant, ces parallèles sont des ajouts secondaires à ce texte, qui partage le même point de vue sur l'autorité suprême de la Torah sur les rois humains, comme le montrent des textes tels que Deut 17,18-19 et Deut 31,9-11. En rapprochant l'édit de Sédécias des lois deutéronomiques sur la manumission, le rédacteur a circonscrit l'autorité normative du roi par la loi divine de la Torah, sous le contrôle des prêtres lévitiques.

Le premier signe, et le plus évident, qu'un rédacteur essayait de coordonner un récit indépendant dans Jr 34 avec la loi deutéronomique de la manumission est l'insertion de l'appartenance ethnique des esclaves (v. 9). Cependant, c'est par la voix prophétique de Jérémie (v. 12-22) que ce rédacteur (ou ces rédacteurs) a réinterprété le plus profondément l'édit de Sédécias[43]. Tout d'abord, le rédacteur s'en prend au concept particulier d'alliance que l'on trouve au v. 8, affirmant que l'accord entre Sédécias et l'élite de Jérusalem a été conclu dans le Temple de Yahvé (v. 15). Bien que ce scénario soit plausible, il rappelle néanmoins au peuple son alliance antérieure (et on a l'impression qu'elle est supérieure) au Sinaï (v. 13). Sédécias a peut-être libéré les esclaves de Jérusalem, mais Dieu a libéré tout Israël de la servitude (בית עבדים) en Égypte. Deuxièmement, ce rédacteur deutéronomiste cite de longues

[42] B. Levinson a fourni une analyse des modèles pertinents pour le développement des lois bibliques sur la manumission. Il a souligné et affirmé la séquence suivante : (i) Exod 21:2-11/23:10-12 → (ii) Deut 15:1-18/31:9-13 → (iii) Jr 34 → (iv) Lev 25 : « Manumission of Hermeneutics », art. cit., p. 292. Des études plus récentes ont proposé des sources alternatives pour Jr 34, telles que Deut 31, 9-13 : M. Leuchter, « The Manumission Laws in Leviticus and Deuteronomy: The Jeremiah Connection », *Journal of Biblical Literature*, 127(4), 2008, p. 635-653. Voir aussi S. Chavel, « Let My People Go! », art. cit., p. 71-95.

[43] Bien qu'ils s'ouvrent par une formule prophétique (הבדר אשר היה אל ירמיהו מאת יהוה), les v. 8-11 sont un récit en prose à la troisième personne, tandis que les v. 12-22 sont des citations de paroles divines.

sections de la loi deutéronomique sur la manumission (Jr 34,14// Deut 15,1 ; Deut 15,12), assimilant l'édit de rémission de Sédécias, déclaré dans le contexte d'un siège, au système de cycle calendaire fixe de שמטה – que Dieu a établi au Sinaï. L'édit de Sédécias devient son application consciencieuse de la Torah, légitimée *a posteriori* par Jérémie. Un rédacteur deutéronomiste a transformé la prérogative du roi de promulguer un édit de דרור en sa pieuse observance de la loi deutéronomique : subordonnant le roi à la règle de droit incarnée dans la Torah[44]. Malgré cet effort considérable pour faire de Sédécias un pieux observateur de la Torah, le roi – qui, selon la propre description du texte, avait promulgué un édit « juste » (הישר) – est néanmoins condamné avec ses élites à subir le châtiment qu'ils avaient infligé au peuple de Jérusalem : l'esclavage et l'exil (v. 21)[45].

Dans cette perspective, les parallèles intertextuels entre Jr 34 et Deut 15 sont des ajouts secondaires à un noyau littéraire qui rappelle un véritable événement historique survenu en 587 avant notre ère. Ainsi, le but de cette rédaction n'était pas simplement de fustiger l'asservissement de compatriotes juifs, mais de remettre en question la fonction de la royauté en tant que fondement de l'autorité juridique. Partageant les mêmes sentiments que d'autres auteurs qui ont subsumé l'autorité du roi sous la Torah et même les prêtres lévitiques[46], un rédacteur deutéronomiste de ce texte a

[44] S. Chavel, « Let My People Go! », art. cit., p. 74.

[45] Ainsi, on pourrait élargir l'affirmation de S. Chavel selon laquelle la critique de Jérémie réaffirme que Yahvé est la seule autorité à l'origine du droit (« Let My People Go! », art. cit., p. 85), pour dire qu'il ne s'agit là que d'un exemple d'un projet beaucoup plus vaste critiquant le roi et la fonction royale en tant que source normative d'autorité juridique. Selon ce nouveau point de vue, le roi Sédécias devient inexplicablement coupable du ré-asservissement par l'élite de Jérusalem du peuple qu'il avait émancipé par son ordre royal.

[46] S. Chavel a observé que « *gradually yoking together various Pentateuchal laws regarding slavery with different historical counterparts allowed those laws to play an active role in commenting upon and ultimately shaping historical events, while this influence of the laws on history lent them and the scribes who*

transformé une rare description du roi de Juda exerçant son autorité normative en un récit d'avertissement sur l'échec de ne pas respecter la loi du Pentateuque. La rédaction deutéronomiste de ce texte obscurcit l'intention originale et les effets de l'édit de remise de Sédécias, qui était une solution temporaire aux ramifications juridiques d'une ville assiégée, souffrant la faim, et subissant la servitude pour dettes insurmontables.

Conclusion

Les textes qui subordonnent la fonction royale à l'autorité de la Torah (Deut 17,14-20 ; Deut 31,9 ; 1 Sam 8 ; Jr 34,12-22) sont tous issus d'une communauté en crise d'identité : la perte de l'autonomie politique. Cette expérience a commencé avec la chute du royaume d'Israël face à l'Empire néo-assyrien en 722 avant notre ère, mais a culminé avec la destruction babylonienne de Jérusalem, la perte du Temple et la fin de la dynastie davidique en 587 avant notre ère. Ce traumatisme a contraint les élites judéennes exiliques et postexiliques à repenser la base d'autorité de la tradition juridique littéraire qu'elles possédaient. Le modèle traditionnel du mandat, dans lequel le roi fait le lien entre les normes sociales et un ordre moral supérieur, n'était plus viable. En fait, il y avait probablement l'animosité envers les rois qui avaient manqué à leur obligation divine d'assurer la sécurité du peuple d'Israël. Dans ce contexte, la royauté était présentée comme une institution étrangère que les israélites avaient malencontreusement exigée, rejetant ainsi leur souverain divin. Profitant du vide de l'autorité politique, les élites

---

controlled them greater prestige and authority » : « Let My People Go! », art. cit., p. 76. De même, M. Leuchter a constaté que la référence à מקץ שבע שנים dans Jr 34,14 se rapporte non pas à Deut 15,1, 12, mais plutôt à Deut 31,9-11 : « Manumission Laws », art. cit., p. 642-646. Dans Deut 31,9-11, « l'année de libération » (שנת השמטה) se reporte à la Torah écrite sous le contrôle des prêtres lévitiques : les mêmes autorités mentionnées en Deut 17,18. M. Leuchter a conclu que Jr 34,14a était une interpolation d'un rédacteur « *advancing Levitical interests and authority* » (p. 645).

religieuses telles que les prêtres lévitiques pouvaient s'engouffrer dans la brèche et assumer des rôles importants dans l'administration de la justice, tout en promouvant leur image dans le texte biblique.

Ce rejet de la monarchie en tant que fondement de l'ordre juridique était répandu dans l'imagination biblique, mais pas global. On se souvient encore de Salomon comme d'un souverain avisé et sage, bien que ces récits soient désormais adjacents à des textes qui expriment une profonde appréhension à l'égard de ses relations internationales, de ses prétentions à un système pharaonique de travail forcé et de ses étalages de richesse de bon augure. Les psaumes royaux et les récits isolés préservent les vestiges de l'idéologie judiciaire royale, bien que même les motifs de la sagesse, de la beauté et de la prospérité soient remodelés comme arrogance et idolâtrie dans certaines traditions prophétiques (Ez 28,1-19 ; Zach 9,2). En redéfinissant l'ordre normatif d'Israël exclusivement en termes de souveraineté divine de Yahvé et de prééminence juridique de la Torah, un petit cercle de rédacteurs deutéronomistes a choisi de présenter la perte de la royauté davidique sous un jour positif : comme un retour à une société israélite plus pure, où la Torah, promulguée par le véritable roi d'Israël Yahvé, était la source ultime de l'autorité légale, une règle de droit à laquelle même les rois (tant étrangers qu'autochtones) étaient soumis.

De la prééminence du droit dans le judaïsme antique : effectivité et limites

Rémy Scialom*

Selon la thèse formulée par le politologue Francis Fukuyama[1], seuls certains types de civilisations auraient permis l'émergence et le développement de la prééminence du droit (*rule of law*), c'est-à-dire la soumission des détenteurs du pouvoir politique à des principes de droit intangibles. Ces civilisations seraient celles où la vie sociale a été informée, modelée en profondeur par une religion transcendante.

À supposer que cette thèse soit exacte[2], encore faut-il savoir si elle trouve à s'appliquer et à se couler dans le moule spécifique du judaïsme, et en particulier dans le « triangle » que constituent les rapports entre religion, pouvoir politique et droit. Or, de prime

* Rémy Scialom est maître de conférences HDR à l'université d'Aix-Marseille.

[1] Thèse formulée dans son ouvrage, paru en 2011, *The Origins of Political Order*, traduit en français sous le titre suivant : *Le début de l'histoire : des origines de la politique à nos jours*, Paris, Éditions Saint-Simon, 2012.

[2] Ce qu'il faudrait encore dûment démonter, dans le cadre de l'Inde – dont les religions ne sont pas transcendantes –, ou même de l'islam, religion transcendante pourtant…

abord, si l'on devait parler de prééminence, elle serait d'ordre religieux ; car l'événement fondateur du judaïsme, c'est le Don de la Torah, d'où découlent, d'une part, une loi divine révélée et, a priori, *ne varietur*, comme le texte biblique lui-même l'indique[3] et, d'autre part, un modèle politique de type théocratique. Par conséquent, rien qui fasse franchement penser à quelque prééminence du droit que ce soit. Mais, comme souvent, il faut se garder des *a priori* et des préconceptions, particulièrement en ce domaine singulier constitué par l'univers civilisationnel hébraïque, car, de manière sans doute contre-intuitive, cette dernière ne semble pas pouvoir être reléguée au rayon des idées saugrenues de manière aussi primesautière et cavalière. Ce serait même l'inverse qui serait vrai, comme vont tenter de le démontrer les développements subséquents.

En effet, si la loi divine suppose plénitude et perfection, elle ne peut néanmoins matériellement embrasser tous les cas de la vie juridique présents et à venir auxquels le juge sera confronté[4], comme le font d'ailleurs remarquer certains des plus éminents penseurs du judaïsme, à l'instar de ce grand maître du judaïsme espagnol des XIVe-XVe siècles, J. Albo : « il est impossible que la loi divine prévoie les circonstances de tous les temps, puisque d'innombrables cas nouveaux se présentent en matière de droit et en d'autres domaines, au point que nul livre ne pourrait les contenir [...][5] ».

---

[3] « Vous n'ajouterez rien à ce que je vous ordonne et vous n'en retrancherez rien, observerez les commandements de l'Éternel votre Dieu, tels que je vous les prescris » (Deutéronome, IV, 2 et XIII, 1). Sur les notions de tradition, de Torah, de Bible, de Loi Écrite/Loi Orale, etc. et le champ lexical couvert par elles, voir R. Scialom, *Anthologie de droit hébraïque : sources et codification*, Préface du professeur D. Banon, Postface du professeur Chr. Bruschi, Paris, La Mémoire du Droit, 2017, p. 28 et s.

[4] Cette idée de plénitude et perfection se retrouve, en outre, à propos de tout code quelque complet qu'il puisse être, comme le fait valoir Michel Villey (voir sa préface à « L'interprétation dans le droit », *APD*, Paris, Sirey, 1972, t. 17, p. 17).

[5] R. Y. Albo, *Séfer ha Ikkarim*, III, 23.

Ce qui laisse supposer que le droit hébraïque n'est en rien réductible à la seule loi divine, mais encore que sa création, la place et l'influence qu'il occupe dans la sphère juridique et civilisationnelle hébraïque sont déterminantes. Par conséquent, s'il en est ainsi, c'est qu'à l'évidence le texte révélé peut être interprété. Toutefois, deux écueils font obstacle à cette nécessité d'interprétation de la loi divine : le danger que cette opération recèle, d'une part, et, d'autre part, le risque de violation du principe selon lequel, dans le judaïsme, l'unique législateur est Dieu même, seul légitime à interpréter ses propres lois.

Dangerosité de l'opération, en effet, car interpréter c'est attribuer un sens déterminé à ce qui n'en avait pas, ou rendre clair ce qui ne l'était pas[6]. Mais c'est aussi déduire ou induire, à partir des prescriptions écrites, des enseignements nouveaux visant à réglementer des espèces juridiques non tranchées par le législateur, ce qui peut avoir pour effet de modifier et de transformer le texte, dans la mesure où la sagacité de l'interprète dans cette opération fournit tous les moyens d'altérer, d'introduire des conditions inconnues à la loi, voire de violer cette dernière, comme l'affirme Rudolf von Jhering[7]. Dès lors, se pose une question incontournable : comment procéder dans le cadre d'un système juridique, surplombé et totalement imprégné par une législation divine *ne varietur*, qui interdit donc catégoriquement de transformer la loi, soit en la complétant (« Vous n'ajouterez rien... »), soit en la modifiant ou en l'abrogeant (« vous n'en retrancherez rien »)?

Risque, également, de violation du principe selon lequel, dans le judaïsme, l'interprétation des lois incombe à celui qui les connaît le mieux, parce qu'il les a créées, à savoir le législateur divin.

---

[6] « *Obscuram explanare interpretendo* » (Cicéron, *Brutus*, Paris, Belles Lettres, 1966, 41, 152, p. 53).

[7] R. von Jhering, *L'esprit du droit romain dans les diverses phases de son développement*, 4 vol., Paris, 1887, t. III, p. 157-159.

Or, ces deux écueils disparaissent dans la mesure où le Législateur lui-même a réglé le problème et la question de l'interprétation de ses lois, en en fournissant les clés d'interprétation au moment même de la Révélation sinaïtique. Voilà donc comment interpréter un texte révélé sans le trahir : par des règles d'interprétation et un système d'enseignement oral consubstantiels à la Révélation sinaïtique. C'est donc par une délégation de pouvoir que le législateur divin a investi directement les hommes de la légitimité et du devoir d'interpréter la loi divine révélée.

Soit... cependant comment le sait-on et pourquoi en est-il ainsi ? Mais parce que la Bible le dit elle-même explicitement : depuis que la Torah a été donnée au Sinaï, « elle ne se situe pas [plus] dans les cieux[8] » ; « la Torah n'a pas été donnée aux anges [...] mais à l'homme et à l'intelligence humaine[9] », c'est pourquoi, affirme le texte révélé, « selon la doctrine qu'ils t'enseigneront, selon la règle qu'ils t'indiqueront tu procéderas, ne t'écarte ni à droite ni à gauche de ce qu'ils t'auront dit[10] ».

Ces allégations majeures du texte biblique emportent des conséquences fondamentales puisqu'elles induisent et supposent une *anthropologisation* de la loi divine révélée, en investissant, pour ce faire, les juges (désignés par les « ils », mentionnés dans le verset précité) de l'autorité légitime de créer et de dire le droit.

Or, cette humanisation de la loi divine permet d'assurer le passage de la loi au droit, étant entendu que le droit n'est pas réductible à la seule loi et, surtout, dans la mesure où le droit est conçu comme un *artefact*, c'est-à-dire comme une construction humaine artificielle d'un ordre juridique dont les fondements sont politiques, religieux, culturels et civilisationnels[11].

---

[8] Deutéronome, XXX, 12.

[9] R. Arié Lév Ha Cohen, *Ketsot ha hochen* (introduction au commentaire du *Choulhan Aroukh*).

[10] Deutéronome, XVII, 11.

[11] Ce qui, en outre, fait écho à la définition que Malraux donne de la civilisation : « La nature d'une civilisation, affirme-t-il, c'est ce qui s'agrège autour d'une

En accordant aux hommes la liberté de créer du droit en humanisant la loi divine, la Bible hébraïque manifeste par là même son souci de ne point écraser, ni étouffer, l'humanité sous le poids d'une chape de plomb théologique; mieux, elle entend ainsi assurer un projet politique viable par l'unité du droit et la paix sociale au sein du peuple.

Cette contribution entend donc montrer les modalités d'expression de la prééminence du droit dans le domaine hébraïque en se focalisant sur deux points : sur la manière même dont le droit est fabriqué ou confectionné, d'une part (car pour qu'il y ait prééminence du droit encore faut-il qu'il y ait [du] droit, c'est-à-dire que le droit existe bel et bien et qu'il ne soit pas réductible à la loi divine) et, d'autre part, sur la manière dont cette prééminence se manifeste sur le plan institutionnel et politique.

En guise de conclusion, cette étude tentera de mettre en évidence que si prééminence du droit il y a, celle-ci ne se confond point avec son absoluité, ce qui permettra de retrouver une idée chère au judaïsme, celle de l'équipondération, de l'équipollence ou du juste milieu, entre droit, pouvoir politique et religion/religion, pouvoir politique et droit.

Toutefois, pour suivre utilement ce cheminement et qu'il n'y ait aucun contresens, mésinterprétation, malentendu ou quiproquo, encore faut-il préciser que les propos et développements subséquents entendent se focaliser sur le « modèle » originel étudié en en proposant une description aussi fidèle que possible, afin de tenter de le saisir et de le concevoir dans sa version initiale avant même que les vicissitudes, les affres et les tourments de l'histoire ne l'altèrent substantiellement. La démarche poursuivie pourrait s'apparenter, par exemple, à celle qui animerait l'historien du droit, le politologue, le disciple et le tenant de disciplines touchant à la philosophie politique et juridique, qui s'évertueraient à décrire, analyser

religion (…) » (Conversation sur l'Islam avec André Malraux *le 3 juin 1956*, Elisabeth de Miribel, transcription par sténo, Source : Institut Charles de Gaulle).

et étudier les Constitutions françaises des siècles passés, ou bien plus spécifiquement encore celle de 1958, dans leur version d'origine, avant qu'elles ne soient amendées, sinon bouleversées, par les modifications si fréquentes qui les ont inévitablement affectées. Il n'est, pour ce faire, que de songer aux vingt-quatre révisions dont la Constitution de 1958 a été l'objet pour saisir aisément que ces modifications peuvent être comprises comme autant d'altérations dont les profondes répercussions sur le projet initial sont indéniables[12]. Ce dernier demeure néanmoins la référence ultime qui peut et doit être étudié pour lui-même ; et ce, *a fortiori* en ce qui concerne le modèle de droit hébraïque analysé ci-après, dans la mesure où il est porteur d'une dimension d'avenir et investi d'une charge messianique. C'est très précisément le dessein poursuivi ici.

I. Les fondements religieux de la prééminence du droit : anthropologisation de la loi divine et processus de création du droit hébraïque

C'est donc la Bible elle-même qui, non seulement, permet mais qui enjoint aux hommes d'humaniser la loi divine. Cet acte d'anthropologisation repose sur l'interprétation du texte révélé, « opération[13] » fondamentale, constitutive du droit, d'un droit en perpétuelle élaboration.

---

[12] Les vingt-quatre révisions dont la Constitution de 1958 a fait l'objet entre 1960 et 2008 n'ont laissé « subsister » qu'un petit tiers des 92 articles originaux. Si bien que, depuis son origine et tout au long de cette période, le texte constitutionnel a été substantiellement étoffé et modifié (voir notamment L. Favoreu, P. Gaïa, R. Ghevontian, J.-L. Mestre, O. Pfersmann, A. Roux et G. Scoffoni, *Droit constitutionnel*, 23e éd., Paris, Dalloz, 2021, p. 851, 856 et s. ; Fr. Hamon et M. Troper, *Droit constitutionnel*, 37e éd. (2016-2017), LGDJ, 2016, p. 486 ; M. Guillaume, « *Les révisions constitutionnelles : une constitution moins procédurale et plus fondamentale* », *Pouvoirs*, n° 166, mars 2018, p. 27-39 ; O. Pluen, *Constitution de la Ve République : de sa rédaction initiale à sa version aujourd'hui en vigueur*, Paris, Institut universitaire Varenne, 2017, 316 p.).

[13] Sur cette notion d'opération juridique et d'anthropologisation, voir Y. Thomas, *Les opérations du droit*, Paris, Seuil, 2011.

Certes, les Sages n'en livrent pas une théorie systématisée mais, en revanche, ils en exercent l'*art*, dont l'institution, l'initiative, le principe et la méthode sont dus à Moïse lui-même, au moment précis de la promulgation de la Torah au mont Sinaï[14].

Ne serait-ce qu'à ce stade, il est déjà possible d'établir une équivalence entre droit/interprétation *et* art ; ce qui situe l'univers juridique hébraïque sur un terrain proche (voire similaire) de celui évoqué et envisagé par le jurisconsulte romain Celse, notamment relativement à la conception qu'il se fait du droit comme étant un *art* : « *ius est ars boni et aequi*[15] ».

A. Interprétation et anthropologisation de la Loi révélée : un art juridique, une méthode herméneutique

Ceci étant, pour faire un usage judicieux de cet art juridique, « certaines règles herméneutiques, auxquelles l'Écriture fait allusion, furent communiquées à Moïse au Sinaï, afin que les Sages de chaque génération puissent être en mesure d'en déduire les règles à observer en présence de nouvelles circonstances[16] ». D'autres maîtres encore estiment que c'est *intentionnellement* que l'Écriture a formulé ses principes en termes généraux, afin de permettre aux Sages d'en fixer les détails selon les circonstances de chaque époque[17].

---

[14] Il interpréta la parole divine pour dresser une « haie protectrice » autour du commandement divin, en l'occurrence de pureté lévitique exigée à l'occasion de la Révélation sinaïtique. Ainsi donna-t-il l'exemple de l'interprétation de la parole divine telle qu'elle fut ultérieurement adoptée comme base fondamentale de la *Torah Chébéalpé* (*la Torah Orale*. R. E. Munk, *Kol ha Thora, Chemoth*, Paris, 1998, p. 206, et 208 ; *Talmud Bavli*, traité *Temoura*, 15b).

[15] Jurisconsulte, préteur et consul, notamment, Celse (v. 67-v. 130) est l'auteur d'un *Digeste* en 39 livres et d'une célèbre définition du droit : « *ius est ars boni et aequi* » (« le droit est l'art du bon et du juste (de l'équitable) »).

[16] R. Y. Albo, *op. cit.*

[17] R. Vidal Di Tolosa, *Maguid Michné, Hilkhot Chechénim, in fine*. Et l'auteur des *Hidouché HaRim* d'ajouter que « À chaque génération et à chaque époque vient du Ciel une nouvelle compréhension de la *Torah* : elle se manifeste d'après

Tant et si bien que, d'ores et déjà, l'on perçoit deux choses : le caractère fondamental de l'interprétation de la loi, d'une part, et, d'autre part, qu'il ne peut s'agir que d'un type particulier d'exégèse. Les herméneutes de la Bible hébraïque sont ainsi confrontés à un double défi juridique, consistant à élaborer (à partir de la loi écrite) des normes exigées par les circonstances, tout en veillant très scrupuleusement, à l'occasion de cette opération d'interprétation, à ne rien changer de la lettre de la loi divine, considérée comme sacrée[18].

Cette exégèse de la loi biblique, dont le législateur divin a délégué le pouvoir aux hommes, incombe plus spécifiquement aux juges[19] (terme générique qui comprend les prêtres [*Cohanim*], les Lévites [*Léviim*], les israélites « ordinaires[20] », mais pas les

---

la nature de cette époque ; les justes de chaque génération comprennent la *Torah* d'après ce qu'ont interprété les représentants de cette génération » (voir R. Ytshak Méir de Gour [1799-1866], *Hidouché HaRim*).

[18] Deutéronome, IV, 2 et XIII, 1.

[19] « si tu as à juger un cas qui te dépasse, question de meurtre, de droit civil, ou de coups et blessures, litige quelconque dans tes portes [...] tu viendras chez les prêtres lévites et chez le juge alors en fonction, tu t'informeras et ils t'indiqueront le verdict à prononcer. Tu te conformeras à la sentence qu'ils t'indiqueront depuis cet endroit que l'Éternel aura choisi et tu auras soin d'agir selon tout ce qu'ils t'enseigneront. Tu agiras selon les instructions qu'ils te donneront et le jugement qu'ils t'énonceront, tu ne t'écarteras pas de la sentence qu'ils t'indiqueront, ni à droite ni à gauche (Deutéronome, XVII, 8-11). Maïmonide explique : « “Selon l'instruction qu'ils [les juges] te donneront” : ce sont les ordonnances, les décrets et les coutumes qu'ils dictent à la communauté pour renforcer la pratique religieuse et pour le bon ordre du monde ; “et selon le jugement qu'ils te diront” : ce sont les règles qu'ils déduisent par l'une des méthodes d'herméneutique de la Torah ; “[Tu ne t'écarteras pas] de tout ce qu'ils t'indiqueront” : il s'agit de la tradition qu'ils ont reçue oralement de maître à élève » (*Michneh Torah, Séfer Choftim, Hilkhot Mamrim*, chap. I, 1 et 2).

[20] Deutéronome, XVII, 9. « Ne sont nommés au *Sanhédrin* [qu'il s'agisse du *Grand Sanhédrin*, ou d'un *petit Sanhédrin*] que des *Cohanim, des Léviim et des Israélim* ordinaires de noble ascendance [...] », ressemblant à Moïse en sagesse, crainte et ascendance. « C'est une *mitsvah* (un *commandement*, mais ici ce terme est plutôt entendu au sens de « bonne chose ») que le *Grand Sanhédrin*

prophètes[21]), siégeant au sein du *Grand Sanhédrin* (la cour supérieure de justice), lequel trônait au sommet d'une hiérarchie de juridictions judiciaires[22] dont l'origine se confondait avec la genèse de la nation elle-même[23].

L'interprétation dont il est question s'attache à la lettre de la loi, à son respect et fait primer la lettre sur l'esprit. Or, c'est très précisément ce type d'interprétation qui a été agonie des critiques les plus virulentes de la part de saint Paul et de la patristique, de l'exégèse chrétienne qui, elle, entend transcender la lettre et la reléguer au second plan.

Cette herméneutique rappelle celle de l'école de l'Exégèse[24] et de son interprétation littérale du Code civil, laquelle tomba également sous le chef d'accusation de « judaïque », ainsi que

soit composé de *Cohanim et de Léviim* ». À défaut d'en trouver cependant, le *Sanhédrin* reste valablement établi et constitué même si tous ses membres sont des israélites ordinaires (Rambam [Maïmonide], *Michneh Torah, Séfer Choftim, Hilkhot Sanhédrin*, chap. II, § 1 et 2). En outre, « on peut faire siéger un Grand Prêtre (au *Sanhédrin*) s'il en est apte de par sa sagesse » (*ibid.*, § 4).

[21] Car « Tels sont les commandements que l'Éternel donna à Moïse pour les enfants d'Israël, au mont Sinaï » (Lévitique, XXVII, 34); la Loi Écrite excluant donc tout autre enseignement qui pourrait être ajouté en plus de ce qui a déjà été ordonné par Dieu à Moïse (*Talmud Bavli, Temoura*, 16a); si bien « qu'un prophète n'a pas le droit d'ajouter de nouveau précepte à la Torah » (Rambam, *Michneh Torah, Hilkhot Yessodé ha Torah*, IX, 1).

[22] Hiérarchie de juridictions judiciaires qui se présentait sommairement comme suit, dans l'État d'Israël antique : un tribunal de trois juges dans chaque localité (statuant sur les affaires civiles), un tribunal de vingt-trois juges dans les villes d'au moins cent vingt hommes adultes, appelé *petit Sanhédrin* (statuant en matière de peines corporelles et de peines capitales) et, enfin, le *Grand Sanhédrin* de soixante et onze membres (compétent pour tout cas non résolu par les tribunaux locaux, mais également doté d'une compétence exclusive en certaines matières – engager le pays dans une guerre non obligatoire, par exemple).

[23] Il y a eu succession de cours de justice en (Judée) depuis les jours de Moïse (voir *Michneh Torah, Séfer Choftim, Hilkhot Sanhédrin*, chap. IV, 1).

[24] Représentée, entre autres, par Valette (*Cours de Code civil professé à la faculté de droit de Paris*, Germer Baillière, Paris, 1872), Demolombe (le prince de l'exégèse; voir ses *Cours de Code Napoléon*, Paris, 1845-1876), Bugnet ou Liard.

l'écrit Delvincourt[25] qui, pour faire pièce à ces « interprétations judaïques », entendit substituer « l'esprit à la lettre » … Ce qui fut fait : la recherche de l'intention du législateur prima, dès lors, la lettre de la loi. Or, bien souvent, à la place de l'intention réelle du législateur, c'est son intention présumée qui fut considérée, laquelle se confondait avec les conceptions purement subjectives de l'interprète.

De ce type de dévoiement là, la jurisprudence hébraïque a su se préserver, tenue par l'injonction de ne rien changer à la lettre de la loi divine, considérée comme sacrée. Immutabilité de la loi sinaïtique judicieusement relevée par François Gény et qu'il opposa à la législation napoléonienne : cette dernière n'étant pas d'origine divine pour pouvoir s'imposer aussi fermement. En outre, les limites de cette législation avaient déjà été explicitement formulées par les auteurs du Code civil, au premier chef desquels Portalis lui-même dans son *Discours préliminaire*, qui en rejetaient le caractère perpétuel et intangible[26].

En droit hébraïque, la tâche du juge consiste donc à déduire et à tirer tous les enseignements et les conséquences de la fécondité de la lettre pour répondre aux besoins de la vie juridique, grâce à des méthodes d'interprétation spécifiques à la Loi Écrite. En étroite connexion avec la lettre de la Loi Écrite, ces méthodes exégétiques en représentent les clés d'interprétation et de compréhension et obligent l'herméneute à aborder le texte sans *a priori* ni idées préconçues. Procédés logiques de déduction, elles consistent à extraire du texte tous les enseignements requis par la pratique et toutes les conséquences que renferme la loi. Moyennant quoi, ce n'est pas le juge qui supplée de son propre chef au texte pour

[25] Cl.-É. Delvincourt (1762-1831), l'un des premiers commentateurs du Code civil (voir ses *Cours de Code Napoléon* [1813, 3 vol.] et ses *Institutes de Droit civil* [1808, 3 vol.]).

[26] J.-E.-M. Portalis, *Discours préliminaire sur le projet de Code civil*, dans *J.-E.-M. Portalis, Écrits et discours juridiques et politiques*, éd. du Centre de philosophie du droit de l'université d'Aix-Marseille, PUAM, 1988, p. 24-27.

satisfaire les nécessités pressantes de la vie juridique. Si bien que tout *l'art juridique* est fondé et établi sur ces préceptes herméneutiques et repose sur la déduction logique à partir de la lettre.

Selon la tradition hébraïque, les règles d'interprétation du texte biblique ont été transmises de génération en génération, de maître à disciple, depuis le Don de la Torah, mais semblent n'avoir été formulées en une liste systématique de règles qu'au début de l'ère chrétienne, d'abord par et avec le grand Sage Hillel qui en a défini sept, puis au IIe siècle R. Ichmaël en formula treize, les treize *midoth* : « *R. Ichmaël omer: bichéloch esseréh midoth haTorah nidréchet* » (R. Ichmaël dit : par treize principes la Torah est interprétée »)[27].

Combinant raisonnements analytiques et dialectiques[28], l'exégèse hébraïque a recours à une dialectique qui n'est cependant en rien un instrument de sophistique, mais à laquelle est assignée une visée éminemment concrète, consistant à déterminer la qualité juridico-religieuse des actions humaines, c'est-à-dire leur caractère licite ou illicite, obligatoire ou interdit, ou si l'on préfère : « permis/interdit » – « pur/impur » – « exempt de/passible de… ». Cet objectif fondamental et éminemment pratique est rendu possible par des principes exégétiques dont les deux traits saillants sont le respect du texte, d'une part (l'interprétation de la loi est donc serve à l'égard du texte révélé) et, d'autre part, la recevabilité de toutes les interprétations possibles à la condition, toutefois, qu'elles soient correctement

---

[27] La liste des 13 préceptes herméneutiques dégagés par R. Ichmaël est extraite d'une *baraïta* figurant en introduction au *Sifra* (midrach halakhique sur le Lévitique). Ce texte majeur classe ces principes en fonction de leur valeur juridique. L'exemplaire le plus ancien de ce texte est un manuscrit du *Sifra* déposé au Vatican (voir l'édition fac-similé du manuscrit *Torat cohanim*, codex Vatican Ebr. 31, Jérusalem 5732 [1972]).

[28] Exégèse qui peut être qualifiée de mixte : les bases du raisonnement reposant sur des propositions multiples, un choix entre elles s'impose qui suppose de les confronter. Si bien que la méthode (logique) idoine à l'élaboration des lois hébraïques est celle du *dialogue*, celle-là même qui est la mieux appropriée aux besoins des juristes, au sens d'Aristote, selon M. Villey (M. Villey, *Philosophie du droit*, [2 vol.], Paris, Dalloz, 1984, t. II, p. 62).

déduites de la Loi Écrite (grâce à ces treize *midoth*) : si bien qu'il existe, non seulement, des herméneutiques multiples, mais encore divergentes et conflictuelles.

Ceci étant, la pratique de la dialectique ne donne pas forcément au juge la solution au cas qui lui est soumis; car, la confrontation conduit le plus souvent à des divergences : les uns autorisant ce que les autres interdisent, ou bien déclarent pur ce que d'autres affirment impur. Or, ces interprétations de la loi et les conclusions sur lesquelles elles débouchent se présentent toutes comme des solutions justes, vraisemblables et dotées d'une même autorité, car : « les unes et les autres sont les paroles du Dieu vivant[29] ». Dès lors, comment conclure de tels débats? C'est là le problème de l'interprétation juridique, en général, auquel tous les juges sont confrontés. Dans sa *Théorie pure du droit*, H. Kelsen affirme qu'aucun critère ne permet de privilégier une interprétation plutôt qu'une autre : « Toutes les méthodes d'interprétation [...] ne conduisent jamais qu'à un résultat possible, jamais à un résultat seul exact [...] c'est un effort vain de vouloir fonder [une interprétation] "juridiquement" à l'exclusion des autres[30] ». Or, une solution à ce problème juridique inextricable est envisagée par la Loi Écrite, car, pour indispensable qu'elle soit, ce qui se joue à travers et au-delà de la méthodologie exégétique consiste, plus fondamentalement encore, à assurer l'unité du droit et la cohésion sociale.

B. Exégèse et processus de création du droit : de l'unité juridique et nationale comme finalité suprême

Afin d'apporter une solution au problème juridique susmentionné, la loi Écrite ordonne le recours au *scrutin majoritaire des juges* pour trancher la décision judiciaire[31] ; ce qui consiste donc

[29] Talmud Yérouchalmi, *Berakhoth*, I, 4 ; *Talmud Bavli*, *Érouvin*, 13a et b.

[30] H. Kelsen, *Théorie pure du droit*, trad. Ch. Eisenmann, Paris, Dalloz, 1962, p. 458 et s.

[31] Exode, XXIII, 2.

à infléchir la loi d'après la majorité, étant entendu que l'application du principe de la majorité constitue le fondement de toute la Torah, rappelle le Talmud[32]. L'application de la loi de la majorité n'était toutefois autorisée qu'au sein du *Grand Sanhédrin*, dernière instance de recours, d'où « émanait la loi pour se diffuser dans tout Israël »[33], si bien qu'« au début, il n'existait pas de divergences en Israël [...] ».

Néanmoins, alors que la prééminence du droit était parfaitement appréhensible à travers la dialectique juridique et le principe de la loi de la majorité, la destruction, en 68/70 è.c., du Temple de Jérusalem qui abritait le *Grand Sanhédrin*, eut inévitablement des répercussions sur, et pour, le droit hébraïque ; répercussions qui pourraient être subsumées sous la formule suivante : plus de Temple, plus de *Sanhédrin*, plus de principe de la loi de la majorité... Le tribunal suprême cessa donc d'être le cadre unique du débat sur la loi et la perte de cette prérogative fondamentale (par le *Grand Sanhédrin)* inaugura le début d'une nouvelle ère juridique.

En réalité, dès le Ier siècle (av. è.c.), donc dès avant la destruction du Temple de Jérusalem et la disparition du *Sanhédrin*, des divergences importantes sur la loi apparurent en Israël[34] : « Le jour où les disciples de Hillel et de Chamaï se multiplièrent [...] les controverses se multiplièrent aussi en Israël, et la Torah se divisa en deux *Toroth* » (plur. de Torah)[35]. Or, ces controverses ne furent pas sanctionnées par un vote à la majorité (dont le principe ne s'appliquait plus), en raison du contexte politique et religieux

[32] Talmud Yérouchalmi, *Mo'ed Katan*, III, 1 : « *Mi cheniténa kol haTotah, koula lo niténa 'éla 'aharé rabim lehatot* ».

[33] Tossefta, *Sanhédrin*, VII, 1.

[34] *Talmud Bavli*, *Sanhédrin*, 88b ; Talmud Yérouchalmi, *Sanhédrin*, IV, 1.

[35] *Talmud Bavli*, *Sanhédrin*, 88b. Les disciples de l'école de Hillel (Beth Hillel), tenants de la clémence juridique, et ceux de l'école de Chamaï (Beth Chamaï), tenants de la rigueur juridique.

éminemment troublé de ces années antérieures à la destruction du Temple[36], chaque école tenant ses interprétations de la loi pour l'expression de *la vérité absolue* à laquelle il fallait se soumettre, sous peine d'être coupable devant le Législateur suprême.

Or, la fonction fondamentale du principe de la loi de la majorité consistait à assurer l'unité du droit et le maintien de l'ordre social. Si bien que, dès après la destruction du Temple, les Sages décidèrent de restaurer ce principe à Yavné (petite ville située à 40 km environ de Jérusalem), où un nouveau Sanhédrin fut constitué (présidé par Rabban Gamliel), seul moyen selon eux de remédier à la situation et d'éviter l'anarchie.

Mais la mise en vigueur de la loi de la majorité allait susciter une vive opposition de la part de certains Sages, notamment de R. Éliézer ben Horqanos[37] qui, dans le contexte politique et religieux éminemment troublé du temps, posa la question fondamentale suivante : faut-il appliquer la loi de la majorité lorsque la décision qui en résulte s'oppose à la *vérité absolue* ?

Une controverse majeure entre Sages s'ensuivit, relatée par le Talmud[38] qui fait ressortir, très éloquemment, la supériorité des arguments juridiques avancés par R. Éliézer sur ses interlocuteurs,

---

[36] Contexte particulièrement troublé, dû à des causes à la fois externes et internes : les premières renvoyant à l'occupation romaine de la Judée, le général Gabinius ayant mis fin à l'autorité du *Grand Sanhédrin* (Flavius Josèphe, *Antiquités juives [judaïques]*, trad. J. Weill, Paris, 1900, XIV, 5, 4) ; les secondes, aux rivalités de pouvoir entre pharisiens et saducéens, ainsi qu'à l'hostilité de ces derniers à l'égard des interprétations pharisiennes de la Torah, restant strictement attachés à la lettre de la Loi Écrite et rejetant l'exégèse pharisienne de cette dernière : autant d'éléments qui entravèrent immanquablement le déroulement des débats sur la loi au sein du *Grand Sanhédrin*.

[37] V. 40-v. 120 apr. è.c., disciple de l'école de Chamaï, et maître de R. Akiva.

[38] En effet, dans le cadre du tribunal de Yavné présidé par Rabban Gamliel, un débat talmudique passionné et enflammé opposa R. Josué et les Sages, d'une part, à R. Éliézer ben Horqanos, d'autre part (voir notamment *Talmud Bavli*, *Baba Metsia*, 59b). Cette opposition célébrissime est de la plus haute importance, dans la mesure où elle permet de saisir les modalités d'application et la portée réelle du principe de la majorité.

certain qu'il était de détenir, pour ainsi dire, la *vérité absolue*, ainsi que l'attestent les miracles qui accompagnaient les preuves dont excipait ce maître ; ce qui explique d'ailleurs pourquoi il ne se rangea pas à la décision majoritaire. Le Talmud affirme même qu'une voix céleste se fit alors entendre pour appuyer ses dires, proclamant qu'« en tous points la loi est conforme à son opinion ». Nullement décontenancés par le déploiement de ces arguments rationnels et irrationnels, les Sages s'y opposèrent au contraire catégoriquement, en réaffirmant avec la plus grande solennité qu'on n'apporte pas de preuves de miracles, ou d'une voix céleste[39], et ce pour deux raisons : d'une part, parce que « la Torah n'est pas dans les Cieux[40] » et, d'autre part, parce qu'elle a déjà, elle-même, prescrit au mont Sinaï qu'« il faut infléchir la loi d'après la majorité[41] ».

Or, en s'ingéniant à défendre à tout prix le principe de la loi de la majorité, les Sages entendaient très explicitement mettre en évidence l'enjeu fondamental sous-jacent dont elle est porteuse, à savoir l'unité du droit et la cohésion sociale. Si bien que leur désaccord profond avec leur collègue[42] (qui s'est traduit par son

---

[39] Puisque la « Torah n'a pas été donnée aux anges [...] mais à l'homme et à l'intelligence humaine » (R. Arié Lév Ha Cohen, *Ketsot ha hochen*, *op. cit.*), la jurisprudence hébraïque n'accorde aucune considération juridique à la « *bat kol* » (la « voix céleste »), car on ne se fie pas à une voix céleste (voir à cet égard, par exemple, *Talmud Bavli*, *Baba Metsia*, 59b ; *Yevamoth* 14a ; *Berakhoth*, 52a ; Rambam, *Michneh Torah, Hilkhot Yessodé ha Torah*, chap. IX, 4).

[40] Deutéronome, XXX, 12.

[41] Exode, XXIII, 2.

[42] Dans le cadre du débat talmudique susévoqué, l'obstination de R. Éliézer ben Horqanos à ne point se ranger à la loi de la majorité lui fit transgresser un précepte de la Torah (son obstination a été assimilée à l'attitude du « *Zaken* Mamré » [le « Sage rebelle »] qui refuse de se ranger à la décision du *Grand Sanhédrin*, l'exposant ainsi à être passible de la peine capitale [Deutéronome, XVII, 11-13 ; voir aussi *Talmud Bavli*, *Baba Metsia*, 59b, commentaire de Nahmanide]) ; transgression passible de la peine capitale, « commuée », néanmoins, en excommunication.

excommunication[43]) doit être compris comme une réaction à l'idée selon laquelle un juge, et un seul, puisse se poser en législateur, par le truchement de son aura et de son ascendant sur ses pairs, de son intelligence et de sa compétence, et donc puisse être à même d'imposer sa volonté et sa loi à tous les autres.

Aucun favoritisme, aucun népotisme, ici, dans la mesure où l'excommunication prononcée contre R. Éliézer ben Horqanos fut décrétée par Rabban Gamliel[44], président dudit tribunal et propre beau-frère de ce grand Sage. Si bien qu'à l'instar de son président, l'attitude de cette juridiction dans son ensemble atteste la prééminence du droit et traduit une préoccupation fondamentale visant à reconstituer le consensus autour de la loi et à faire cesser les divergences et controverses qui *brisent* la loi et le peuple en deux, « afin qu'il n'y ait plus de divergences en Israël[45] ».

Toutefois, si pour assurer l'unité du droit et la paix sociale au sein du peuple, la loi doit être infléchie d'après la majorité, qu'advient-il de la décision retenue par la minorité ? Doit-elle être abolie ou asservie définitivement à la volonté de la majorité des Sages ? Question majeure, dans la mesure où, non seulement, la décision minoritaire n'est pas considérée comme dénuée de tout fondement, mais exprime, au contraire et également, la volonté du législateur divin, ainsi que le rappelle avec insistance le Talmud : « les unes et les autres sont les paroles du Dieu vivant[46] ».

---

[43] Excommunication « uniquement », dans la mesure où le Tribunal de Yavné n'était pas investi de la même autorité que le *Grand Sanhédrin* en matière de sanctions pénales, et tout particulièrement relativement à la peine capitale : « Quarante ans avant la destruction du deuxième Temple, les affaires criminelles n'étaient plus jugées par le Tribunal Suprême » (*Talmud Bavli*, *Chabbat*, 15a ; Talmud Yérouchalmi, *Sanhédrin*, I, 5 ; VII, 2, XIV, 2). En outre, « la peine capitale n'est applicable que sur un verdict prononcé par le *Grand Sanhédrin* et non sur un décret du Sanhédrin de Yavné » (Sifri, pr. 154, p. 105a).

[44] Gamliel II, descendant de Hillel, milieu du Ier siècle-132 apr. è.c.

[45] *Talmud Bavli*, *Baba Metsia*, 59b.

[46] Talmud Yérouchalmi, *Berakhoth*, I, 4 ; *Talmud Bavli*, *Érouvin*, 13a et b.

Or, c'est précisément sur la base du principe selon lequel toutes les interprétations expriment la volonté divine que la *Michnah* a été rédigée par R. Yéhoudah ha Nassi à la fin du IIe siècle apr. è.c.[47], selon une méthodologie très particulière permettant ainsi de comprendre la manière dont ont été élaborées la théorie et la législation du droit hébraïque. Si bien qu'aucun avis ne saurait être aboli, même s'il reflète l'opinion de la minorité. Pourquoi en est-il ainsi ? En premier lieu, « pour enseigner aux générations futures qu'un homme ne doit pas s'en tenir [obstinément] à ses opinions [... car] les grands maîtres n'ont pas maintenu obstinément [les] leurs[48] ». De là, l'importance du principe dialectique qui préside à tout débat juridique : rester asservi à ses propres vues semble, ainsi, inévitablement condamner toute entreprise juridique. Ensuite, de manière plus spécifiquement juridique : cette opinion minoritaire pourrait très bien être adoptée ultérieurement par un autre tribunal, en d'autres circonstances[49]. Par conséquent, si la première interprétation correspond à la décision de la majorité, les deux herméneutiques s'imposent néanmoins simultanément aux juges, à cette nuance près que l'une concordera mieux que l'autre à la réalité, au lieu et au moment[50]. Enfin, ultime

---

[47] R. Yéhoudah ha Nassi (v. 138-v. 217 apr. è.c., petit-fils de Rabban Gamliel II, président du tribunal de Yavné et descendant de Hillel) rédigea la *Michnah*, première codification de la Loi Orale, à la fin du IIe siècle apr. è.c, en 188 selon la tradition hébraïque (voir à cet égard, notre ouvrage *Anthologie de droit hébraïque : sources et codification*, *op. cit.*, p. 50 et s.).

[48] Traité *'Édouyot*, chap. I, *Michnah* 4. La question qui présidait à la réponse donnée ici était la suivante : puisque « la loi doit suivre l'avis des Sages, pourquoi a-t-on enregistré l'opinion de Hillel et de Chamaï ? ».

[49] Traité *'Édouyot*, chap. I, *Michnah* 5.

[50] Concernant les débats qui n'ont pas été tranchés par le vote à la majorité et dont seul l'avis des protagonistes est mentionné par le rédacteur de la *Michnah*, leur issue est similaire à celle des débats ayant fait l'objet d'un vote : les opinions formulées par les uns et par les autres peuvent être adoptées par les différents tribunaux qui se succèderont dans le temps, selon les circonstances : « [...] Si dans un premier temps, l'avis de la *minorité* n'a pas été entendu, celui-ci peut être mis en vigueur plus tard [...] par une autre *majorité* de juges, étant donné que la Torah se prête à diverses exégèses [...] et que toutes les interprétations

argument légitimant l'enregistrement d'opinions minoritaires dans la *Michnah*, si quelqu'un affirme détenir cette opinion par *tradition*[51], il peut lui être alors opposé qu'il s'agit, en réalité, de l'avis de tel ou tel maître[52]...

Ici, non seulement l'opinion de la minorité est-elle une nouvelle fois confirmée comme légitime et inabrogeable, mais encore, traduit-elle l'objectif profond sur lequel le codificateur entend déboucher à travers son œuvre : le besoin fondamental d'unité dans le droit, en veillant à ne point y introduire de confusion, ni d'omission des opinions et avis de la minorité (expressions eux aussi de la volonté divine), source potentielle de dissensions et de contestations majeures au sein du peuple[53].

Par conséquent, c'est pour conjurer toute cause de dissensus que la *Michnah* fait état de toutes les interprétations et de toutes les opinions, en réunissant l'ensemble des lois couvrant l'entièreté du droit (objectif commun avec tout code qui se veut complet). Ce faisant, deux objectifs fondamentaux étaient visés : l'unité juridique[54]

---

expriment la parole du Dieu vivant » (R. Samson de Sens, *Commentaires* du traité *'Édouyot* [*2a et b*]).

[51] Or, tout enseignement émanant de la *tradition* est indiscutable : « Jamais une divergence d'opinion ne porte sur ce qui relève de la tradition orale » (Rambam, *Michneh Torah, Séfer Choftim, Hilkhot Mamrim*, chap. I, 3). La *tradition* correspond à un ensemble de lois et d'enseignements et constitue un faisceau de témoignages, transmis oralement de maître à disciples, en faveur de solutions juridiques. La jurisprudence hébraïque, en matière d'interprétation et d'élaboration du droit, lui accorde une importance fondamentale, dans la mesure où aucune loi, aucun enseignement, tirant son origine de cette source ne peut faire l'objet de quelque abrogation ou remise en question que ce soit.

[52] Traité *'Édouyot*, chap. I, *Michnah* 6.

[53] C'est très précisément ce qui a donné lieu aux discordes et rivalités qui ont opposé l'école de Chamaï et celle de Hillel, lesquelles n'ont pourtant démarré que d'un seul et unique point de dissension...

[54] Il s'agissait de satisfaire tous les esprits et de tenter de concilier les aspirations contradictoires, en particulier celles des juges et des usagers. S'il s'est agi d'unifier le droit par la *Michnah*, celle-ci est toutefois envisagée et assimilée

et l'unité nationale[55], mises à mal toutes deux par nombre de forces centrifuges.

Mais à quoi bon s'ingénier à déboucher sur cette finalité (l'unité juridique et nationale) si, en dernière analyse, la nature du régime politique du peuple juif constitue une théocratie, si la souveraineté absolue n'appartient qu'à Dieu et à sa Loi, ainsi que l'estime Flavius Josèphe dans son *Contre Apion*[56].

Or, cette appréciation exige d'être nuancée ; car, en effet, dès le début c'est avec la nation tout entière que l'Éternel a conclu son Alliance. Si bien que de divine et d'absolue, la souveraineté s'est

---

par d'aucuns à un *corpus juris* (entre autres M. Elon, *Ha Mishpat ha Ivri*, 2 vol., Jérusalem, 1982, t. II, p. 888).

[55] En effet, deux siècles environ séparent la chute de Jérusalem (68/70 è.c.) de l'époque de R. Yéhoudah ha Nassi au cours desquels le Sanhédrin de Yavné a perdu peu à peu de son autorité : « Les déplacements du *Grand Sanhédrin* de Jérusalem à Yavné et de Yavné vers d'autres points d'accueil dans le pays sont la cause du déclin de son autorité » (Sifri, pr. 154 ; G. Alon, *Toledot haYéhoudim béÉrets Israël bitkoufat ha Michnah véhaTalmoud*, Jérusalem, 5736 (1975), 2 vol., t. I, p. 294 et s.). Cette perte d'autorité du Sanhédrin de Yavné s'est notamment traduite par une démocratisation du débat sur la loi, au sein des centres d'études (*Baté midrachot*) où était énoncée la *halakhah* (la loi hébraïque). Ce qui provoqua une intensification de l'activité juridique ; maîtres et disciples multipliant, en effet, débats et controverses sur la loi ainsi qu'en porte témoignage la *Michnah* elle-même, à l'aune des discussions et des problèmes juridiques nouveaux dont elle se fait la caisse de résonance. Ce besoin impérieux d'unité nationale était, en outre, accentué par l'occupation romaine, les souffrances et l'exil qu'elle provoquait, la formation de sectes païennes et, en ce début de IIIe siècle, la constitution définitivement distincte du christianisme, dont les sectateurs soutenaient des interprétations incompatibles avec les enseignements reçus. Une multiplicité de forces centrifuges, causes potentielles de troubles et d'anarchie religieuse, mais aussi sources d'oubli de ce riche et conflictuel patrimoine législatif et réglementaire transmis, jusqu'à présent, exclusivement oralement (Rambam, Introduction au *Michneh Torah*, Jérusalem, 5734 [1974], p. 2b).

[56] Flavius Josèphe, de son vrai nom Yossef ben Mattityahou HaCohen, historiographe juif de citoyenneté romaine et d'origine judéenne. Voir son *Contra Apionem Livre II, XXI (Apologie de la constitution théocratique, 184-185)*, trad. de L. Blum (trad.). *Contre Apion*, Th. Reinach (éd.), Paris, Les Belles Lettres, 1930, (2003, 3e tirage. Collection des Universités de France, nouvelle édition, augmentée et mise à jour par S.-A. Goldberg, Paris, Les Belles Lettres, 2018).

muée en une souveraineté parfaitement humaine, c'est-à-dire une *souveraineté nationale* et même *populaire*.

Dès le départ, une large place est donc faite au *principe démocratique* qui accorde à la nation la liberté de disposer d'elle-même. Mais, pour préserver ce principe de tout risque de dévoiement, il est aussitôt combiné à un autre principe : celui de l'obéissance à la Loi reçue au Sinaï, dont la réalisation et l'efficience exigent néanmoins une traduction institutionnelle spécifique. C'est à cette fin que ce régime politique se trouve rehaussé par l'introduction en son sein d'un « élément » *monarchique*, représentant et reflétant, sur terre, l'autorité divine. Un tel régime, en raison de sa singularité, doit donc être entendu à la fois dans sa dimension démocratique et monarchique ; et si l'organisation politique de l'État prend, certes, la forme d'une monarchie, celle-ci n'en possède pas moins un caractère tout particulier, parce qu'alliant et harmonisant les deux nécessités indispensables à toute société organisée : *la liberté* (représentée par le principe démocratique), et *l'autorité* (incarnée par le principe monarchique). À quoi il convient d'ajouter que ce régime possède, en outre, la caractéristique d'être de nature à endiguer les vices propres à la théocratie et à instaurer la prééminence du droit.

II. Prééminence du droit dans le modèle théologico-politique hébraïque

C'est parce que la nation est souveraine et libre qu'elle participe activement à l'exercice de la justice et aux fonctions administratives de l'État. Aussi les citoyens ne sauraient-ils être considérés comme un troupeau à gouverner. C'est la raison pour laquelle ils sont appelés à gérer eux-mêmes une large partie de leurs affaires publiques et à désigner leurs représentants aux organismes centraux, ainsi que l'attestent les considérations institutionnelles et politiques suivantes.

A. Considérations institutionnelles et politiques

À la faveur de l'analyse conduite ci-après deux traits marquants se dégagent : l'effectivité de la séparation des pouvoirs et le rôle central des institutions judiciaires, d'une part, et, d'autre part, la nature d'un régime politique dont l'atypisme se caractérise par un équilibre et une harmonisation des principes démocratique et monarchique.

De la séparation des pouvoirs et du rôle central des institutions judiciaires

Preuve d'une participation et d'une implication directe dans l'exercice de ses affaires publiques, la nation délègue ses représentants élus aux organismes centraux, c'est-à-dire au sein des *tribunaux* : locaux, régionaux, et à la cour supérieure de justice, le Grand Sanhédrin (de 71 membres), et ce, afin d'y exercer le pouvoir judiciaire et législatif; car, à proprement parler, les organes de l'État se limitent aux juges (pouvoir judiciaire et, en partie, législatif), au roi (dont le pouvoir, borné à l'exécutif, est loin d'être absolu), et aux prêtres (« pouvoir sacerdotal »). Mais si les élus de la nation sont délégués uniquement au sein des tribunaux, c'est parce que le statut et la fonction de prêtre, d'une part, et ceux de roi, d'autre part, constituent des droits héréditaires.

C'est donc le Sanhédrin, la cour supérieure de justice, qui détient l'autorité suprême dans les domaines judiciaire, législatif (en partie), et administratif. Ainsi sur le plan administratif, le Sanhédrin est compétent pour procéder à l'investiture du roi[57] et à celle du grand prêtre, ainsi que pour ce qui relève des décisions de politique nationale, et notamment la guerre ou la paix (décisions prises, toutefois, de concert avec la Couronne). Sur le plan législatif (certes pour une part restreinte, parce qu'en droit hébraïque, le seul

---

[57] *Michneh Torah, Séfer Choftim, Hilkhot Sanhédrin*, chap. v, § 1 ; *Hilkhot Melakhim*, chap. i, § 3.

vrai législateur est le législateur divin) c'est encore le Sanhédrin qui est compétent pour interpréter la Loi divine, pour promulguer de nouvelles normes juridiques exigées par les circonstances et fondées sur ses principes et règlements ; et, en dernier ressort, pour fixer la *Loi Orale*.

Par conséquent, si la souveraineté absolue n'appartient qu'à Dieu et à sa Loi, cela n'empêche en rien les autorités juridiques et judiciaires humaines d'interpréter cette dernière… et d'exercer ainsi, sur le plan des principes terrestres, un peu de souveraineté. Théologie et religion n'écrasent donc pas le politique, et celui-ci déploie et exerce, dans le respect de la Loi divine, l'autonomie et l'ensemble des prérogatives dont il jouit.

De là, pourra sourdre un régime dont les institutions tendent à l'équilibre, en raison du contrôle et de la limitation qu'elles exercent les unes sur les autres. Des vertus qui, en outre, s'appliquent au domaine religieux lui-même, en prévenant toute dérive théocratique.

De l'atypisme d'un régime politique : équilibre et harmonisation des principes démocratique et monarchique

Deux bornes internes visent, en effet, à prémunir le régime des débordements éventuels inhérents au *principe démocratique* : *la première* réside en une approche extrêmement précautionneuse de la loi de la majorité, pourtant consubstantielle au principe démocratique… Selon le droit hébraïque, en effet, s'il faut être avec la majorité pour le bien, il est en revanche interdit de suivre la multitude lorsqu'elle est corrompue[58]. Le droit hébraïque paraît alors, dans ce cas précis, prendre la défense du rôle de la minorité ; et l'existence seule de la minorité, et sa reconnaissance, constituent la négation la plus absolue du culte de la masse qui prétend s'assujettir le droit, mais aussi la négation la plus absolue du culte de la force qui entend régner sur la vérité. *Une seconde borne*,

[58] Exode, XXIII, 2 (voir les commentaires afférents de Rachi) ; voir également Talmud, traité *Houllin* 11a.

ensuite, est constituée par l'institution même du *volet monarchique* de ce régime, dont la vertu préserve le pouvoir et le régime d'un abandon à la masse inculte, comme Platon[59] le redoutait et le condamnait, tout comme Aristote, d'ailleurs, lui qui voyait en la démocratie le pire des régimes, un dévoiement, une forme pervertie, de la *Politeia*[60].

Toutefois, le *principe monarchique* lui-même est, à son tour, borné par deux types de limite, et ce, afin d'empêcher tout risque de dévoiements d'affecter et d'altérer ce régime politique atypique. *Une limite interne*, tout d'abord, qui n'est autre que le principe démocratique, mais cette fois-ci décliné sous la forme institutionnelle du *Sanhédrin*, incarnation des *pouvoirs législatif et judiciaire* dont l'exercice échappe, conséquemment, très largement au roi. Le grave danger du despotisme que fait courir la royauté se trouve donc écarté ; et ce, dès avant l'institution même de la monarchie, grâce à la mise en place de tous les organes de l'État débutant par en bas (élection des représentants de la Nation aux tribunaux), et s'achevant par la Couronne royale. Le monarque ne concentre donc pas tous les pouvoirs entre ses mains et notamment pas le pouvoir législatif, exercé (en partie seulement, mais en partie tout de même) par le pouvoir judiciaire, c'est-à-dire le Sanhédrin. Sanhédrin au sein duquel, d'ailleurs, il est interdit au roi de siéger[61], flétrissant et endiguant ainsi les pouvoirs judiciaires exceptionnels dont il est pourtant doté.

Le roi d'Israël n'est donc pas, comme le monarque français d'Ancien Régime, « fontaine de justice », source de toute justice, et il ne peut donc pas reprendre une justice qu'il aurait déléguée aux

---

[59] Platon, *La République*, t. I, VI, *Œuvres complètes*, Gallimard, 1950, p. 1076 et s. (Bibliothèque de la Pléiade).

[60] Aristote, *Politique*, IV, 11, *Œuvres complètes*, Gallimard, 2014, p. 480 et s. (Bibliothèque de la Pléiade) ; et p. 1377, 6 ; 1379, 21 ; 1382, 46.

[61] « On ne fera pas siéger un roi d'Israël au Sanhédrin [...] » (Rambam, *Michneh Torah, Hilkhot Sanhédrin*, chap. II, § 4).

juridictions ordinaires, en tenant un lit de justice[62]… C'est ce que confirme Grotius, dans son *Droit de la guerre et de la paix*, pour qui le pouvoir des rois était donc limité de cette manière, parmi les anciens Hébreux : « la connaissance de certaines affaires était enlevée au roi et était réservée au Sanhédrin[63] ». Celui-ci ne constituait donc pas un monarque absolu. Et ce, d'autant moins, qu'injonction lui était faite[64] de garder en permanence par-devers lui, dans toutes ses activités, y compris « lorsqu'il siège en jugement », un rouleau de la Loi, un *séfer Torah*, miniature (ou portable), puisqu'il est le premier représentant de la Loi, et ce, afin qu'il ne s'écarte pas de ses obligations et devoirs.

Un frein externe (extérieur), ensuite : il s'agit là de *la vocation même assignée à la monarchie*, consistant pour cette dernière à refléter, sur terre, la royauté céleste, l'autorité divine et, ce faisant, à se placer sous le joug, sous l'obédience de la Loi sinaïtique ; la majesté royale détenant, en effet, sa dignité de la Majesté divine dont elle est une émanation. Le roi n'est-il pas désigné comme étant l'« oint de l'Éternel » ? À ce titre, la royauté terrestre est perçue comme « le miroir de la royauté céleste », ou dans le même sens, comme le précise le Talmud : « la royauté d'ici-bas est un lointain reflet de la royauté du Ciel[65] ».

Aussi, parce qu'elles se contrôlent ou se limitent mutuellement, les institutions semblent tendre à l'équilibre. Un équilibre obtenu

---

[62] En effet, dans la mesure où le roi d'Israël ne peut pas siéger au *Sanhédrin*, toute comparaison avec la tenue d'un *lit de justice*, pratiquée par le roi de France sous l'Ancien Régime, est vaine (à cet égard, voir notamment S. Hanley, *Le lit de justice des rois de France : l'idéologie constitutionnelle dans la légende, le rituel et le discours*, Paris, Aubier, 1992 (Collection historique)). En outre, le roi d'Israël n'est pas, lui, source de toute justice ; moyennant quoi, il n'a pas pu déléguer celle-ci de quelque manière et sous quelque forme que ce soit.

[63] H. Grotius, *Le droit de la guerre et de la paix*, 2e éd., PUF, 2012, p. 121 (Quadrige).

[64] Deutéronome, XVII, 18-20 ; Rambam, *Michneh Torah, Séfer Choftim, Hilkhot Mélakhim*, chap. III, § 1.

[65] Traité *Berakhoth*, 58a.

toutefois parce que ces institutions étatiques doivent respect, obéissance et déférence à la Loi divine. Par conséquent, ne peut manquer de se poser la question incontournable de la prévalence de la Loi divine sur le politique et sur le droit... Celle-ci n'est-elle pas, finalement, avérée et patente ?

Or, en réussissant, dans le même temps, à endiguer toute velléité de prétention théocratique, en évitant ainsi les vices et abus qui lui sont attachés, ce régime fait la démonstration de la prééminence effective du droit, lequel se manifeste également dans l'encadrement et la justiciabilité qu'il exerce à l'égard des représentants du pouvoir.

B. Des garanties contre le pouvoir

Parce que le pouvoir « sacerdotal » est l'un des trois piliers sur lesquels repose la séparation institutionnelle dans le judaïsme antique et parce que son influence est tout à la fois indéniable et conséquente, le droit hébraïque s'est attaché, dès l'origine, à contenir toute possibilité de mainmise et d'hégémonie de sa part sur l'ensemble de la société.

Une théocratie bridée

Ce type d'État ignore, en effet, les vices propres au cléricalisme, et ceci parce que les représentants et ministres du culte n'y possèdent pas le moindre pouvoir matériel, la Loi ayant intentionnellement privé les prêtres (entendus ici au sens de *Cohanim* et *Léviim*) de toute propriété foncière. Ils ne peuvent donc jamais s'approprier des domaines immenses, comme ce fut le cas en Occident durant le système féodal. Ils sont exclusivement consacrés au service de la nation qui les prend intégralement en charge, les soustrayant ainsi à tout souci d'ordre matériel[66] (et ne sont donc pas au service d'une ville ni de l'une des douze tribus). Si bien

---

[66] Consacrés à l'Éternel, *Cohanim* et *Léviim* étaient obligés de tirer leur subsistance des 24 types d'offrandes et dons concédés par les israélites (Nombres, XVIII, 19; Talmud, *massékhet Baba Kama*, 110a).

qu'ils peuvent se vouer entièrement à leur vocation, c'est-à-dire dispenser l'enseignement de la Loi à toute la nation (œuvre des plus importantes entre toutes) et exercer le culte sacré.

Par conséquent, ce régime évite les abus de la théocratie, d'une part, par ses dispositions légales, qui, en rendant impossible la prépondérance politique d'un clergé tout-puissant, privent les prêtres de toute volonté de domination ou d'hégémonie ; et, d'autre part, par une séparation souple des pouvoirs, des siècles et des siècles avant que Montesquieu ne la reconnût comme indispensable[67]. Séparation qui, si elle distribue bien les pouvoirs en trois catégories distinctes (le pouvoir judiciaire aux magistrats ; le pouvoir exécutif au roi ; le « pouvoir » sacerdotal aux prêtres), place néanmoins le domaine religieux sous la seule autorité du Sanhédrin, puisque c'est lui qui investit le grand prêtre. Pour cette raison, et pour celle qui prive les prêtres de tout domaine foncier, la prêtrise est-elle moins un « pouvoir » qu'un organe de l'État.

Ceci étant, ce qui peut sembler absolument contre-intuitif et hautement paradoxal c'est que l'équilibre institutionnel susévoqué et la préservation contre les vices, défauts et tares d'une théocratie altérée et dégradée sont dus au respect de la loi divine qui, elle-même, enjoint aux hommes de l'interpréter et de l'anthropologiser. Cela suppose néanmoins que la Loi divine soit effectivement bien respectée, observée et appliquée avec fidélité. À cette fin, un certain nombre de garanties sont nécessaires à l'égard de l'ensemble des représentants du pouvoir et de ceux gravitant dans sa sphère (juges, rois, prêtres, prophètes) pour s'assurer qu'ils n'abuseront pas de leurs droits, ne feront pas un mésusage de leurs fonctions, ni ne les usurperont. Garanties auxquelles s'ajoute le spectre d'une justiciabilité planant sur lesdits représentants du pouvoir, comme tenteront de le montrer les éléments de théorie juridique analysés dans les

[67] Même s'il est vrai qu'elle se différencie quelque peu de celle retenue par le baron de La Brède ; néanmoins, le principe est bel et bien posé et fonctionnel. En outre, la séparation des pouvoirs a été instituée dès ses origines par la Loi d'Israël.

développements subséquents, attestant ainsi la prééminence accordée au droit dans la tradition hébraïque.

Des représentants du pouvoir encadrés et justiciables : données de théorie juridique

Puisque c'est le *Sanhédrin* qui détient l'autorité suprême dans le domaine judiciaire, dans le cadre restreint de la législation, ainsi que dans celui de l'administration, il s'agit d'empêcher ses membres d'usurper leurs droits ou/et d'en abuser.

Les juges

Deux modalités spécifiques de contrôle sont employées et déployées afin de garantir la bonne action et démarche des juges : d'une part, en s'assurant qu'ils remplissent bien les conditions personnelles requises quant au niveau moral, humain et intellectuel (les juges devaient posséder les sept qualités suivantes : 1. éminents; 2. craignant Dieu; 3. intègres; 4. ennemis du lucre; 5. sages; 6. judicieux; et 7. connus de vos tribus[68]) et en s'assurant également de ce qu'ils sont réellement versés dans la connaissance des autres religions, des langues étrangères et des sciences profanes. D'autre part, il est impérieux que les juges soient et restent constamment pénétrés de la haute conscience que ce n'est pas au nom d'un homme qu'ils rendent la justice, mais au nom l'Éternel[69]. C'est à cette fin et dans cette perspective que le *Grand Sanhédrin* doit être établi devant l'Éternel *à l'endroit* qu'Il a choisi, c'est-à-dire dans une salle située dans la cour même du Temple de Jérusalem, du côté nord (la *lichkat ha gazit* – salle de la pierre taillée)[70]. Or, cette proximité entre le *Sanhédrin* et le Temple n'est, bien évidemment,

---

[68] Exode, XVIII, 21, et Deutéronome, I, 13.

[69] *II Chroniques*, 19, 6 ; *Michneh Torah, Séfer Choftim, Hilkhot Sanhédrin*, chap. XXIII, § 8.

[70] Deutéronome, XVII, 8 à 11 ; *Michneh Torah, Séfer Choftim, Hilkhot Sanhédrin*, chap. I, § 3, n. 3 et chap. XIV, § 12, n. 4.

en rien fortuite, ni anecdotique, mais atteste le caractère de sainteté de la justice hébraïque[71].

Moyennant quoi, le Sanhédrin pourra alors interpréter la Loi, en promulguant de nouvelles normes juridiques et en fixant la *Loi Orale*. Néanmoins, ces prérogatives et attributions, pour fondamentales qu'elles soient, ne mettent nullement les juges à l'abri d'une possible erreur qu'ils devront assumer, car, est-il clairement affirmé, la responsabilité de leur erreur leur incombera[72]. Si bien que le président du *Grand Sanhédrin* (le *Nassi*) qui a fauté reçoit le fouet, sans pouvoir recouvrer cependant son autorité, ni devenir simple membre du Sanhédrin, en vertu du principe selon lequel « on s'élève en sainteté et l'on ne descend pas[73] ». En outre, cette exigence de fidélité du *Sanhédrin* à la Loi divine constitue un gage médiat de la fidélité dont le roi et le grand prêtre témoigneront à l'égard de celle-ci, puisque ces organes sont une émanation de la cour supérieure de justice qui procède à leur investiture.

Toutefois, puisque cette fidélité n'est que médiate, une garantie de fidélité supplémentaire et renforcée à la Loi divine est exigée de la part du roi, des prêtres, et du grand prêtre en particulier.

Ainsi, à travers les garanties visant à prévenir tout mésusage, dérive, abus des attributions et prérogatives auxquels les représentants du pouvoir pourraient se laisser aller dans le cadre des fonctions dont ils ont la charge, la prééminence du droit s'exerce-t-elle et se manifeste-t-elle également vis-à-vis des rois de la dynastie davidique, à l'encontre desquels il est possible de témoigner et qui sont donc, eux aussi, justiciables[74].

---

[71] *Massékhet Sanhédrin* 88b ; *massékhet Chabbat* 10a.

[72] Traité *Horayoth*, 2a.

[73] *Michneh Torah*, *Séfer Choftim*, *Hilkhot Sanhédrin*, XVII, 9.

[74] *Michneh Torah*, *Hilkhot Melakhim*, chap. III, § 7 ; et *Hilkhot Sanhédrin*, chap. II, § 5.

Le roi

Dans la mesure où le roi est le premier représentant de la Loi (comme cela a été mentionné précédemment), il doit constamment faire montre de sa profonde et sincère fidélité à celle-ci, en gardant en permanence par-devers lui un *séfer Torah*[75], un rouleau de la Loi « portable », de dimension réduite, adapté à toutes ses activités et déplacements, et ce, afin que d'aucune manière il ne soit conduit à s'écarter de ses obligations et de ses devoirs. Si bien que le roi qui transgresserait les obligations, interdictions, et devoirs auxquels il est tenu par la Loi se verrait passible d'une peine corporelle : des coups de fouet (*malkout*) administrés par un tribunal de trois juges[76]. Cette hypothèse est celle qui s'inscrit dans le cadre d'une configuration dans laquelle, par exemple, le roi en serait venu à « multiplie[r] les femmes [...] les chevaux [...] l'argent et l'or[77] ». C'est très précisément ce qui fut reproché au roi Salomon, dont le règne, de quarante ans, est pourtant décrit par la Bible comme une ère de paix et de prospérité et dont l'inénarrable sagesse trouva notamment à s'exprimer tant dans les célébrissimes passages des *Proverbes* ou du Cantique des cantiques, qu'en politique extérieure et sur le plan judiciaire. Nonobstant la figure atypique du roi Salomon, les rois eux-mêmes sont qualifiés de *chofet* (juge)[78] et « bien qu'ils ne puissent pas siéger au *Sanhédrin*, ils peuvent juger [seuls] le peuple, mais passent en jugement si une plainte est déposée contre eux[79] », et ceci en vertu du principe selon lequel ils ne pourraient pas rendre la justice s'ils n'étaient pas eux-mêmes justiciables[80]... Toutefois, ces dispositions ne s'appliquent qu'aux rois de la maison

[75] Deutéronome, XVII, 18-20.

[76] *Michneh Torah, Séfer Choftim, Hilkhot Sanhédrin*, chap. XVI, § 1-4 ; et chap. XIX, § 4.

[77] *Michneh Torah, Séfer Choftim, Hilkhot Sanhédrin*, chap. XIX, § 4.

[78] *Talmud, massékhet Sanhédrin*, 14a.

[79] *Michneh Torah, Hilkhot Sanhédrin*, chap. II, § 5.

[80] *Ibid.*, n. 4.

de David, c'est-à-dire ceux de la dynastie davidique, souverains du royaume de Yéhoudah (Judah), après le schisme entre les royaumes de Yéhoudah et d'Israël, à la mort du roi Salomon, fils de David. Les « rois du royaume d'Israël ne peuvent ni juger, ni passer en jugement, parce qu'ils ne se plient pas aux paroles de la Torah [et qu'] il est donc à craindre que de fâcheuses conséquences en adviennent[81] », mais les Sages n'ont pas étendu leur décret aux rois qui descendaient de la dynastie de David, lesquels sont habilités à juger et, conséquemment, à être eux-mêmes jugés.

En outre, la royauté devint un sujet purement rhétorique avec la perte de la souveraineté sur la terre d'Israël au Ier siècle (è.c.) et, de surcroît, abordé de manière peu systématique tant dans le Talmud que dans les codes juridiques, exception faite de Maïmonide qui, lui, est le seul à envisager les lois qui s'y rapportent. Mais encore faut-il tenter de comprendre pourquoi le grand Sage de Cordoue s'est intéressé de si près à cette institution, dans son *Michneh Torah*, au XIIe siècle ? Si le modèle de la royauté biblique était, à son époque, à ce point dépassé et obsolète, pourquoi alors lui consacrer tant de développements ? C'est qu'assurément au-delà des affres que l'histoire a fait endurer au modèle originel, ce dernier conserve, malgré tout, son statut de référence. À telle enseigne que Maïmonide le redéploie fort utilement dans une perspective messianique (perspective dont le souffle puissant imprègne, étaye, structure et inspire très largement son grand code juridique, le *Michneh Torah*), participant ainsi d'une dynamique eschatologique de restauration de la dynastie davidique, très fortement alimentée et corroborée (beaucoup plus tôt dans le temps), par nombre de prophéties[82] décrivant une époque future durant laquelle un roi de la maison de David règnera sur les douze tribus, à nouveau réunies dans la fidélité à la Révélation sinaïtique, les guidera et exaltera leur mission historique, consistant

---

[81] *Ibid.*

[82] À l'instar de celle d'Ézéchiel (XXXVII, 15-28), quelque 1500 ans avant Maïmonide.

à donner une traduction concrète, dans la réalité humaine, au programme théologico-politique et juridique dont la Bible est porteuse[83]. Ces considérations téléologiques mises à part, en tout état de cause, on est bien loin d'une « royauté [conçue] comme une autorité pleine et entière, concentrant les pouvoirs sans partage et sans contrôle », dans la mesure où les contrôles existent bel et bien justement. Le roi n'est donc pas responsable uniquement devant Dieu, comme l'avait affirmé Bossuet, lui qui avait théorisé le droit divin des rois, renforçant ainsi l'absolutisme de la monarchie[84].

Ceci étant, la prééminence du droit se manifeste également à l'égard des prêtres, tout autant par le truchement des dispositions et garanties qui entourent et enserrent leurs actions, que par celui de la justiciabilité à laquelle aucun ne peut se soustraire, pas même le premier d'entre eux, le grand prêtre, le *Cohen Gadol*.

Les prêtres

Concernant les prêtres, en général, ce qui les oblige à rester dignes de leur vocation, c'est la conscience que leur distinction est directement liée à leur origine même, à leur haute ascendance (la tribu de Lévi), plus encore qu'à leur statut héréditaire (remontant jusqu'à Aharon ha Cohen, frère de Moïse). Serviteurs de l'Éternel, précautionneux de ne pas profaner le nom divin, les prêtres font néanmoins l'objet, de la part des tribunaux, d'un examen méticuleux des commandements qu'ils ont à respecter et à observer[85].

Relativement au grand prêtre, plus spécifiquement, c'est très largement par le biais de son investiture et de son entrée en fonction qu'il se voit conduit à respecter et observer avec fidélité la Loi

---

[83] *Michneh Torah, Séfer Choftim, Hilkhot Melakhim*, chap. XI, 1.

[84] Sur Bossuet, voir, par exemple, M. Caron (dir.), R. Silly et Fr. Lachat, *Bossuet, œuvres historiques, philosophiques et politiques*, 1re éd., 2 tomes, Les Belles Lettres, 2020.

[85] Lévitique, XXI, 24. Les tribunaux doivent garantir le respect des commandements relatifs aux prêtres (*Cohanim*) et adressés à eux, ce qui constitue un gage supplémentaire de la fidélité qui est attendue des *Cohanim* vis-à-vis de la Loi.

divine. Séparé de toute forme de vie profane, élevé à un degré supérieur de sainteté, et consacré entièrement au service divin par l'huile d'onction sacrée[86] dont il est oint par le prophète, il se trouve ainsi enveloppé dans tout un maillage de modalités pratiques, susceptibles de lui permettre de se maintenir dans sa dignité à sa vocation. Toutefois, le grand prêtre qui a fauté, non seulement n'échappe en rien à la justice, mais encore « reçoit le fouet par une juridiction de trois juges, comme toute autre personne, et [ensuite] recouvre sa position honorifique[87] ». Corollaire d'une telle législation, le « souverain pontife » ne peut en rien exciper de quelque infaillibilité que ce soit. En outre, le *Cohen Gadol* est lui-même tenu d'être pur avant de pouvoir faire propitiation pour les autres. Le principe en vigueur ici est le même que celui qui s'exerce à l'égard des rois, lesquels ne pourraient rendre la justice s'ils n'étaient pas eux-mêmes justiciables. Conséquemment, même dans l'hypothèse (certes extrême, mais au demeurant plausible et possible) selon laquelle c'est le prêtre lui-même qui est accusé de meurtre, même s'il se tient auprès de l'autel et est le seul à pouvoir accomplir les « sacrifices », astreinte lui sera faite par la législation hébraïque d'en être retiré afin qu'il soit conduit devant le tribunal pour que justice soit rendue[88].

Enfin, toujours dans le registre des garanties établies contre des représentants du pouvoir (plus exactement, ci-après, ceux gravitant dans leur orbite) et de leur justiciabilité, la prééminence du droit se manifeste et s'exerce également à l'égard des prophètes.

Les prophètes

Le prophète, par sa personne même et la mission qui est la sienne, incarne et représente une garantie supplémentaire, mais d'un tout autre ordre, qui vient épauler le dispositif précédent.

---

[86] Exode, XXX, 22-33 ; Lévitique, XXI, 10.

[87] *Michneh Torah, Séfer Choftim, Hilkhot Sanhédrin*, chap. XVII, § 8.

[88] R. S. R. Hirsch, *Chemot*, Kountrass, 2e éd., Jérusalem, 5760-2000, p. 487.

Certes délicate et solitaire, sa mission n'en est pas moins, cependant, d'une redoutable efficacité. Or, la prééminence du droit et la justiciabilité dont il est question à son endroit, ne tombent absolument pas sous le sens, ni ne relèvent de quelque évidence que ce soit, car on aurait très bien pu supposer, par son intermédiaire, pouvoir accéder à *l'intention réelle du Législateur (divin)* puisqu'il est le messager de Dieu.

Or, la Torah[89], de même que le Talmud, lui dénient toute capacité jurisprudentielle : « Tels sont les commandements que l'Éternel donna à Moïse pour les enfants d'Israël, au mont Sinaï[90] ». La Loi Écrite exclut ici, très explicitement, tout autre enseignement qui pourrait être ajouté en plus de ce qui a déjà été ordonné par Dieu à Moïse[91] ; si bien « qu'un prophète n'a pas le droit d'ajouter de nouveau précepte à la Torah[92] ». Ceci, à cause du risque de falsification du texte révélé et du démenti opposé à l'authenticité du message prophétique de Moïse que fait courir le faux prophète en prétendant ajouter ou retrancher un commandement. Animé de cette intention et de cette volonté, le faux prophète se rend passible de la peine capitale (par strangulation, en l'occurrence). Conséquemment, le prophète n'a pas pour vocation d'établir une loi nouvelle, mais sa mission consiste à prescrire au peuple l'observance de la Loi révélée et d'éviter qu'il ne la transgresse.

Dans un royaume animé du souffle divin, comme celui envisagé dans la présente description, le prophète est chargé de veiller à l'application rigoureuse des grands principes de justice et de morale. À telle enseigne, qu'au nom de l'Éternel, le prophète s'adresse directement, sans crainte, égard, ni ménagement, à la conscience des rois et des peuples, plongés très souvent en pleine mêlée politique, afin de les rappeler au respect des idéaux sacrés. Selon la Torah et le

---

[89] Deutéronome, XVII, 11.

[90] Lévitique, XXVII, 34.

[91] *Talmud Bavli*, *Temoura*, 16a.

[92] *Michneh Torah, Hilkhot Yessodé ha Torah*, IX, 1.

droit hébraïque, le véritable prophète est le messager de Dieu[93], le réalisateur de la Loi, et le frère aîné de ses semblables.

La prééminence du droit hébraïque a donc pu être vérifiée tant sur le plan religieux (conjuration des vices et dévoiements de la théocratie) que sur le plan institutionnel et politique (séparation des pouvoirs, interdiction de faire fléchir le droit, pouvoir judiciaire et mode d'élection aux organes de justice, justiciabilité et soumission au droit des grands personnages : juges, rois, prêtres, prophètes). Prééminence du droit qui ne doit pas être confondue avec son absoluité, car elle résulte d'une opération juridique rationnelle (l'anthropologisation de la loi divine) affectée par des limites tant externes qu'internes.

Les *limites externes* sont celles mêmes de la raison. Incontestablement, la raison peut beaucoup et sûrement, certes, mais elle ne peut pas tout. C'est ce dont témoignent et attestent, entre autres, Montaigne, La Mothe Le Vayer, Descartes, ou encore Pierre Charron. Or, cette précision, minimisant le poids et l'impact de la raison, ne peut en aucun cas être sous-estimée et envisagée de manière anecdotique, très précisément parce qu'elle émane des esprits les plus éclairés et cartésiens des XVIe et XVIIe siècles. Elle est d'autant plus essentielle et fondamentale lorsque l'on sait la place centrale qu'accordait Spinoza à la raison dans l'économie générale de sa philosophie et à la nécessité d'en faire bon usage, dans la mesure où elle était envisagée comme seule susceptible de créer les conditions de salut de l'homme sur terre. Sotériologie d'un genre très particulier, par conséquent, qui trouve à se matérialiser dans une philosophie du salut païen immanent[94].

---

[93] Le véritable prophète biblique n'est donc pas l'oracle tel que popularisé par l'histoire grecque. Le texte biblique précise, en effet : « C'est lui que vous écouterez » (Deutéronome, XVIII, 15) et non pas : c'est à lui que vous poserez des questions.

[94] Dans son *Éthique* le mot Dieu apparaît pourtant environ 500 fois, ce qui ne peut faire de lui un philosophe athée. Lorsqu'il parle de Dieu, il en fait un dieu immanent et non pas transcendant, un dieu réductible au réel, selon sa célèbre formule *Deus sive natura*.

Les *limites internes* affectant cette opération juridique rationnelle d'anthropologisation de la loi divine, quant à elles, sont celles qui lui sont assignées par le droit hébraïque, à savoir que l'herméneutique, pour fondamentale et incontournable qu'elle soit, n'en est pas moins serve à l'égard de la *lettre de la loi*. En effet, si la Loi Écrite peut et doit être interprétée, il n'en demeure pas moins vrai qu'elle demeure la référence fondamentale, caractérisée par son origine divine et son immutabilité. Conséquemment, dans sa démarche et son travail d'interprétation de la plus haute importance, l'exégète reste néanmoins tenu par le profond respect qu'il entretient à la *lettre* sacrée, point de départ de toute opération herméneutique. La déférence qui lie le juge au texte le place dans une attitude de soumission à l'égard de celui-ci.

Ces limites se répercutent sur la *méthodologie herméneutique* mise en œuvre, car les raisonnements que les herméneutes du droit hébraïque mettent en œuvre se fondent nécessairement sur des prémisses littéralement formulées dans le texte toraïque et non point sur des propositions générales qu'ils auraient eux-mêmes élaborées, à l'instar de ce que font, en général, les juristes. Des raisonnements fondés sur une logique déductive (ou formelle) et une logique dialectique. Or, la dialectique hébraïque consiste en un dialogue qui porte *sur les choix des prémisses* ou des arguments utilisés par l'interprète, ou bien encore sur le résultat de l'interprétation fondé sur de tels choix, mais certainement pas sur le fondement des prémisses, lesquelles constituent des axiomes procédant du texte biblique même.

Ce faisant, l'Écriture peut alors faire l'objet d'interprétations juridiques non seulement multiples, mais encore antinomiques, car toutes sont l'expression de la volonté divine. Interprétations considérées comme divines, à l'instar de la source de droit dont elles tirent leur origine, puisqu'elles sont fondées sur des règles d'inférences déductives qui garantissent la transmission de la vérité des prémisses à la conclusion. Par conséquent, *in fine*, le sentiment que la vérité divine semble triompher de la prééminence du droit paraît s'imposer une nouvelle fois…

Or, de manière contre-intuitive, ce sont ces limites qui préservent le droit hébraïque de toute inclination dogmatique, de toute dérive théologique « absolue », car si le texte biblique expose et transmet une vérité divine « absolue », l'interprétation qu'en font ses exégètes ne sera jamais que relative, dans la mesure où elle est fondamentalement humaine. Fondée sur le principe de la loi de la majorité et le respect des opinions minoritaires, l'interprétation ne constitue donc jamais qu'une approche de la vérité. La décision prônée par la majorité est certes revêtue de l'autorité de la majorité des juges (ce qui lui confère valeur et légitimité indispensables à son application effective en un temps et en un lieu donné), mais cette autorité est elle-même relative et provisoire, dans la mesure où la décision de la minorité (approche relative de la vérité elle aussi) a tout autant de valeur et est susceptible d'être retenue et appliquée dans un autre contexte.

Par conséquent, en proposant une efflorescence de sens, le droit hébraïque peut répondre aux problématiques et besoins de chaque époque ; c'est pourquoi les normes juridiques doivent constituer un cadre ouvert à une multiplicité d'interprétations, car, rappelle le Talmud, « si la Torah avait été donnée tranchée, le monde n'aurait pu se maintenir[95] ».

Ce sont donc ces limites qui font du droit hébraïque, un droit certes prééminent, mais non point absolu. Car, paradoxalement, c'est cet attachement scrupuleux au texte biblique, ce primat de la *lettre* sur toute autre méthode interprétative, aussi spirituelle soit-elle (sur l'*esprit*), qui fait la démonstration que le droit hébraïque est foncièrement terrestre et humain et que « la loi n'est pas dans les cieux[96] ».

---

[95] « Tranchée », c'est-à-dire sans possibilités de l'interpréter (voir Talmud Yérouchalmi, *Sanhédrin*, IV, 2).

[96] Deutéronome, XXX, 11, 12.

Une histoire des silences
Brosser l'histoire des idées politiques à rebrousse-poil

Clément Rodier*

D'après Michael Löwy, les thèses *Sur le concept d'histoire* de Walter Benjamin, auxquelles il a consacré une étude remarquable[1], représentent « un des documents les plus importants de la pensée critique depuis les *Thèses sur Feuerbach* de Marx[2] ». Cette considération affirmée de l'intellectuel franco-brésilien repose, en l'espèce, sur la portée subversive et la dimension programmatique des quelques lignes qui composent ce document.

* Clément Rodier est maître de conférences en science politique à l'université catholique de l'Ouest (Niort), chercheur au sein de l'équipe Stratégie, État et recherche de la paix (SERP-UCO) et chercheur associé à l'Institut de recherche Montesquieu de l'université de Bordeaux (IRM-EA 7434).

[1] M. Löwy, *Walter Benjamin : avertissement d'incendie : une lecture des thèses « Sur le concept d'histoire »*, Paris, Presses universitaires de France, 2011 (Pratiques théoriques).

[2] M. Löwy, « Le point de vue des vaincus dans l'histoire de l'Amérique latine : réflexions méthodologiques à partir de Walter Benjamin », *Cahiers d'anthropologie sociale*, vol. 4, n° 1, 2008, p. 63.

Dans ce texte, écrit en exil, Walter Benjamin fonde et engage par la même occasion l'écriture d'une autre histoire. Un siècle après les propositions matérialistes des *Thèses sur Feuerbach*, le philosophe allemand opère ainsi, avec ses propres thèses, un renversement théorique de même ordre. Si Marx attaquait, avec ses notes, l'enfermement philosophique de la gauche allemande de son époque et appelait à ancrer la critique dans la réalité sociale et concrète des hommes, Benjamin, quant à lui, a en ligne de mire les différentes formes d'optimisme historique et leur oppose une nouvelle compréhension, radicale, de l'histoire humaine. Il combat, précisément, ce qu'il nomme « l'historicisme », à savoir l'impensé idéologique sur lequel repose la conception du temps dominante. L'historicisme, d'après Benjamin, déploie son regard au travers d'un temps « homogène et vide[3] ». Il prend les traits d'une histoire linéaire, marquée par la succession ordonnée des faits historiques, dont le moteur se nomme « progrès ». Suivant cette conception, l'histoire suit une marche irréversible, et l'historien qui la retrace, quant à lui, égrène « la suite des évènements comme un chapelet[4] ». Cet historicisme, par ailleurs, se caractérise selon Benjamin par une empathie naturelle à l'égard des vainqueurs de l'histoire. Le regard porté en direction du passé se range du côté des classes dominantes, auxquelles il s'identifie[5]. En somme, Benjamin se dresse contre les philosophies de l'histoire, qu'elles soient révolutionnaires ou conservatrices, qui témoignent d'une lecture continuiste du développement historique et reproduisent, par leur « attitude contemplative[6] », les états de fait de l'ordre établi.

---

[3] W. Benjamin, « Sur le concept d'histoire », dans *Œuvres*, Paris, Gallimard, tome III, p. 439, 441, 443 (Folio essais).

[4] *Ibid.*, p. 443.

[5] *Ibid.*, p. 432.

[6] W. Benjamin, « Eduard Fuchs, collectionneur et historien », dans *Œuvres*, Paris, Gallimard, tome III, p. 174 (Folio essais).

Face à cet historicisme, le philosophe allemand oppose les prétentions d'une historiographie matérialiste, soucieuse des discontinuités historiques et sensible à la voix étouffée et oubliée des vaincus. Le temps, dans la perspective benjaminienne, ne suit plus une trame linéaire, mais apparaît sous les traits de constellations dans lesquelles sont réunis des fragments du passé, du présent et de l'avenir. En ce sens, pour Benjamin le passé n'est jamais achevé : il resurgit, par « éclair[7] », dans le présent qui s'en saisit. De surcroît, si ce passé, pour l'historicisme, est regardé comme la condition d'un avenir nécessaire, il se présente, aux yeux du philosophe allemand, comme « une seule et unique catastrophe[8] ». À l'image d'un Styx dont le cours traverserait souterrainement l'histoire, le passé est chargé du cri des victimes du processus historique. La tâche de l'historien, dès lors, consiste à ne jamais perdre de vue les vaincus du passé, sans être emporté, comme le serait l'Ange de l'histoire[9], par la marche en avant du progrès.

La portée radicale et révolutionnaire des considérations de Walter Benjamin confère aux thèses qui composent cet écrit une dimension programmatique. Celles-ci amènent une nouvelle conception de l'histoire humaine, et engagent de ce fait une autre écriture du récit historique. L'historiographie benjaminienne a ainsi vocation à se diffuser hors des quelques pages qui les contiennent.

Partant, l'histoire des idées politiques est-elle en mesure de l'entendre ? Il ne s'agit pas, à travers cette question, de nier ou de dissoudre la portée proprement politique de l'intervention de Benjamin. Lorsque celui-ci évoque « la tradition des opprimés[10] » à laquelle l'historien matérialiste se réfère, il désigne les victimes réelles et directes du processus historique. Avec ce passage aux

---

[7] W. Benjamin, « Sur le concept d'histoire », art. cit., p. 430.

[8] *Ibid.*, p. 434.

[9] Cet Ange qui apparaît, dans la conception de Benjamin, sous les traits de l'« Angelus Novus » de Paul Klee. *Ibid.*, p. 434.

[10] *Ibid.*, p. 433.

idées politiques, l'enjeu consiste, au contraire, à donner voix aux réflexions du philosophe allemand par leur appropriation[11]. Il vise à éprouver la force de ces thèses, en les sortant quelque peu de leur cadre historiographique originel. Qui plus est, l'appropriation évoquée ici n'intervient pas *ex abrupto*. Elle repose, en l'espèce, sur deux considérations principales. La première est d'ordre épistémologique. En tant qu'histoire, l'histoire des idées politiques intègre une dimension historiographique nécessaire qui la rend de fait perméable aux réflexions de Benjamin. Ces dernières, à cet égard, ont d'ores et déjà été entendues du côté d'autres historiographies[12], justifiant ainsi leur application à ce domaine de la science politique. L'autre raison est théorique. Elle tient au penchant « historiciste » qui anime, à certains égards, l'histoire des idées politiques. Celle-ci est en effet marquée par des accents positivistes : le passé y est figé sous les traits d'une « image éternelle[13] ». Dans cette conception, les idées politiques suivent une trajectoire linéaire, chronologique, et se voient enfermées, par le regard de l'historien, dans les vitrines d'un musée à parcourir. Les thèses *Sur le concept d'histoire*, à partir de là, apparaissent à la fois comme un outil critique pour déconstruire cette tendance historiciste, et comme le matériau constructif pour rénover l'histoire des idées politiques.

[11] En ce sens nous suivons encore sur ce point Michael Löwy, d'après qui « le texte de Benjamin appartient à cette espèce rare d'écrits qui ont pour vocation de susciter des lectures nouvelles, des points de vue nouveaux, des approches herméneutiques différentes, des réflexions inédites – *ad infinitum* ». M. Löwy, *Walter Benjamin : avertissement d'incendie...*, *op. cit.*, p. 35.

[12] En témoignent, par exemple, les travaux de Michèle Riot-Sarcey. M. Riot-Sarcey, *Le procès de la liberté : une histoire souterraine du XIXe siècle en France*, Paris, La Découverte, 2016.

[13] W. Benjamin, « Sur le concept d'histoire », art. cit., p. 441.

L'histoire des silences

L'appropriation de l'historiographie benjaminienne par l'histoire des idées politiques peut prendre différentes formes. Elle est sensible, par exemple, dans le courant porté par l'histoire populaire des idées politiques, dont l'ambition théorique consiste à saisir et étudier la pensée des « subalternes », c'est-à-dire celle des catégories sociales dominées[14]. Dans le sillage de l'épistémologie marxiste, ce courant entend renverser l'analyse des idées politiques en fonction de la lutte des classes : les pensées d'une époque ne sont plus saisies à travers le prisme de leurs manifestations dominantes, mais (re)découvertes auprès des populations subalternes. Toutefois, l'influence des thèses de Benjamin est ici indirecte. L'histoire populaire des idées politiques ne s'inscrit pas dans l'héritage du théoricien allemand. Elle participe, plutôt, au courant de l'histoire populaire impulsé et mené par Howard Zinn[15]. Si les échos de ce courant avec les réflexions benjaminiennes demeurent évidents[16], ils ne découlent donc pas d'un projet historiographique appelant cette rencontre.

L'enjeu vise, dès lors, à permettre une telle appropriation, en partant des thèses *Sur le concept d'histoire*. Il s'agit d'atteindre l'histoire des idées politiques avec le mouvement du texte benjaminien. L'épicentre de ce mouvement se situerait, en l'occurrence, du côté de la VIIe thèse. Dans celle-ci, Walter Benjamin reprend l'idée selon laquelle l'histoire est écrite du point de vue des vainqueurs. Non seulement le processus historique est marqué par le

[14] H. Bonin et Fr. Dupuis-Déri, « Quelle approche pour quelle histoire des idées politiques ? », *Revue française d'histoire des idées politiques*, vol. 49, n° 1, 2019, p. 293-300.

[15] H. Zinn, *Une histoire populaire des États-Unis*, Marseille, Agone, 2002 (Mémoire des Amériques).

[16] En témoignent les travaux de Chris Harman, à la croisée de l'histoire populaire de Howard Zinn et de l'historiographie benjaminienne. Chr. Harman, *Une histoire populaire de l'humanité : de l'âge de pierre au nouveau millénaire*, Paris, La Découverte, 2015.

règne héréditaire et asservissant des classes dominantes – « ce cortège triomphal où les maîtres d'aujourd'hui marchent sur les corps de ceux qui aujourd'hui gisent à terre[17] » –, mais l'historien qui le recompose tend à s'identifier, par « empathie[18] », à celles-ci. Il entérine, par le récit qu'il produit, la victoire des dominants. Prenant conscience de cette situation, l'historien matérialiste doit, quant à lui, « s'écarte[r] autant que possible de ce mouvement de transmission[19] ». Il prend position, en s'inscrivant du côté des injustices et des anonymes de l'histoire. La VIIe thèse se conclut alors par une formule, dont Löwy rappelle la « formidable portée historiographique et politique[20] », suivant laquelle Benjamin appelle à « brosser l'histoire à rebrousse-poil[21] ». Par là, il s'agit d'exhumer les voix étouffées du passé, de ressaisir les espérances écrasées sous la marche du processus historique. L'historien se place à contre-courant : il remonte le fil du temps pour exprimer le point de vue des « vaincus ».

Dirigée vers l'histoire des idées politiques, cette thèse implique des effets importants. Elle aussi apparaît en quelque sorte écrite par les vainqueurs. Il ne s'agit pas ici des classes dominantes, comme dans le texte de Benjamin, mais plutôt des pensées consacrées par cette histoire. L'histoire des idées politiques n'est pas, en effet, un domaine pacifique où les différentes idées coexistent entre elles. De la même manière que Benjamin entrevoit l'histoire comme une lutte où la victoire des dominants repose « sur le servage anonyme

---

17 W. Benjamin, « Sur le concept d'histoire », art. cit., p. 432.

18 Michael Löwy nous rappelle que « l'identification affective » critiquée par Benjamin s'enracine, selon ce dernier, dans l'*acedia* : le sentiment de fatalité que celle-ci provoque entraîne une soumission à l'égard de l'ordre établi. Devant la puissance du réel, l'historien matérialiste, d'après Benjamin, bat en retraite et se range du côté des dominants. M. Löwy, *Walter Benjamin : avertissement d'incendie…*, *op. cit.*, p. 66-68.

19 W. Benjamin, « Sur le concept d'histoire », art. cit., p. 432.

20 M. Löwy, *Walter Benjamin : avertissement d'incendie…*, *op. cit.*, p. 68.

21 W. Benjamin, « Sur le concept d'histoire », art. cit., p. 433.

de leurs contemporains[22] », il demeure possible d'appréhender l'histoire des idées politiques sous les traits d'un champ de bataille où les idées dominantes s'affirment sur la présence silencieuse de leurs contemporaines. Aussi, la tâche à laquelle Benjamin invite l'historien a-t-elle vocation à être entendue par l'histoire des idées politiques. « Brosser l'histoire à rebrousse-poil » reviendrait, en l'espèce, à mettre au jour ces idées passées sous silence. Le renouvellement historiographique benjaminien prendrait, plus précisément, deux formes. La première consiste à redonner voix aux penseurs et aux idées oubliés ou méconnus. La vie intellectuelle abonde de noms et de références maintenus dans une forme d'anonymat. Cette discrétion touche aussi des idées, théories, qui ne trouvèrent pas, de leur temps ou après, d'échos. À partir de là, l'appel benjaminien encourage à prendre à rebours l'histoire pour faire entendre ces pensées ignorées. L'autre forme susceptible d'être prise par cette histoire des silences envisage, cette fois, les moments d'absence ou de reflux des idées consacrées. Il ne s'agit plus ici de considérer les références ignorées, mais celles dont le processus de réception a été longtemps empêché. Les traditions culturelles, les frontières nationales ou même les conditions de la circulation internationale des idées, rendent en effet parfois difficile l'accueil d'auteurs ou de théories dans des contextes spécifiques. L'enjeu consiste, alors, à remonter le cours de l'histoire pour interroger la nature et les motifs de cette absence provisoire.

Cette histoire des silences, issue de la rencontre entre l'histoire des idées politiques et l'historiographie benjaminienne, revêt en elle-même un double intérêt. D'une part, elle invite à écrire une autre histoire, à côté de la version officielle. Le canon des auteurs qui jalonnent les grandes fresques de l'histoire des idées politiques demeure souvent inchangé, au point d'endosser la forme de l'évidence ou du naturel. Le processus historique suit son cours linéaire avec, pour chacun de ses différents « moments », les

---

22 *Ibid.*

manifestations idéologiques qui leur correspondent. À la suite de Walter Benjamin, l'histoire des silences entreprend de se détacher de ce mouvement continu. Elle le prend de revers pour mettre en exergue son versant immergé. Sur ce point, cette histoire des silences fait écho à l'histoire des « échecs littéraires » esquissée par Anne Simonin, laquelle consistait à présenter « l'envers d'une histoire des textes consacrés [...], davantage destiné à enrichir qu'à corriger celle communément admise[23] ». L'histoire des silences, d'autre part, concourt à jeter de nouvelles lumières sur les dimensions idiosyncrasiques des différents contextes intellectuels. L'absence d'échos rencontrés par certaines œuvres ou penseurs dans des contextes spécifiques éclaire, par contraste, les propriétés de ces derniers. Le fait d'exhumer ces idées passées sous silence permet de mettre en exergue les obstacles qui se sont dressés à leur émergence ou à leur notoriété. De la même manière que la réception d'une œuvre révèle l'époque qui la contient[24], sa non-réception informe ainsi sur celles qu'elle traverse.

Anamnèses historiques

Si l'historien des idées politiques est invité, dans les pas de Walter Benjamin, à rebrousser le passé pour y réveiller certaines pensées, ce passé apparaît, dans les thèses *Sur le concept d'histoire*, sous un jour profondément différent. Contre la tendance historiciste dominante, dont le propre est d'enfermer le passé dans une « image éternelle », le philosophe allemand propose, au fil de ses thèses,

---

[23] A. Simonin, « Esquisse d'une histoire de l'échec. L'histoire malheureuse *Des réputations littéraires* de Paul Stapfer », *Mil neuf cent*, n° 2, 1994, p. 112-113.

[24] Tel est le sens que Walter Benjamin affirmait à propos de la littérature et de l'histoire littéraire. Cette dernière ne devait pas seulement envisager la production des œuvres littéraires ; il lui appartenait aussi d'appréhender leur réception. Avec cette extension, « l'œuvre se structure en elle-même pour former un microcosme ou mieux : une micro-époque ». W. Benjamin, « Histoire littéraire et science de la littérature », dans *Œuvres*, Paris, Gallimard, 2000, tome II, p. 283 (Essais).

une vision *anachronique* du passé. Celui-ci ne se présente jamais, aux yeux de l'historien, sous la forme d'un monolithe, ni sous celle d'une vérité historique établie. « L'image vraie du passé, nous dit Benjamin, passe *en un éclair*[25] ». Autrement dit, le passé ne se donne à voir à l'historien que sous les traits d'une image furtive, éphémère, « qui surgit et s'évanouit pour toujours à l'instant même où elle s'offre à la connaissance[26] ». Non seulement cette image est fragile, mais il appartient à l'historien de s'en saisir. Il s'agit, pour Benjamin, de délaisser l'attitude contemplative et de repérer les moments où le passé se présente. C'est pourquoi le philosophe allemand insiste sur la forme du « blocage[27] » que revêt le présent de l'historien. Ce dernier a la tâche d'interrompre le continuum historique, pour laisser l'image furtive du passé apparaître et ainsi s'en emparer.

L'historiographie benjaminienne engage, en ce sens, le recours à l'anamnèse. Celle-ci, comme le rappelle Paul Ricoeur, provient du grec et renvoie à la mémoire, plus précisément à la question de la réminiscence[28]. L'anamnèse entend replonger dans un passé quelconque, à un moment précis, pour y réveiller les potentialités enfouies et silencieuses qu'il recouvre. D'après Frédéric Fruteau de Laclos, qui entreprit de l'étendre à l'histoire de la philosophie, l'anamnèse « équivaut à procéder à une remémoration volontaire et active d'un passé refoulé ou enterré[29] ». Elle entretient, nous le voyons, d'importants échos avec la « remémoration » benjaminienne. Pour cette dernière, comme pour l'anamnèse, il

[25] W. Benjamin, « Sur le concept d'histoire », art. cit., p. 430.

[26] *Ibid.*

[27] *Ibid.*, p. 440.

[28] P. Ricoeur, « L'écriture de l'histoire et la représentation du passé », *Annales. Histoire, Sciences Sociales*, 55e année, n° 4, 2000, p. 732.

[29] Fr. Fruteau de Laclos, « Pour une histoire souterraine de la pensée française », *Philosophie*, vol. 109, n° 2, 2011, p. 8.

s'agit de donner voix à un passé refoulé en le faisant vivre dans le présent[30].

Appliquée à l'histoire des silences que nous nous proposons d'écrire, l'anamnèse permet de réveiller les images dans lesquelles le passé se présente. Elle cristallise certains moments que le processus historique a recouverts, pour y ressaisir la pluralité des voies qu'ils contenaient. Dans le cadre de l'histoire des idées politiques, l'anamnèse est susceptible de revêtir différentes formes. Celle, d'abord, de la controverse. La vie intellectuelle est traversée par ces épisodes de « disputes[31] ». Or, la controverse met en jeu, en confrontation, un ensemble donné d'idées et d'acteurs, avant d'être résolue historiquement. L'image qu'elle offre apparaît dès lors éphémère. Que ce soit par la voie du consensus ou celle du « verdict[32] », toute controverse se caractérise par une clôture nécessaire. Elle offre ainsi à l'historien, la trace d'un « moment » précaire et fuyant. Mais surtout, l'image que cristallise la controverse recèle des potentialités enfouies, des voies inexplorées. Sa saisie permet de rouvrir, dans le présent, des pensées passées sous silence. Pour exemple, la controverse menée par les instances communistes dans les années 1930 à la suite de la publication de l'ouvrage collectif À la lumière du marxisme, composé par le « Cercle de la Russie Neuve », met au jour la présence souterraine d'un marxisme hégélien au milieu de l'orthodoxie naissante[33]. En

30 A. Chollet, « Défaire son action. Quatre figures possibles d'une réversibilité politique en démocratie », *Raisons politiques*, vol. 60, n° 4, 2015, p. 118.

31 Chr. Prochasson et A. Rasmussen, « Du bon usage de la dispute. Introduction », *Mil neuf cent. Revue d'histoire intellectuelle*, vol. 25, n° 1, 2007, p. 5.

32 A. Lilti, « Querelles et controverses. Les formes du désaccord intellectuel à l'époque moderne », *Mil neuf cent. Revue d'histoire intellectuelle*, vol. 25, n° 1, 2007, p. 25.

33 Sur ce sujet, voir la thèse de F. Carlino, *Scienza e ideologia « à la lumière du marxisme ». Il contributo del Cercle de la Russie Neuve nel processo di elaborazione e attivazione nel materialismo dialettico in Francia*, thèse de doctorat sous la direction de M. Fichant et G. Campioni, Université Paris Sorbonne, 2014.

d'autres termes, la capture de ce « moment » de l'histoire des idées politiques française exhume des tendances oubliées, car « sorti[e] s *vaincu[e]s* de cet affrontement idéologique[34] ». Outre cette forme de la controverse, l'anamnèse apparaît aussi sous les traits de « l'événement », c'est-à-dire d'un moment factuel porteur de possibilités. Telle est, notamment, l'approche de Frédéric Fruteau de Laclos dans son « anamnèse philosophique » de la psychologie historique en France[35]. Il envisage, par exemple, la rencontre entre le jeune Michel Foucault et Ignace Meyerson au début des années 1950. Cette « petite histoire[36] », et les aléas qui l'entourèrent, apparaissent ici comme un moment où le destin d'une pensée, celle en l'occurrence de la psychologie historique, s'est joué. Enfin, sans que cette liste soit ici exhaustive, l'anamnèse est susceptible de se révéler à la suite d'un « choc » survenu dans le présent; celui-ci réveillant alors une image perdue du passé. D'après Benjamin, l'image du passé « s'offre inopinément au sujet historique à l'instant du danger[37] ». Le danger évoqué par le théoricien allemand se comprend à l'aune du contexte dans lequel celui-ci écrit les quelques lignes qui composent ces thèses. Le pacte germano-soviétique, dont il est témoin, voit l'abandon de la seule force d'opposition à l'Allemagne nazie et marque, à ses yeux, la victoire militaire et idéologique du fascisme en Europe. De fait, pour Benjamin le caractère tragique de ce moment dissout la vision linéaire et progressiste de l'histoire, et ouvre sur les combats menés par les

[34] F. Carlino, « Sur l'introduction du matérialisme dialectique en France : le programme du cercle de la Russie neuve dans le processus de formation du « rationalisme moderne » », *Actuel Marx*, vol. 57, nº 1, 2015, p. 142. (L'écho avec la dialectique vainqueurs/vaincus de Walter Benjamin est ici particulièrement sensible).

[35] Fr. Fruteau de Laclos, « Pour une histoire souterraine de la pensée française », art. cit., p. 6.

[36] *Ibid.*, p. 12.

[37] W. Benjamin, « Sur le concept d'histoire », art. cit., p. 431.

vaincus dans le passé[38]. Tout choc produit dans le présent de l'historien interrompt le continuum historique, laissant sourdre des potentialités enfouies. Ainsi, les bouleversements écologiques que connaissent aujourd'hui les sociétés modernes invitent, par exemple, à reconsidérer les fondements idéologiques de notre modernité – tout comme les récits qui l'accompagnent ; et partant, ouvrent sur les voies oubliées sous la marche du processus historique[39].

Si l'anamnèse œuvre, dans une perspective benjaminienne, à interrompre le processus historique pour y réveiller certaines possibilités enfouies, elle permet, en outre, de contourner l'écueil majeur auquel est confrontée une histoire des silences : celui du révisionnisme historique. En se concentrant sur les pensées ignorées ou méconnues, celle-ci menace, indirectement, de contester cette ignorance et de sous-entendre, par là, que l'histoire aurait dû suivre une autre trajectoire. L'histoire officielle apparaîtrait alors sous les traits d'une imposture, tandis que la véritable histoire, quant à elle, se cacherait du côté des idées passées sous silence. L'anamnèse, nous le voyons, conteste toute téléologie de cette sorte. Non seulement elle s'ancre dans l'histoire, en dévoilant sa pluralité consubstantielle, mais la brièveté de son passage brise toute volonté de reconstruire un nouveau récit. En ce sens, l'anamnèse permet à l'histoire des silences de ne pas proposer une autre *version* de l'histoire, mais plutôt de présenter un autre *versant* de la même histoire.

Explorations contrefactuelles

À partir du moment où « l'image du passé », saisie par l'historien, donne à voir des possibilités oubliées, elle invite,

---

38 M. Löwy, *Walter Benjamin : avertissement d'incendie...*, *op. cit.*, p. 61.

39 Ce dont témoignent par exemple les ouvrages de P. Charbonnier, *Abondance et liberté : une histoire environnementale des idées politiques*, Paris, La Découverte, 2020 (Sciences humaines) ; et celui de Fr. Jarrige et A. Vrignon, *Face à la puissance : une histoire des énergies alternatives à l'âge industriel*, Paris, La Découverte, 2020 (Histoire).

par la même occasion, à les rouvrir. En ce sens, la perspective anamnestique frayée par l'historiographie benjaminienne engage aussitôt le recours aux méthodes de l'histoire contrefactuelle. Comme le soulignent Quentin Deluermoz et Pierre Singaravélou, si les propositions de Benjamin ne ressortent pas directement de cette forme historiographique particulière, elles entretiennent des liens étroits avec la démarche contrefactuelle[40]. Dans leur ouvrage consacré au sujet, les deux auteurs présentent la conception originale et teintée de messianisme que le théoricien allemand propose du temps : Benjamin s'oppose à la linéarité historique, aux causalités évidentes. Il redéfinit au contraire les liens entre passé, présent et futur, en concevant le second comme « le lieu où se redéploie le sens de l'histoire[41] ». Or, cette brisure accomplie au sein de la continuité historique et le sauvetage opéré des possibles non advenus témoignent de « la possibilité d'une autre histoire[42] ». Le processus historique est délesté du poids de la nécessité, tel que le conçoivent les différentes philosophies de l'histoire, et recouvre une pluralité de perspectives dissimulées que l'historien a la tâche de réveiller.

Si l'ouvrage de Deluermoz et Singaravélou éclaire la proximité qui lie les thèses historiographiques de Walter Benjamin à la démarche contrefactuelle, il entend montrer aussi la pertinence de cette forme épistémologique pour les sciences sociales. Longtemps déconsidérée pour son caractère « ludique[43] », l'histoire contrefactuelle recouvre depuis peu les potentialités heuristiques qui sont les siennes. Elle permet, notamment, d'enrichir la chair du

---

[40] Q. Deluermoz et P. Singaravélou, *Pour une histoire des possibles*, Paris, Seuil, 2016, p. 196 (L'univers historique).

[41] *Ibid.*

[42] *Ibid.*, p. 197.

[43] Q. Deluermoz et P. Singaravélou, « Explorer le champ des possibles. Approches contrefactuelles et futurs non advenus en histoire », *Revue d'histoire moderne & contemporaine*, vol. 59-3, n° 3, 2012, p. 70.

récit historique. En envisageant les possibles avortés, cette méthode accroît les connaissances d'un événement historique. Quand Mona Ozouf imagine par exemple la fuite réussie de Louis XVI lors de la journée de Varennes, elle montre le rôle significatif de cet événement et éclaire, par là, la dimension profondément fragile de ce moment révolutionnaire[44]. Mais l'histoire contrefactuelle dévoile surtout ses atouts sur la question des causalités historiques. Cet intérêt a notamment été défendu par Max Weber qui, dans ses *Essais sur la théorie de la science*, a montré la portée scientifique du recours à l'hypothèse contrefactuelle[45]. À travers des reconstructions historico-fictives, et par la voie de la comparaison, l'historien parvient à isoler certaines « significations causales » parmi la « totalité des éléments infiniment nombreux[46] ». En d'autres termes, le raisonnement hypothétique permet de déterminer les causes principales d'un événement ou d'un fait historiques, et celles qui demeurent secondaires.

Tel est, essentiellement, le sens de l'approche contrefactuelle dans le cadre d'une histoire des silences. Cette voie exploratoire permet, en l'occurrence, de déterminer et d'isoler les différents obstacles qui se sont opposés à l'avènement d'idées politiques. Après avoir ouvert le moment anamnestique concerné, le travail de l'historien vise, d'abord, à recenser les multiples causes éventuelles du silence observé. L'enjeu consiste, par la suite, à imaginer systématiquement la suite du processus historique sans l'une d'entre elles. La répétition de ce raisonnement hypothétique et la comparaison entre chacune des différentes voies envisagées œuvrent alors à identifier la ou les causes déterminantes dans la trajectoire des idées prises en considération. L'exploration contrefactuelle concourt

---

[44] M. Ozouf, *Varennes*, Paris, Gallimard, 2005, p. 112.

[45] M. Weber, *Essais sur la théorie de la science. Deuxième essai : « études critiques pour servir à la logique des sciences de la culture »*, Paris, Plon, 1965, p. 268-273.

[46] *Ibid.*, p. 266.

ainsi à comprendre le silence qui entoure une idée ou un penseur. Mais elle éclaire surtout les forces idiosyncrasiques qui agissent au sein d'un contexte intellectuel déterminé. Par la liberté qu'elle autorise, et les possibilités qu'elle renferme, la méthode contrefactuelle rompt avec les approches globales et généralisantes de l'histoire intellectuelle, permettant ainsi une intelligence plus fine de celle-ci.

Une approche herméneutique des idées politiques

L'histoire des silences, nous l'avons vu, renouvelle la substance de l'histoire des idées politiques. Elle œuvre, d'une part, à (re)découvrir des idées, des penseurs oubliés ou méconnus. En ce sens, elle étoffe le canon des références qui composent celle-ci. L'histoire des silences concourt, d'autre part, à jeter de nouvelles lumières sur les contextes intellectuels qui servent de cadres à l'histoire des idées politiques. En se concentrant sur les idées et penseurs passés sous silence, elle éclaire, par contraste, les forces idiosyncrasiques propres au milieu intellectuel d'une époque.

Mais l'histoire des silences, telle qu'elle poursuit l'héritage benjaminien, entraîne, par-dessus tout, une nouvelle conception de l'histoire des idées politiques. Celle-ci est, en l'espèce, marquée par une perspective herméneutique, dans laquelle le rapport aux idées politiques revêt la forme du dialogue. L'historien qui envisage de telles idées ne se contente pas de les découvrir, de les constater. En ce sens, l'histoire des silences rompt, *de facto*, avec toute forme de positivisme historique. Bien plus, comme nous l'avons relevé, il s'agit de donner droit à ces idées dans le présent. L'historien ne les observe pas d'un point de vue extérieur : il noue, avec elles, un contact à même de réveiller leurs potentialités.

Telle est la signification que Walter Benjamin donne à son concept de « remémoration ». Le regard porté par l'historien en direction des vaincus de l'histoire ne vise pas seulement à préserver leur souvenir. L'enjeu consiste, précisément, à faire vivre la tradition des vaincus dans le présent de l'historien. La réminiscence benjaminienne apparaît ainsi teintée d'une puissance rédemptrice[47]. Le passé, saisi par l'historien, porte avec lui une « prétention[48] » : celle de voir réaliser les espérances qu'il renferme. Pour Benjamin, la remémoration vise la réparation des souffrances passées.

Dans son étude visant à élaborer une « théorie matérialiste de la mémoire », Marc Berdet entrevoit notamment la manifestation de cette remémoration benjaminienne dans le cinéma de Patricio Guzmán[49]. La construction narrative du film *La Bataille du Chili : la lutte d'un peuple sans armes*, consacré aux années menant du socialisme chilien de Salvador Allende au coup d'État d'Augusto Pinochet, fait éclater la linéarité des événements historiques : l'œuvre débute par la fin, celle du coup d'État, et se conclut sur les espérances socialistes d'un ouvrier avant les événements tragiques du 11 septembre 1973. Par ce montage, nous rappelle Marc Berdet, Guzmán libère le passé du futur qui l'attend, donc de toute forme de surdétermination[50]. Le passé apparaît au contraire chargé de potentialités, d'issues entrouvertes, dont les éclats sont projetés dans le présent du spectateur – le film montre notamment « le peuple en action[51] », l'auto-organisation ouvrière et populaire. En explorant ces possibilités enfouies sous leur dénouement historique, l'œuvre de Guzmán « fait surgir "l'immémorer" propre à l'histoire chilienne[52] », c'est-à-dire son passé qui n'a pas eu lieu mais qui demande à être.

Le geste de Guzmán fournit ici un modèle à l'historien des idées politiques. En envisageant les idées passées sous silence, ce dernier brise, de fait, le cours naturel de l'histoire. Il arrache celles-ci au

---

47 M. Löwy, *Walter Benjamin : avertissement d'incendie...*, *op. cit.*, p. 45.

48 W. Benjamin, « Sur le concept d'histoire », art. cit., p. 429.

49 M. Berdet, « Se souvenir des futurs perdus. Walter Benjamin et la mémoire politique chilienne », *Cités*, vol. 74, n° 2, 2018, p. 113.

50 *Ibid.*, p. 115.

51 *Ibid.*, p. 114.

52 *Ibid.*, p. 117.

dénouement qui les attend. Il les sauve du « conformisme qui est sur le point de [les] subjuguer[53] », pour reprendre une expression de Benjamin. Mais plus encore, en faisant éclater ainsi la fixité du passé, l'historien projette ces éclats dans le présent. Les idées, jusqu'alors silencieuses, jaillissent depuis leur passé et appellent à être entendues. Finalement, l'historien noue avec les idées qu'il sauve un dialogue ; de sorte que celles-ci ne sont jamais enfermées dans le musée de l'histoire, mais apparaissent comme des virtualités toujours susceptibles d'être actualisées.

[53] W. Benjamin, « Sur le concept d'histoire », art. cit., p. 431.

Liberté, travail et responsabilité limitée : la commandite pour penser le gouvernement représentatif au XVIIIe siècle en France

Henri-Pierre Mottironi*

« *We'll go down in posterity renowned*
As the First Sovereign in Christendom
Who Registered his Crown and Country under
The Joint Stock Company Act of Sixty-Two[1]. »

En 1893, l'opéra bouffe de William S. Gilbert et Arthur Sullivan, *Utopia, Limited*, met en scène une île imaginaire dont le roi, *king Paramount*, décide de transformer en une compagnie à responsabilité limitée sur la base du Companies Act britannique de 1862. Si l'idée de faire d'un État une société commerciale fait rire à la fin du XIXe siècle, c'est pourtant ainsi que de nombreux penseurs anti-absolutistes se mettent à envisager la société politique à partir du XVIIe siècle. À l'image de l'État comme une grande

* Henri-Pierre Mottironi est chargé d'enseignement et chercheur postdoctoral à l'université de Neuchâtel.

[1] W. S. Gilbert et A. Sullivan, « Utopia, Limited or The Flowers of Progress », dans *The Complete Works of Gilbert and Sullivan*, Hastings, East Sussex, Delphi Classics, 2017, Act I, p. 1715-1716.

famille politique dont le roi serait le père, ces auteurs substituèrent progressivement celle d'une nation organisée sur la base d'un contrat à la manière des sociétés de commerce[2]. Si en Angleterre des penseurs comme John Locke ou Algernon Sidney pensent le bon gouvernement sous la forme d'un *trust*[3], c'est en France à la fin de l'époque moderne que l'on se met à concevoir la société politique et les rapports entre gouvernants et gouvernés sur la base d'une des premières formes de la société à responsabilité limitée : la commandite.

Considérée comme un jalon essentiel dans l'émergence de la gouvernance d'entreprise moderne[4], la commandite est aussi et surtout une forme de société commerciale fondée sur le mandat représentatif, les associés passifs (simples bailleurs de fonds) déléguant la gestion de leurs affaires, et avec elle la pleine responsabilité juridique en cas de faillite, à leurs commanditaires. Objet de la technique juridique, la commandite en vient dans les écrits de juristes et philosophes français à conjuguer un ensemble de préoccupations aux résonances éminemment politiques à la fin de l'époque

---

[2] Voir au sujet du modèle familial de la monarchie : A. Du Crest, *Modèle familial et pouvoir monarchique, XVIe-XVIIIe siècles*, Aix-en-Provence, Presses universitaires d'Aix-Marseille, 2002 (Collection d'histoire des institutions et des idées politiques ; 20); A. Black, « The Juristic Origins of Social Contract Theory », *History of Political Thought*, vol. 14, n° 1, 1993, p. 5776 ; A. Black, *Guild & State: European Political Thought from the Twelfth Century to the Present*, New Brunswick, New Jersey, Transaction Publishers, 2003. A. D. Kessler, *A Revolution in Commerce: the Parisian Merchant Court and the Rise of Commercial Society in Eighteenth-Century France*, New Haven, Yale University Press, 2007, notam. chap. 4, p. 141-187 ; H. S. Turner, *The Corporate Commonwealth: Pluralism and Political Fictions in England, 1516-1651*, Chicago, The University of Chicago Press, 2016.

[3] H.-P. Mottironi, « Le pouvoir en fiducie : le trust dans la pensée politique britannique, c. 1680-1720 », *Revue française d'histoire des idées politiques*, vol. 2, n° 54, 2021, p. 185214.

[4] R. Harris, *Going the Distance: Eurasian Trade and the Rise of the Business Corporation, 1400-1700*, Princeton, Princeton University Press, 2019, p. 130-170 (Princeton Economic History of the Western World).

moderne : critique de l'oisiveté des nobles, liberté d'association, élection des plus aptes administrateurs, reddition régulière des comptes, et surtout une théorie qui vient donner des droits exclusifs sur la gestion des affaires communes à une classe d'associés actifs, théorie qui servit, par analogie, en politique pour justifier le suffrage censitaire à la fin du XVIIIe siècle.

Ainsi, dans les années 1794 et 1795, en pleine crise des assignats et aux prémices de l'avènement du régime censitaire thermidorien, la commandite est convoquée dans certains écrits politiques afin de lier en une même idée finances publiques, production économique et citoyenneté active. Ainsi dans son *Essai sur les finances de la République française* (1795), le général révolutionnaire Jean-Baptiste de Timbrune de Thiembronne compare la nation « à une société en commandite » où « chaque citoyen est commanditaire ; les corps, et les pouvoirs constitués sont les agens [*sic*][5] » ; comparaison que rejette fermement le journaliste Jean-Baptiste Salaville dans *Annales patriotiques et littéraires* quelques mois auparavant, le 22 juillet 1794.

> « Ce n'est donc que par le plus étrange abus des termes qu'on donne le nom de société à la plupart de nos prétendues institutions politiques… ceux qui travaillent ne sont pas citoyens, parce qu'ils ne retirent pas le produit de leur mise ; ceux qui ne travaillent pas ne le sont pas non plus, parce que sans avoir fait de mise, ils en retirent le produit. Une société politique ne peut pas se former en commandite[6]. »

Au contraire des partisans du suffrage censitaire qui comme Antoine Barnave expliquent en 1791 que l'aisance matérielle des citoyens actifs était un gage de leur instruction, indépendance

---

[5] J.-B. C. A. de Timbrune de Thiembronne, *Observations adressées au Directoire exécutif après l'envoi de l'Essai sur les finances de la République française*, À Hambourg, Chez François Fauche, 1795, p. v.

[6] J.-B. Salaville, « Suite des réflexions sur le travail, la richesse, le luxe, la pénurie etc. », *Les annales patriotiques et littéraires de la France et affaires politiques de l'Europe*, n° DLXVII, Paris, 4 thermidor an II, p. 2480.

et incorruptibilité[7], Salaville voit en ces « riches » une classe d'associés passifs vivant par définition du travail des autres et qui n'ont aucun droit sur la gestion de l'association commune n'y contribuant pas directement par leur travail. C'est en ce sens qu'il reproche aux partisans du régime censitaire de confondre république et commandite.

Mais comment se fait-il que cette idée qui prête à rire chez Gilbert et Sullivan d'une nation constituée comme une société à responsabilité limitée soit, de fait, au centre de réflexions liant gouvernement représentatif, économie et finances publiques en pleine Révolution française ? C'est par un travail de recontextualisation dans les pratiques commerciales et juridiques de la fin de l'époque moderne que l'on pourra saisir cette analogie et comprendre comment se conjuguent dans les théories de la citoyenneté active de la fin du XVIIIe siècle les notions de liberté politique, de travail et de responsabilité devant le risque.

I. Commandite, noblesse oisive et république

Trouvant ses origines dans le bassin méditerranéen principalement au haut Moyen Âge pour ses formes islamiques (*qirâd* et *mudaraba*) et au Moyen Âge central pour ses versions italiennes (*la commenda*), la commandite était une forme très répandue d'association commerciale à la fin du Moyen Âge et au début de l'ère moderne. Au départ, elle est un arrangement contractuel de court terme (pour un voyage ou une durée déterminée) entre deux parties, un investisseur et un commerçant itinérant, qui se partageaient les bénéfices à la fin du voyage. Elle était largement utilisée dans les milieux marchands dans le commerce d'outre-mer, notamment car

---

7 « Suite de la discussion du projet de Constitution, relative à l'article 7 du Titre III, chapitre 1er, 1re section du projet de Constitution, lors de la séance du 11 août 1791 », dans E. Laurent et E. Clavel (dir.), *Archives parlementaires de 1787 à 1860, 1re série (1789 à 1799)*, Paris, librairie administrative de Paul Dupont, 1875, tome 29, p. 356-373.

elle permettait de limiter les risques encourus par les investisseurs tout en déléguant à des associés plus experts ou aventureux la tâche de commercer à leur place[8]. Mais c'est en France avec l'*Ordonnance sur le commerce* de 1673 que la commandite devint une forme de société économique aux contours juridiques bien définis et pleinement reconnus par les autorités publiques. Premier « code » de commerce français, l'ordonnance de 1673 donne une véritable assise juridique dans le droit ordinaire au principe de responsabilité limitée en peu d'articles, entérinant des pratiques commerciales déjà bien établies dans les milieux marchands européens. En vérité, elle dut son succès et sa postérité, non pas à sa grande originalité ni à sa capacité à répondre aux besoins nouveaux des entrepreneurs de l'époque, mais au commentaire qu'en fit l'un de ses artisans et inspirateurs, Jacques Savary dans *Le parfait négociant* en 1675[9].

Savary distingue trois formes de société dans *Le parfait négociant*, à savoir la société en nom collectif (ou générale), la commandite et la société anonyme – trois formes de société qui vont continuer à constituer l'épine dorsale du droit des sociétés français au XIXe siècle notamment par sa reprise par le *Code de commerce* de 1807[10]. Faisons d'office un sort de la société anonyme qui, avant le XIXe siècle, n'a rien à voir avec les sociétés que nous connaissons sous ce nom aujourd'hui et a peu de choses à nous dire

[8] R. Harris, *Going the Distance*, *op. cit.*, p. 130-147. Udovitch voit dans le *qirâd* le précédent le plus proche de la *commenda* occidentale, car c'est la seule forme qui implique une responsabilité limitée des associés passifs. A. L. Udovitch, « At the Origins of the Western Commenda: Islam, Israel, Byzantium ? », *Speculum*, vol. 37, n° 2, 1962, p. 198207.

[9] J. Savary, *Le parfait négociant*, Paris, Chez Louis Billaine, 1675 ; J. Monéger, « De l'ordonnance de Colbert de 1673 sur le commerce au Code de commerce français de septembre 2000 : réflexion sur l'aptitude du droit économique et commercial à la codification », *Revue internationale de droit économique*, vol. 18, n° 2, 2004, p. 171196.

[10] K. Pistor, Y. Keinan, J. Kleinheisterkamp et M. D. West, « Evolution of Corporate Law: A Cross-Country Comparison », *University of Pennsylvania Journal of Economic Law*, vol. 23, 2002, p. 807.

sur la notion de responsabilité limitée. Si elle est déjà employée par les marchands et négociants, elle n'est alors qu'un contrat d'intérêts entre deux parties et est dite « anonyme » (ou « occulte »), car relevant d'un contrat privé nullement tenu d'être enregistré officiellement[11], contrairement aux sociétés générales et commandites. De fait, la notion de responsabilité limitée et l'importance de la commandite dans son apparition se saisissent mieux par rapport à deux types d'associations économiques bien connues à la fin du XVIIe siècle : la société en nom collectif et la compagnie à charte.

En théorie, la société en nom collectif tient pour coresponsables, de manière illimitée indépendamment de leur apport, les associés face aux dettes contractées par la compagnie ; tandis que la commandite permet de limiter la responsabilité des associés passifs (les commanditaires) à concurrence de leurs parts[12]. Dans les faits, la pratique commerciale et juridique était assez flexible aux XVIIe et XVIIIe siècles et permettait de former des commandites qui étaient de fait des sociétés générales, et vice-versa[13]. En cas de faillite d'une société générale française aux XVIIe et XVIIIe siècles, les juges appliquaient le principe de symétrie : chaque associé devant supporter la même part dans les pertes que sa part dans les gains en cas de réussite. Dans la pratique, on pouvait toutefois décharger partiellement ou totalement certains associés de cette responsabilité, mais cela au fond dépendait du juge, d'où l'intérêt de la commandite sur la société générale[14]. Dans le cas de la commandite, les commanditaires confient le contrôle et la gestion de l'entreprise à un individu ou groupe d'individus, les commandités (ou encore

[11] J. Savary, *Le parfait négociant*, p. 372-377 ; voir aussi H. Lévy-Bruhl, *Histoire juridique des sociétés de commerce en France aux XVIIe et XVIIIe siècles*, Paris, Les éditions Domat-Montchrestien, 1938, p. 40-42.

[12] Articles 7 et 8 du Titre 4 du Code de commerce de 1673 ; spécifié par J. Savary, *Le parfait négociant*, p. 362 et p. 370-371.

[13] H. Lévy-Bruhl, *Histoire juridique des sociétés de commerce*, *op. cit.*, p. 30-42.

[14] *Ibid.*, p. 138-156.

« complimentaires » au XVIIIe siècle), qui sont responsables solidairement et de manière illimitée des dettes de l'entreprise. Autrement dit, la commandite reconnaît la responsabilité limitée d'une partie de ses associés, les commanditaires. C'est là la grande innovation de cette forme de société.

Pourtant l'idée et sa pratique étaient déjà reconnues au sein des compagnies privilégiées françaises. Dans la charte de 1664 de la Compagnie des Indes orientales on spécifie que les directeurs et intéressés ne pouvaient être tenus « pour quelque cause ou prétexte que ce soit » de débourser plus que la somme qu'ils ont investie dans la compagnie[15]. Plus généralement, sous l'Ancien Régime, la reconnaissance du statut de corporation permettait de faire d'une communauté une personne morale à part entière dont les biens et actions étaient théoriquement distincts de ceux des membres qui la composaient, ce qui instaurait une certaine responsabilité limitée de ses membres[16]. Tout le problème est que l'incorporation officielle d'une société impliquait une démarche, d'une part, hors de portée des commerçants et investisseurs ordinaires (un processus aussi long que coûteux) et, d'autre part, disproportionnée pour de simples entreprises qui n'avaient aucune prétention à devenir un corps politique permanent du royaume.

Face aux inconvénients de la société générale et de la compagnie à charte, la commandite avait l'avantage d'inciter les investisseurs à placer leur argent dans une entreprise sans encourir de risques trop élevés en cas d'échec de l'affaire, tout en laissant à un professionnel du métier la gestion effective de l'entreprise et la responsabilité

---

[15] « Déclarations du Roy portant sur l'établissement d'une Compagnie pour le Commerce des indes Orientales, données à Vincennes au mois d'Aout 1664 », dans *Recueil des Déclarations, Arrests, Statuts, Ordonnances et Règlements concernant l'Établissement d'une Compagnie pour le Commerce des Indes Orientales, contenant les Pouvoirs, Privilèges & Exemptions à elle accordez par le Roy*, Chez la veuve Saugrain & Pierre Prault, Paris, 1716, art. 2.

[16] R. Mousnier, *Les institutions de la France sous la monarchie absolue 1598-1789*, Presses universitaires de France, 1974, vol. 1, p. 335-336.

légale qui lui a trait. Pour le juriste Philippe Bornier, cela est précisément ce qui rendait cette société « très utile à l'Etat & au public » :

> « Elle est appelée, *en commandite,* parce que celui qui donne son argent à un autre, qui n'apporte bien souvent en la Société que son nom & fon industrie, est toujours le Maître. Cette Société est très utile à l'Etat & au public, parce que toutes sortes de personnes peuvent entrer dans ces Sociétés pour faire valoir leur argent à l'avantage du public, & que ceux qui n'ont pas des facultés pour entreprendre un commerce, trouvent dans celle-ci le moyen de s'établir dans le monde, & de faire valoir leur industrie[17]. »

Autrement dit, la commandite facilite la levée de fonds pour des entrepreneurs qui n'ont pas le capital nécessaire, la responsabilité limitée des associés passifs dans la commandite se faisant un incitatif à investir dans de telles sociétés. Prenant tous les risques légaux, l'associé actif restait en contrepartie le « maître » de son entreprise.

À la fin du XVIIe siècle, cette forme de société se juxtapose sous la plume de nombreux juristes français à un ensemble d'idées politiques critiques de la société d'Ancien Régime, d'abord parce que la commandite permet de mobiliser les fonds inactifs du pays.

> « Il n'entre dans ces sortes de Sociétés que le surplus de l'argent de ceux qui ont des revenus considérables, qui demeurerait quelques fois fans mouvement dans leur coffre, si le désir de le faire valoir honnêtement, ne les portait à le mettre dans le Commerce, par le moyen des Sociétés en Commandite ainsi elles sont extrêmement avantageuses aux particuliers[18]. »

Chacun peut en effet y investir « même les Nobles & Gens de Robe » sans déroger à leur statut en tant qu'associés passifs. Ainsi, Jean Toubeau, juge consul, prévôt des marchands et échevin de Bourges, dans *Les Institutes du droit consulaire ou les Elemens*

---

[17] Ph. Bornier, *Ordonnance de Louis XIV, sur le commerce, enrichie d'annotations et de décisions enrichie d'annotations...*, Paris, Compagnie des Libraires associés 1757 [1694 ?], p. 57-58.

[18] J. Savary, *Le parfait négociant*, *op. cit.*, livre I, chap. I, p. 15

de la jurisprudence des marchands (1682, ici dans son édition de 1700), explique que :

> « ... par telles sociétés la Noblesse & les Gens de Robe, en conscience & sans déroger, peuvent faire valoir leur argent, & jouir de tous les avantages du Commerce, sans en avoir les peines et les fatigues : Il fait connaître qu'il y a bien moins de dérogeance dans ces Sociétés, que de faire le Commerce de Mer qui leur est permis, & que beaucoup font en France aussi bien que les Gentilshommes d'Angleterre, de Gênes, de Venise, de Florence ; car ils n'agissent en aucune manière dans ces Sociétés, & n'ont que la Peine d'entendre les Comptes de la Négociation, ce qui n'est pas plus dérogeant, que d'entendre ceux des Intendants de leur Maison, & de leurs Receveurs et Fermiers[19]. »

Cette description des avantages de la commandite accompagne une critique de l'oisiveté de la noblesse qui préfigure la virulence de *La Noblesse commerçante* de Gabriel François Coyer en 1756 et qu'accompagne un éloge des vertus du commerce comme le relève l'historienne Amalia Kessler[20]. Ainsi, pour Toubeau :

> « ... les Gentilshommes ne doivent pas demeurer dans leurs Châteaux ainsi que des Rats, qui font bien les empêchés à traîner une noix pourrie dans leurs trous ; ni à la Cour languissants & engourdis, faire comme des enfants qui courent après des papillons. [...] on ne peut pas blâmer le Commerce comme vicieux, sans offenser toutes les Nations ; car il n'y a rien de plus solidement établi parmi les hommes, & avec un consentement plus universel [...] on ne saurait l'abolir sans troubler la Vie Civile ; c'est lui qui peuple les grandes Villes ; c'est lui qui donne les richesses & l'abondance dans les États, qui entretient la Paix avec les Étrangers, & qui nous fournit tous nos besoins. Ce ne sont pas là des effets indignes de l'Emploi d'un Gentilhomme[21]. »

---

[19] J. Toubeau, *Les Institutes du droit consulaire ou les Elemens de la jurisprudence des marchands*, A Paris, Chez Jacques Morel, 1700, tome 1, p. 105, ma retranscription est légèrement modernisée.

[20] A. D. Kessler, *A Revolution in Commerce*, *op. cit.*, p. 160-161 ; voir aussi : G. Fr. Coyer, *La Noblesse commerçante*, A Paris, Chez Duchesne, Libraire, 1756.

[21] J. Toubeau, *Les Institutes du droit consulaire*, *op. cit.*, tome 1, p. 296.

Pour le prêtre Jean Laurent Le Sèmelier, la commandite est même une alternative au prêt à intérêt permettant aux riches de prêter aux pauvres sans pour autant être de l'usure.

> « Nous croyons ne pas trop avancer quand nous disons que les sociétés sont aussi avantageuses aux particuliers qui les forment, que les prêts leur font de tort : car, comme les fauteurs de l'Usure en conviennent, il est défendu de prêter à intérêt aux pauvres, & il n'est pas défendu de donner son argent en société à des pauvres Artisans, Ouvriers, ou Paysans. Quel bien ne font pas les riches nobles, ou bourgeois, quand ils leur confient leurs troupeaux, leurs terres à moitié ou à un tiers de gain, supposé que ces pauvres en fassent, avec la peine qu'ils se donnent pour les faire valoir, s'il ne leur arrive aucun malheur[22] ? »

C'est un fait bien connu que la commandite permet d'investir son argent auprès de banquiers et de recevoir un profit sans que cela tombe sous le coup de l'interdit de l'usure, et ce depuis les premières *commende* italiennes médiévales[23]. La commandite fait ainsi « fleurir le commerce, nourrit une infinité de pauvres ouvriers et entretient des milliers de Commis & de Facteurs » comme alternative au prêt à intérêt pour Le Sèmelier et en permettant aux nobles d'investir dans le commerce et l'industrie sans déroger[24]. En d'autres termes, au début du XVIIIe siècle, la commandite est de ces sociétés qui semblent à même de réaliser le vœu de Colbert de « faire rouler l'argent sur le pays ». On trouve ainsi en germe dans les écrits de ces juristes tous les grands thèmes de la pensée politique et économique de la fin du XVIIIe siècle : doux commerce, critique de l'oisiveté des nobles et même des éléments des théories du contrat.

---

22 J. L. Le Sèmelier, *Conférences ecclésiastiques de Paris sur l'usure et la restitution etc.*, Paris, Chez Jacques Estiennes, 1718, vol. 2, p. 44-45.

23 J. Adelson, « The Early Evolution of Business Organization in France », *The Business History Review*, vol. 31, n° 2, 1957, p. 232.

24 J. L. Le Sèmelier, *op. cit.*

Certains juristes français comme Jean Domat en viennent même à considérer les sociétés commerciales comme des microcosmes de la société civile, voire des républiques en miniature. Elles sont, dans une perspective *jus naturaliste*, explique Amalia Kessler, de ces institutions qui, aux côtés de la famille et de l'amitié, incarnent la sociabilité naturelle de l'homme[25]. *Le parfait négociant* suit cette ligne avec la commandite.

> « C'est aussi dans la Société en commandite que réside toute la puissance du Commerce qui s'y fait, & les Associés qui la composent agissent & travaillent séparément, & chacun en leur particulier, pour le bien & avantage d'icelle Société, sans pouvoir pourtant rien faire d'eux même sans le consentement les uns des autres, que ce qui a été convenu par l'Acte de Société[26]. »

Non seulement cette forme de société devient une des clefs de la prospérité d'une nation, mais elle est un exemple de collaboration libre, harmonieuse et bien délimitée (cadrée par l'acte de société) d'individus travaillant chacun séparément au bien commun. Couplée avec cette idée d'une société régie par le consentement de tous les associés, la commandite dépasse le statut de simple objet de la technique juridique pour devenir, sous la plume de Savary, une forme de gouvernement républicain.

> « Il est de cette société en commandite comme des anciennes Républiques, dont la souveraineté résidait dans le peuple, par le suffrage duquel tous les choix se faisaient et dont les plus illustres particuliers élus dans les charges publiques agissaient chacun à diverses choses qui se rapportaient toutes à l'augmentation et conservation de la République et du Bien Public[27]. »

Si cette comparaison peut paraître quelque peu déplacée dans un commentaire du droit commercial, elle rend compte de la diffusion au sein des milieux marchands d'idées et pratiques républicaines sous la monarchie absolue à travers notamment les traités et écrits

[25] A. D Kessler, *A Revolution in Commerce*, *op. cit.*, p. 157-158.

[26] J. Savary, *op. cit.*, p. 415.

[27] *Ibid.*, livre I, chap. XLI, p. 415.

des commercialistes du XVIIe et du XVIIIe siècle. En érigeant une société commerciale en modèle de gouvernement, les commercialistes proposent en alternative à la théorie absolutiste qui conçoit la nation comme une grande famille placée sous l'autorité paternelle du roi, une théorie de la société fondée sur un contrat entre gouvernants et gouvernés. Le choix de la commandite n'est pas un hasard : en plus d'être une forme de société prisée par les milieux négociants, elle est une forme de société privée qui permet de véhiculer une conception du gouvernement républicain éminemment représentative au contraire d'autres formes de sociétés que reconnaît *l'Ordonnance sur le commerce.*

II. Responsabilité limitée et citoyenneté active

L'idée de république que reprend ici Savary est somme toute assez classique. Il s'agit d'un idéal de régime par consentement populaire gouverné par une élite choisie dans les deux sens du terme : à la fois élue, mais aussi d'hommes de qualité[28]. En revanche, faire de la commandite une forme de république témoigne d'un changement progressif dans les idées qui atteint son acmé vers la fin du XVIIIe siècle, à savoir le passage d'un idéal de gouvernement par une élite des plus sages et illustres (*sanior pars*) à celui des meilleurs, des plus compétents. En effet, si l'on suit la mise en équivalence des termes politiques avec ceux du droit commercial suggérée dans *Le parfait négociant*, le peuple peut être défini comme l'ensemble des associés passifs, simples bailleurs de fonds de la société (les commanditaires) choisissant ceux qu'ils jugent les plus aptes à diriger leurs affaires. De plus, la liberté laissée à l'associé actif dans la gestion de la société fait du mandat d'un commandité l'équivalent dans le droit commercial du mandat représentatif.

---

[28] À ce sujet voir : O. Christin, *Vox populi : une histoire du vote avant le suffrage universel*, Paris, Seuil, 2014 (Collection Liber).

Toutefois, le modèle de la commandite promeut une théorie de la représentation politique assez particulière. En un mot, les idées qu'il véhicule esquissent les contours de la théorie censitaire qui s'imposera à la fin du XVIIIe siècle. Pour Savary, la relation entre commandité et commanditaire repose sur des sûretés mutuelles : d'un côté la liberté du commandité dans la gestion des affaires, et de l'autre l'exigence d'une reddition régulière des comptes au commanditaire. *Le parfait négociant* donne des exemples types d'actes de société en commandite qui tous font mention de cette exigence pour la « sûreté » des commanditaires de tenir « bons & fidèles livres Journaux d'achats, de vente, de raison, & autres qui seront nécessaires pour le Commerce ». Ainsi, dans la société formée par le secrétaire du roi Thomas Du Clos (le commanditaire) et le marchand mercier Jacques Loiseau (le commandité), Savary explique que « la sûreté de du Clos consiste en ce que Loiseau est obligé de lui fournir les mémoires ou factures des marchandises qu'il achètera pour envoyer aux Indes d'Espagne…[29] ». Si la grande autonomie laissée à l'associé actif et les clauses à son avantage sont défendues comme des garanties (des « sûretés ») contre l'ingérence des associés passifs dans les affaires courantes de la société, elles se justifient principalement par l'inégalité devant le risque des commanditaires et commandités en cas de pertes.

> « Tous les avantages ci-dessus sont considérables ; mais ils sont raisonnables, parce qu'outre les cinquante mille livres que Loiseau [le commandité] porte en la société pour son fonds de capital, aussi bien que le sieur du Clos [le commanditaire] : il donne encore toutes ses peines, & son industrie pour la manutention du commerce qu'il doit faire pour la société, & du Clos ne donne simplement que son argent, & n'agit en rien dans les affaires de la société, outre que s'il arrivait de la perte, elle pourrait être si grande que Loiseau perdrait non seulement son fond capital, mais encore tout son bien ; parce que du Clos ne doit perdre que jusqu'à la concurrence des cinquante mille livres qu'il porte à la société pour son fond capital[30]. »

[29] J. Savary, *op. cit.*, livre I, p. 424.

[30] *Ibid.*

Les commanditaires, ne prenant pas toutes les décisions, ne peuvent pas être tenus pour pleinement responsables, au contraire des commandités. Ainsi, dans ses *Parères*, Savary fait des associés passifs des créanciers de la société qui n'ayant « suivi que la bonne foi du complimentaire » ne peuvent être tenus pleinement responsables en cas de faillite. Ne risquant de perdre que la part qu'ils ont investie dans la commandite, les associés passifs ne sauraient avoir plus d'avantages que leurs parts leur donnent droit, car « autrement ce serait une Société léonine » qui est défendue par le droit canon comme usuraire alors[31].

Les risques très élevés encourus par le commandité en cas de faillite sont, quant à eux, perçus comme une garantie supplémentaire pour ses commanditaires à ce que le gérant administre l'entreprise au mieux de leurs intérêts. C'est dans ce sens que dans *La richesse des nations* (1776), Adam Smith impute à la responsabilité limitée de ses directeurs la gestion négligente et dispendieuse des grandes compagnies comme la East India Company.

> « Les directeurs de ces sociétés, cependant, étant les gestionnaires de l'argent des autres plutôt que du leur, on ne peut pas s'attendre à ce qu'ils le gèrent avec la même vigilance anxieuse avec laquelle les associés d'une société en nom collectif (*co-partnery*) gèrent souvent le leur[32]. »

Rappelons qu'en Angleterre la société en commandite n'est pas reconnue : on forme des sociétés soit sous la forme de corporations ou quasi-corporations, soit comme des sociétés en nom collectif (le *partnership* ou *co-partnery*) ou encore à travers des montages légaux particuliers comme le *trust*[33]. Smith ne mentionne guère la

---

[31] J. Savary, *Parères ou avis et conseils sur les plus importantes matières du commerce...*, 1688, Paris, Chez Jean Guignard, p. 731-732.

[32] A. Smith, *An Inquiry into the Nature and Causes of the Wealth of Nations*, Indianapolis, Liberty Classics, The Glasgow Edition of the Works and Correspondence of Adam Smith, vol. 2, n° 2, 1981, p. 741, ma traduction.

[33] P. G. Mahoney, « Contract or Concession? An Essay on the History of Corporate Law », *Georgia Law Review*, vol. 34, 1999, p. 873-893.

commandite, mais l'idée de fond est la même en ce qui concerne les avantages de la responsabilité illimitée des associés-gérants : prenant tous les risques, il est dans leur intérêt de bien gérer la société. C'est le gage en théorie d'une gestion prudente.

Cette explication qui veut que l'inégalité devant le risque légitime une division en deux classes d'associés dans l'entreprise trouve un écho dans les justifications du suffrage censitaire à la fin du XVIIIe siècle qui font de la richesse des électeurs et des élus un gage de leur intérêt à la bonne gestion de la chose publique. En 1791, lors du débat sur le marc d'argent, le révolutionnaire Bon Albert Briois de Beaumetz soutient qu'un mauvais gouvernement léserait davantage les intérêts des citoyens propriétaires que ceux des non-propriétaires, d'où l'idée de ne donner des droits politiques qu'aux premiers.

> « La nation n'a-t-elle pas le plus grand intérêt à confier le choix de ses administrateurs, de ses juges, de ses représentants, à des hommes qui aient intérêt eux-mêmes à ce que la législation soit bonne et sage, à ce que le gouvernement soit stable, à ce que l'administration soit douce, à ce qu'elle répartisse également l'impôt, et à ce que la justice fasse acception de personne ? Je le demande à mes adversaires ; les hommes qui ont le plus d'intérêt à cela, ne sont-ils pas ceux qui possèdent quelque chose à perdre[34] ? »

Ce que le révolutionnaire Antoine-Étienne Fantin-Désodoards résume dans son *Histoire philosophique de la Révolution de France* (1796) en expliquant que « le propriétaire, enchaîné à l'État par les liens les plus forts, voit sa prospérité particulière dans la prospérité publique[35]. »

Restreindre le droit d'élire et d'être élu aux seuls propriétaires permet d'exclure des instances politiques tous ceux qui n'y ont pas un « intérêt réel » ou « manifeste », mais cela est aussi une mesure

---

[34] Briois de Beaumetz, « Suite de la discussion du projet de Constitution… », dans E. Laurent et E. Clavel (dir.), *op. cit.*, p. 363.

[35] A.-É. Fantin-Désodoards, *Histoire philosophique de la Révolution de France*, 2nde éd., A Paris, au bureau de Journal de Perlet, 1797, tome 1, livre 2, p. 161.

conservatrice, les propriétaires étant jugés plus instruits que les autres citoyens, indépendants de fortune (donc moins corruptibles) et plus enclins à la prudence dans l'exercice des charges publiques.

> « Le propriétaire craint toujours de se compromettre, au moindre bruit il se retire : les non-propriétaires osent tout, parce qu'ils ne risquent rien. Leurs chefs osent davantage, parce qu'ils espèrent que les innovations faites par la multitude tourneront à leur avantage particulier[36]. »

En un mot, l'inégalité politique se justifie par l'inégalité devant le risque, selon une logique qui fait fortement écho aux arguments des commercialistes quant aux inégalités de pouvoir dans l'administration d'une société en commandite en fonction de la responsabilité légale limitée ou illimitée des associés.

C'est à travers une métaphore de la société politique comme une commandite que le révolutionnaire et monarchien Pierre-Victor Malouet dans une lettre à son ami Gérard de Lally-Tollendal critique vivement la Constitution de 1791 et particulièrement sa trop grande ouverture des charges publiques qui conduirait selon lui à une forme de tyrannie démocratique.

> « Un des sentiments dominants, chez un peuple corrompu, est la vanité, et que la vanité de beaucoup de gens est satisfaite lorsque chacun à part soi peut se dire : *voilà bien des tyrans, mais je peux être tyran à mon tour quand je le voudrais*. La Puissance n'appartient à aucun, elle est en commandite et pour devenir actionnaire de cette société, il suffit de s'élever à la hauteur des Brissots, et des Chabots ; c'est à quoi tous les passants peuvent prétendre[37]. »

L'expression de « puissance en commandite » s'avère être une image assez précise du mandat représentatif qui permet de surcroît d'appuyer sur l'importance de fixer des limites aux prérogatives des représentants de la nation afin de mieux se prémunir contre le

---

36 *Ibid.*, tome 2, livre 3, p. 16.

37 P.-V. Malouet, « Lettre de M. Malouet à M de Lally-Tolendal du premier avril 1792 », dans *Collection des opinions de M. Malouet*, A Paris, Chez Gattey, Libraire, 1792, vol. III, p. 236.

mauvais gouvernement et les abus de pouvoir. Mais cette image vient ici surtout soutenir une position favorable à un durcissement des conditions d'accès au droit de vote et aux charges publiques. Malouet qui n'a que peu d'estime pour Jacques Pierre Brissot (1754-1793) et François Chabot (1756-1794) rejoint l'avis de nombre de révolutionnaires pour qui la Constitution de 1791 admettait à la citoyenneté active des citoyens qui étaient « à peu près sur la ligne des mendiants », donnant à « cette classe une prépondérance dangereuse dans les assemblées[38] ». Si l'on suit cette métaphore de la puissance en commandite, on peut dire que pour des partisans du suffrage censitaire comme Malouet, la Constitution de 1791 instituait l'équivalent politique de ce que l'on nommait dans le droit commercial une société léonine, une société dans laquelle une classe d'associés (les non-propriétaires) aurait droit à tous les avantages et profits de la société commune sans risquer autant que les citoyens-propriétaires en cas de mauvais gouvernement.

Cette théorie des intérêts manifestes se complexifie lorsqu'elle rencontre dans la pensée politique, d'une part, le préjugé voulant que les pauvres soient déraisonnables et plus facilement corruptibles et, d'autre part, la théorie du vote-fonction. Derrière la formule bien tournée de « déraison des pauvres » se trouvent des arguments sur les mœurs « dévoyées » des nécessiteux, des travailleurs journaliers, des domestiques, des vagabonds ou encore des comédiens et de la propension qu'on leur prêtait à suivre leurs passions plutôt que leur raison. Sur une ligne plus politico-économique, il est commun de souligner, alors, l'incapacité de ces groupes à faire face à leurs responsabilités de pourvoir à leurs besoins et ceux de leur famille, ce qui permet de mettre en avant leur dépendance économique envers des tiers, et leur potentielle plus grande sensibilité à la corruption[39].

[38] J. Prugnon, « Suite de la discussion du projet de Constitution… », dans E. Laurent et E. Clavel (dir.), *op. cit.*, p. 359.

[39] O. Le Cour Grandmaison, *Les citoyennetés en Révolution, 1789-1794*, 1re éd., Paris, Presses universitaires de France, 1992, p. 39-70 (Recherches politiques).

En creux de ces préjugés apparaît une théorie de la citoyenneté active comme un corps de citoyens indépendants économiquement, car tous des propriétaires, suffisamment éclairés (partant, capables de s'abstraire de leurs passions) et directement concernés par les affaires publiques. Les partisans du suffrage censitaire pensaient cette distinction entre citoyens actifs et passifs aussi en fonction de deux grands types de besoins fondamentalement opposés que l'on associait aux non-propriétaires et aux propriétaires. Ainsi, Germaine de Staël oppose le « besoin d'acquérir et celui de conserver » qu'elle associe respectivement aux non-propriétaires et aux propriétaires. C'est ce besoin de préserver la propriété privée qui est pour elle le garant de la liberté de tous les citoyens[40]. Dans un passage qui préfigure le célèbre « Enrichissez-vous » de François Guizot, Staël d'expliquer que :

> « Dans toute société la propriété existe, au petit nombre près des hommes à grands talents qui se créent leur destinée, les propriétaires influeront et doivent influer, ou nécessairement la propriété sera détruite [...] Vous consentez donc, me dira-t-on, à voir le pouvoir concentré entre les mains des propriétaires ? — Je ne connais que ce moyen de conserver la propriété. Mais il faut alors que les républicains deviennent riches et les riches, républicains[41]. »

Au début de la Révolution, la distinction entre citoyens actifs et passifs relève davantage d'une distinction entre productifs et improductifs, distinction qui a l'avantage de coupler cette idée de « déraison des pauvres » avec la critique de l'oisiveté des ordres privilégiés. Ainsi, pour Barnave en 1791, la société se divise entre « ceux qui veulent conserver l'état de choses existant parce qu'ils voient le bien-être avec la propriété, l'existence avec le travail » et l'intérêt des « êtres qui grossissent et grandissent pour ainsi

[40] G. de Staël, *Des circonstances actuelles qui peuvent terminer la révolution et des principes qui doivent fonder la république en France*, Genève, Librairie Droz, 1979 [1798], p. 173.

[41] *Ibid.*, p. 188-189.

dire dans les troubles, comme des insectes dans la corruption[42] ! » Aux nobles oisifs que les penseurs proches des milieux négociants dépeignent comme des parasites dès la fin du XVIIe siècle, le discours économico-politique qui s'impose à la Révolution ajoute une vaste classe plus ou moins bien définie d'« improductifs ». Ne contribuant en rien à la prospérité commune et vivant aux dépens de la Nation, les individus « oisifs » et « improductifs » ne sauraient alors avoir une influence dans les affaires politiques.

En plus de concevoir la société en deux grandes classes aux intérêts économiques et politiques opposés, on pense alors le vote non pas comme un droit, mais plutôt comme un devoir attaché à une fonction publique, celle d'électeur que l'on considère alors comme la première des magistratures du *cursus honorum* des modernes[43]. Dans son *Préliminaire à la constitution* de 1789, Sieyès donne une assise théorique à cette idée faisant du statut d'électeur non pas un droit fondamental attaché à l'individu en tant que tel (un des droits qu'il dit « passifs »), mais la première des dignités publiques qui autorise l'exercice du pouvoir. Les droits politiques (les « droits actifs ») sont ainsi définis comme des devoirs dont l'exercice est réservé aux citoyens qui sont de « véritables actionnaires » et « associés » de la grande entreprise publique et non de « simples souscripteurs[44] ». Ainsi, on peut dire que Sieyès distingue les citoyens passifs et actifs selon leur degré d'implication dans la société en partie sur le modèle de la commandite : citoyens passifs pour ceux qui ne font que souscrire (au propre et au figuré) à la chose publique et citoyens actifs pour les associés de plein droit.

---

[42] A. Barnave, « Suite de la discussion du projet de Constitution... », dans E. Laurent et E. Clavel (dir.), *op. cit.*, p. 367.

[43] P. Rosanvallon, *Le sacre du citoyen : histoire du suffrage universel en France*, Paris, Gallimard, 1992, p. 241-254 (Bibliothèque des histoires).

[44] E. Sieyès, « Préliminaire de la Constitution. Reconnaissance et exposition raisonnée des Droits de l'Homme et du Citoyen. Lu les 20 et 21 juillet 1789, au Comité de Constitution », dans K. E. Oeslner (dir.), *Notice sur la vie de Sieyes*, En Suisse, 1795, p. 94.

III. Dette publique et libre association des producteurs

En 1795, Jean-Baptiste de Timbrune de Thiembronne, général révolutionnaire et futur comte d'Empire, en vient à son tour à comparer la nation française à une société en commandite, mais pour servir un tout autre but : l'assainissement des finances françaises et par-dessus tout la suppression des assignats. Dans la gestion de ses finances, une nation est, pour lui, comparable à une commandite et

> « … toute société de ce genre, qui n'a pas borné par un règlement préliminaire, et avec des précautions approuvées par la puissance publique, la valeur des billets que ses agens [*sic*] pourront mettre en circulation, répond sur le bien de chacun de ceux qui la composent des opérations de la compagnie ou de ses agens [*sic*][45]. »

Créés en 1789, les assignats sont un titre d'emprunt émis par le Trésor et gagé sur les biens nationaux, en l'occurrence les biens du clergé. On émet alors des billets, les assignats, qui représentent une fraction de la valeur des biens gagés, autrement dit ils sont une sorte de part d'un capital immobilier. Dès 1790, les assignats deviennent une véritable monnaie papier, que l'État imprime en grandes quantités, ce qui provoque une hyperinflation. Dans ce contexte, nombreux sont ceux qui appellent à la suppression des assignats et à une réforme du système financier du pays pour renouveler la « foi publique ». Cette notion ancienne (la *fides publica* romaine) reprend un des grands thèmes qui motiva les plans de réforme des physiocrates visant à replacer à la base du système politico-administratif du pays ce que l'on appellera au cours du XIXe siècle le « droit inaliénable à consentir à l'impôt » et réatteler à la fortune publique la classe des propriétaires[46].

---

45 J.-B. C. A. de Timbrune de Thiembronne, *Essai sur les finances de la république française et sur les moyens d'anéantir les assignats*, À Hambourg, Chez François Fauche, 1795, p. vii.

46 A. Aglan, « L'invention politique de la Foi publique (1816-1838) », dans A. Aglan, M. Margairaz et Ph. Verheyde (dir.), *1816 ou la genèse de la Foi*

Dans son essai, Timbrune de Thiembronne propose de fonder une banque sur la « créance nationale », entendez la dette publique, afin de « fournir facilement à toutes les dépenses extraordinaires » et « d'attacher les propriétaires du sol, à la fortune publique, et par conséquent au triomphe de la liberté[47] ». Pour ce faire, on ferait disparaître les assignats en forçant les détenteurs d'assignats soit à « réaliser la créance », c'est-à-dire à convertir leurs assignats en équivalent de terre des biens nationaux, soit à les déposer auprès de l'État pour constituer des rentes à un taux de 1,5 % annuel[48]. En d'autres termes, lorsque l'on considère le peuple uniquement dans son rapport financier à son pays, l'État « doit, nous explique-t-il, pour le fond de la question être envisagé comme une société commerce », en l'occurrence une commandite[49]. La métaphore de la commandite sert à appuyer sur la nécessité de bien limiter et de surveiller les actions des institutions financières publiques du pays et leurs agents. Cela se matérialiserait pour Timbrune de Thiembronne par la reddition publique et annuelle des comptes de la Banque nationale et l'élection de ses hauts administrateurs par le législatif. Dans ce sens, il pense les relations entre gouvernés et gouvernants, mais aussi entre gouvernement et fonctionnaires en termes de commandites imbriquées. Les citoyens sont les commanditaires des corps et pouvoirs constitués, certains de ces pouvoirs comme le législatif agissant à leur tour comme les commanditaires d'autres agents publics.

On trouve déjà dans cet *Essai sur les finances de la République française* de 1795, l'ensemble des préoccupations politiques et

---

publique : la fondation de la Caisse des dépôts et consignations, actes de la journée d'études organisée par le Conseil scientifique et historique de la Caisse des dépôts et consignations, le 15 avril 2005, Genève, Droz, n° 19, 2006, p. 87-94 (Publications d'histoire économique et sociale internationale).

47 J.-B. C. A. de Timbrune de Thiembronne, *op. cit.*, p. xvi et p. xxxviii.

48 *Ibid.*, p. xix.

49 *Ibid.*, p. ix.

fiscales qui motiveront, sous la Restauration, toute une politique financière qui tente de lier les intérêts des citoyens à l'intérêt public en diffusant la rente et au passage de limiter l'emprise étrangère sur la dette publique française[50]. Dans cette optique, le budget devient comme le dira le libéral Benjamin Constant à la Chambre des députés en mai 1819 « l'arme du peuple contre tous les abus politiques aussi bien que financiers », l'examen du budget comme arme « légale, paisible, constitutionnelle » ne portant pas sur ce qui touche à la dépense seulement « dans leurs rapports avec les finances, mais dans leurs rapports avec la liberté[51] ». En outre, sous le régime censitaire, cette idée de « crédit public » amène des hommes politiques comme le royaliste Louis de Bonald à concevoir la société comme une société par actions dont les actionnaires seraient les plus forts contribuables des communes, assimilant au passage les rentes non pas à des créances, mais à des actions d'État[52]. En décembre 1824, à l'occasion du débat sur la conversion de la rente, Bonald pousse plus avant son analogie avec le monde de la finance et explicite ce lien entre crédit public et représentation politique.

> « … Messieurs, les monarchies qu'on appelle absolues, bien qu'elles présentent, dans leur stabilité, leur tranquillité intérieure, leurs ressources, autant de solvabilité que les gouvernements mixtes, n'ont cependant pas (heureusement peut-être pour la liberté de leurs mouvements) de crédit public ni étendu ni affermi, à moins que ce ne soit celui que dans des vues profondes la puissance de la banque, dont je parlais tout à l'heure, a intérêt de leur faire ou de leur supposer; elles n'ont pas proprement de crédit public, parce qu'elles ne lui offrent pas, dans leurs institutions politiques, cette garantie dans un conseil d'administration

---

[50] A. Aglan, « L'invention politique de la Foi publique… », p. 72-79.

[51] Archives parlementaires, Séance du 29 mai 1819, t. 24, p. 657, cité par A. Aglan, *op. cit.*, p. 71.

[52] L. de Bonald, *Discours à la Chambre des députés 30 décembre 1816*, AP, 2e éd., tome 17, p. 773 ; A. Aglan, *op. cit.*, p. 92.

> où les intérêts des prêteurs d'argent soient représentés, débattus et défendus par les prêteurs eux-mêmes[53]. »

Aussi, ces assimilations de la société politique avec des sociétés de commerce, et tout particulièrement dans le cas des commandites, permettent de mobiliser un ensemble d'idées politiques communes : défense du principe censitaire, consentement à l'impôt, représentation politique des contribuables et une série de pratiques de bonne gestion financière directement reprise du monde des affaires comme la reddition publique et annuelle des comptes.

N'allons toutefois pas conclure que comparer l'État à une société en commandite du moins en ce qui concerne les finances publiques est un motif propre à la pensée libérale et conservatrice au début du XIXe siècle. Versés dans les questions d'ingénierie institutionnelles et financières, les saint-simoniens mobilisent eux aussi la commandite pour défendre des arguments très similaires bien que servant un projet se voulant plus social et progressiste. Ainsi, peut-on lire le 28 novembre 1830 dans le journal *Le Globe* :

> « Pourquoi l'État n'agirait-il pas comme une maison de commerce ? Pourquoi la grande société en commandite ne serait-elle pas le gouvernement ? Pourquoi chaque coupon de rente ne serait-il pas une action donnant une part des produits sociaux[54] ? »

S'il ne s'agit guère ici de plaider pour une représentation politique exclusive des principaux contributeurs de la nation, l'idée repose sur la même idée générale. En effet, contre les projets du ministre des Finances Jacques Laffite d'amortissement de la dette publique, *Le Globe* propose une vaste financiarisation de la société française où l'impôt serait remplacé par une large diffusion de l'emprunt, liant les citoyens-créanciers au gouvernement comme

---

[53] L. de Bonald, *Discours à la Chambre des Pairs du 29 mai 1824*, AP, 2e éd., tome 41, p. 30.

[54] « De l'emprunt, de l'impôt et de l'amortissement », *Le Globe, journal politique, philosophique et littéraire*, n° 279, 28 novembre 1830, p. 1128.

des actionnaires à leur compagnie. L'amortissement de la dette publique par l'impôt, aux yeux des saint-simoniens, « écrase les classes laborieuses et diminue leur revenu au profit de celui des rentiers, oisifs abominables[55] ». Encore une fois la commandite est mobilisée pour lutter contre les classes oisives, ici les rentiers, et défendre un idéal de société comme une libre association des classes productives de la nation.

Conclusions

Société « utile au bien public et à l'État » qui met la richesse « oisive » des nobles au service de la prospérité commune, la commandite vient illustrer dès la fin du XVIIe siècle des pratiques de bon gouvernement, voire de gouvernement républicain : élection des plus compétents, limitation des pouvoirs des mandataires, ou encore reddition régulière et publique des comptes. Dans le contexte de la fin de l'Ancien Régime en France, particulièrement marqué par une grande crise des finances publiques, la justification des commercialistes (spécialistes du droit commercial) des inégalités de droits entre associés au sein des commandites en fonction de leur degré de responsabilité légale en cas de faillite va entrer en résonnance avec la conception que l'on se fait de la citoyenneté active alors. En un mot, la théorie censitaire reprend de la commandite l'argument voulant que seuls les citoyens propriétaires doivent avoir des droits politiques, étant ceux qui ont le plus à perdre en cas de banqueroute l'État.

En matière de droit de vote, deux grands courants opposés traversent la Révolution. D'un côté, tout un ensemble de penseurs conçoivent le vote comme un droit attaché à l'exercice d'une fonction civique particulière dont l'accès doit être restreint aux seuls

---

[55] J.-M. Thiveaud, « « Industrie bancaire », « Vertu sociale du crédit », « Puissance morale de l'argent » (XVIIIe-XIXe siècles) », *Revue d'économie financière*, n° 27, 1993, p. 554.

vrais actionnaires ou commanditaires de la nation, c'est-à-dire l'ensemble des citoyens suffisamment aisés pour démontrer leur capacité d'électeur. Si l'on écarte la Constitution de 1793 qui introduit le suffrage universel masculin, c'est bien cette théorie de la « puissance en commandite » qui triomphe avec la Révolution, d'abord sous la Première République en 1791 et 1795 et sous les monarchies constitutionnelles de la Restauration et de Juillet. Toutefois, à l'opposé, tout un courant de pensée plus radical conçoit le vote comme un droit universel que l'on ne saurait réserver qu'à une classe particulière de citoyens. Presque paradoxalement, si pour les détracteurs du suffrage censitaire « une société politique ne peut pas se former en commandite[56] », on pense le vote encore à la lumière de concepts venus de la sphère économique. Ainsi, Jean-Baptiste Salaville fait de tous les citoyens-travailleurs des électeurs, la nation étant une association d'individus ayant fait des « placemens » [*sic*] en travail dans la société[57] ; tandis que Thomas Paine conçoit le droit de vote comme une sorte de dividende social, « chaque homme [étant] un propriétaire dans la société, puise de droit dans le capital » commun des droits[58]. Partant, c'est aussi à partir de transferts d'idées du droit et de la pratique commerciale vers la pensée politique que la France va connaître ses premiers plaidoyers en faveur du suffrage universel à la Révolution.

[56] J.-B. Salaville, « Suite des réflexions sur le travail… », art. cit., p. 2480.

[57] *Loc. cit.*

[58] Th. Paine, *The Rights of Man*, dans Th. Paine, *The Complete Writings of Thomas Paine*, éd. Ph. S. Foner, New York, Citadel Press, 1945, vol. 1, p. 276.

Résumés/Abstracts n° 57

Tristan Pouthier

Religion et prééminence du droit dans la théorie du développement politique de Francis Fukuyama. Dans son ouvrage *The Origins of Political Order* paru en 2011, Francis Fukuyama élabore une théorie du développement politique qui se rattache aux vastes études comparatistes de la science politique américaine de l'après-guerre et, de façon explicite, à l'œuvre de Samuel Huntington. À la suite de Huntington, il soutient que le développement n'est pas nécessairement un phénomène unitaire qui envelopperait dans un même mouvement progrès institutionnel, progrès social et progrès économique. Cette idée est à la base de sa théorie de l'ordre politique. Celui-ci est composé selon Fukuyama de trois éléments qui, du point de vue historique, n'apparaissent, ne se maintiennent et ne disparaissent pas nécessairement ensemble : l'État, la prééminence du droit et le gouvernement représentatif. Fukuyama propose dans ce cadre une thèse originale au sujet de l'origine de la prééminence du droit : celle-ci serait un produit de la religion. Reconnaissant pleinement l'effectivité politique des idées religieuses, Fukuyama soutient que la prééminence du droit trouve son origine dans un processus de sacralisation d'un corps de règles et de principes fondamentaux de la communauté politique, qui se trouvent ainsi placés hors de portée de la volonté des décideurs politiques. Situant en Inde le modèle originel de la prééminence du droit,

Fukuyama montre que celle-ci ne s'établit de façon durable qu'à la condition que les clercs jouissent d'une indépendance par rapport au pouvoir politique, et que l'État soit cependant suffisamment puissant pour assurer l'application effective du droit. Ces deux conditions n'ont été réunies qu'en Europe suite à la Réforme grégorienne.

Religion and the Rule of Law in Francis Fukuyama's Theory of Political Development. *In his book* The Origins of Political Order *published in 2011, Francis Fukuyama puts forward a theory of political development that relates to the vast comparative studies of post-war American political science and, explicitly, to the work of Samuel Huntington. Following Huntington, he argues that development is not necessarily a unitary phenomenon that brings together institutional progress, social progress and economic progress. This idea forms the basis of his theory of political order. According to Fukuyama, political order is composed of three elements which, historically, do not necessarily come into being, persist and disappear together: the state, the rule of law and representative government. Fukuyama offers in this context an original thesis about the origin of the rule of law: this would be a product of religion. Fully recognizing the political effectiveness of religious ideas, Fukuyama maintains that the rule of law originates in a process of sanctification of a body of rules and fundamental principles of the political community, which are thus placed beyond the reach of political decision-makers. Situating the original model of the rule of law in India, Fukuyama shows that the rule of law is only established in a lasting way on the condition that the clerics enjoy independence from political power, and that the State is yet sufficiently powerful to ensure the effective application of the law. These two conditions were met only in Europe following the Gregorian Reformation.*

Konrad Schmid

Dieu le législateur. À la recherche des origines intellectuelles des lois divines de la Torah. La Torah est la loi de Dieu. Ce concept biblique est d'une telle centralité, il est considéré comme tellement évident, qu'il n'a guère été perçu comme un problème historique jusqu'à aujourd'hui. Traditionnellement, il était conçu comme un élément de base de la Bible dans son contexte historique. Mais en réalité, il constitue une innovation dans le Proche-Orient ancien, et requiert pour cette raison une investigation historique : dans le monde antique, les rois, et non les dieux, étaient législateurs. Seule la tradition juridique de l'Israël antique a développé l'idée que Dieu lui-même formulait des lois et les transmettait à son peuple. Dans la Torah, Moïse joue un rôle de premier plan dans cette médiation. Les lois divines sont ainsi devenues un élément central de la religion dans le judaïsme, le christianisme et l'islam, mais quels sont les circonstances et les facteurs historiques qui leur ont donné naissance ? La disparition de la royauté en Israël a pu avoir un impact majeur, mais au-delà des développements politiques et sociohistoriques, il convient également de prendre en compte des transformations fondamentales dans l'histoire intellectuelle de l'Israël antique qui ont pu conduire à la formation de l'idée d'un Dieu législateur. Grâce à de nouvelles perspectives sur l'émergence historique de la Torah, issues de la recherche des dernières décennies, grâce aussi à des découvertes nouvelles sur la tradition juridique du Proche-Orient antique, il est désormais possible et nécessaire de reconstruire les forces historiques et les facteurs qui ont fait de la Torah la loi de Dieu.

How God Became a Lawgiver. In Search of the Intellectual Origins of the Divine Laws of the Torah. *The Torah is God's law. This biblical concept is so prominent and is considered so self-evident that it has hardly been perceived as a historical problem until now. Traditionally, it was considered to be a basic element of the Bible within its historical context. But in* *fact, it represents an innovation in the ancient Near East, and for this very reason it should be investigated historically: In the ancient world, kings, not deities, were lawgivers. Only the legal tradition of ancient Israel developed the idea that God himself formulated laws and passed them on to his people. In the Torah, Moses plays a prominent role in this mediation. Divine laws then became a central element of religion in Judaism, Christianity, and Islam, but what historical circumstances and factors gave rise to them? The loss of kingship in Israel might have provided a major impact, but in addition to political and socio-historical developments, fundamental transformations in ancient Israel's intellectual history must also be considered, which could have led to the formation of the idea of God as a lawgiver. Due to new insights into the historical emergence of the Torah, which research has developed in recent decades, but also due to new findings on the legal tradition of the ancient Near East, there is both the possibility and the need for reconstructing the historical forces and factors that made the Torah God's law.*

Christophe Nihan

L'extension du droit sacral dans les traditions sacerdotales du Pentateuque. Depuis le XIXe siècle, les chercheurs ont identifié dans le Pentateuque, principalement dans les livres du Lévitique et des Nombres, un ensemble de lois désignées comme lois « sacerdotales » qui ont vraisemblablement été rassemblées en collection puis complétées au cours de la période perse (V^e^-IVe siècles avant notre ère). Or l'étude de textes clés de la législation sacerdotale révèle chez les législateurs sacerdotaux un travail d'extension du droit sacral aux domaines du droit civil et pénal ainsi que d'établissement de la prééminence du droit sacral sur les autres formes de droit. La conception du droit sacral que traduit la législation sacerdotale relève certes d'un idéal juridico-légal qui n'a vraisemblablement jamais été mis en pratique tel quel. Ce programme s'inscrit néanmoins dans un contexte historique caractérisé par le développement du rôle administratif, politique et juridique du sanctuaire de Jérusalem.

The Extension of Sacred Law in the Priestly Traditions of the Pentateuch. *Since the 19th century, scholars have identified in the Pentateuch, primarily in the books of Leviticus and Numbers, a body of laws referred to as « Priestly » laws that were presumably collected in a collection and then completed during the Persian period (5th-4th centuries BC). However, the study of key texts of priestly legislation reveals that priestly legislators worked to extend sacred law to the domains of civil and criminal law as well as to establish the primacy of sacred law over other forms of law. The conception of sacred law reflected in priestly legislation certainly stems from a juridico-legal ideal that has probably never been put into practice as such. This program is nevertheless part of a historical context characterized by the development of the administrative, political and legal role of the sanctuary of Jerusalem.*

Katell Berthelot

La prééminence du droit dans le judaïsme antique à l'épreuve du cas hasmonéen. Cet article examine la question de la prééminence du droit (« *the rule of law* ») dans le judaïsme antique à l'aune du cas de la dynastie hasmonéenne, une lignée de prêtres qui, dans la Judée des IIe et Ier siècles avant notre ère, s'emparèrent non seulement du sacerdoce suprême, mais aussi des pouvoirs politique et militaire. L'étude du *Premier Livre des Maccabées*, rédigé par un partisan des Hasmonéens, associée à la prise en compte de sources juives plus critiques de la dynastie, montre que la dimension transcendante de la Loi (Torah) ne fut pas suffisante pour garantir la prééminence du droit dans un contexte de cumul des pouvoirs entre les mains d'un dirigeant unique. Les critiques adressées aux Hasmonéens par les auteurs de certains textes de Qumrân, et ensuite par les rabbins, furent toutefois formulées au nom de la transcendance de la Torah.

The Rule of Law in Ancient Judaism: The Hasmonean Case. *This article explores the question of the rule of law in ancient Judaism in light of the example of the Hasmonean dynasty. In the second and first centuries BCE, this priestly family succeeded in reaching the high priesthood and in holding political and military power as well. A close examination of* First Maccabees *(written by a historian who was a vibrant supporter of the Hasmoneans), but also of other Jewish sources that were more critical of the dynasty, shows that the transcendent dimension of the Law (Torah) did not safeguard the rule of law in a context that saw religious, political and military power concentrated in the hands of a single ruler. However, the criticism against the Hasmoneans found in some Qumran scrolls and in later rabbinic texts was formulated in the name of the Torah's transcendence.*

Dylan R. Johnson

La prééminence du droit dans la Bible hébraïque. Cet article vise à déterminer si le concept biblique de la Torah (התרה) peut être compris comme un exemple ancien de « prééminence du droit » telle que l'a définie Francis Fukuyama. Bien que certains textes bibliques accréditent cette lecture du mot « Torah », plusieurs autres la contredisent. L'idée selon laquelle la Torah représente une autorité écrite qui circonscrit tout autre pouvoir politique ou judiciaire n'a pas toujours constitué une dimension du droit biblique. Cette idée provient plutôt d'un milieu particulier de scribes deutéronomistes, qui ont travaillé longtemps après la fin de la monarchie davidique. Ces scribes ont bien développé une conception de la prééminence du droit, mais seulement en l'absence du fondement traditionnel du système juridique israélite, à savoir le roi.

The Rule of Law in the Hebrew Bible. *In this article, I examine whether the biblical concept of "The Torah" (התרה) represented an ancient example of a "Rule of Law," as it was* *proposed by Francis Fukuyama. Although I find some biblical texts that support such a reading of the word Torah, there are many others that contradict it. The idea that the Torah represents a written authority that circumscribes all other political or judicial power was not always an aspect of biblical law. Instead, this idea originated in a particular milieu of Deuteronomistic scribes, who worked long after the end of the Davidic monarchy. These scribes did develop a conception of the Rule of Law, but only in the absence of the traditional foundation of the Israelite legal system, namely the king.*

Rémy Scialom

De la prééminence du droit dans le judaïsme antique : effectivité et limites. La conception d'un judaïsme antique fondé sur une Loi divine *ne varietur* et sur un régime théocratique étranger à toute prééminence du droit est erronée ; car son système juridique, le droit hébraïque, est irréductible à la seule Loi sinaïtique, laquelle suppose et enjoint d'être interprétée par des règles herméneutiques consubstantielles à la Révélation. À cette fin, la Bible investit les juges de l'autorité légitime de créer et de dire le droit. En anthropologisant la Loi révélée, ils assurent le passage de la Loi au droit et instaurent un projet politique viable par l'unité du droit et la paix sociale. Loi de la majorité articulée à l'opinion minoritaire, séparation souple des pouvoirs, justiciabilité des dirigeants, endiguement de toute dérive théocratique en constituent certaines des manifestations, assurant ainsi une traduction effective, non à l'absoluité du droit, mais à son impérieuse prééminence.

On the Rule of Law in Ancient Judaism: Effectiveness and Limits. *The idea that Ancient Judaism is based on a* ne varietur *divine Law and a theocratic regime alien to any rule of law is erroneous; because its legal system, that is, Hebraic law, is irreducible to Sinaitic law alone. Indeed, Sinaitic law presupposes and prescribes that it be interpreted in conformity with* *hermeneutic rules consubstantial with Revelation. To this end, the Bible invests judges with the legitimate authority to create and state the law. By anthropologising revealed Law, they ensure the transition from the Law to law, and establish a viable political project through the unity of law and social peace. Law of the majority articulated to the minority opinion, flexible separation of powers, justiciability of the leaders, containment of any theocratic drift constitute some of the manifestations, thus ensuring an effective translation, not to the absoluteness of the law, but to its imperious preeminence.*

Clément Rodier

Une histoire des silences. Brosser l'histoire des idées politiques à rebrousse-poil. L'histoire des idées politiques est-elle écrite par les vainqueurs ? Dans les pas de Walter Benjamin, cet article se propose d'élaborer une histoire des silences, attentive aux idées et penseurs ignorés ou méconnus. Les thèses *Sur le concept d'histoire* fournissent, en effet, les voies et la méthode pour repenser le canon officiel des idées politiques. L'histoire des silences, composée à leur suite, dévoile ainsi l'envers des textes consacrés et concourt à éclairer, par contraste, les forces idiosyncrasiques à l'œuvre dans les différents contextes intellectuels. Plus largement, l'historiographie benjaminienne amène une nouvelle conception de l'histoire des idées politiques. Dans celle-ci, les idées ne sont plus enfermées dans un passé révolu que l'historien aurait pour tâche de reconstituer. Elles surgissent, au contraire, dans le présent qui les découvre pour être entendues.

A History of Silences. Brushing the History of Political Ideas Against the Grain. *Is the history of political ideas written by the victors? In the footsteps of Walter Benjamin, this article aims to elaborate a history of silences, attentive to ideas and thinkers ignored or unknown. The thesis "On the Concept of History" provides approach and methods of rethinking the* *established canon of political ideas. The history of silences, developed as a result, unveils the other side of well-known works and helps to enlighten, by contrast, the idiosyncratic forces at work in different intellectual contexts. More broadly, benjaminian historiography brings a new concept of the history of political ideas, wherein ideas are no longer locked into a bygone past that historians must reconstitute. Instead, they arise to be heard in the present.*

Henri-Pierre Mottironi

Liberté, travail et responsabilité limitée : la commandite pour penser le gouvernement représentatif au XVIIIe siècle en France. Ancêtre de la société à responsabilité limitée, la commandite est considérée en histoire économique comme un des jalons essentiels dans l'émergence de la gouvernance d'entreprise moderne. Moins connu est toutefois le rôle qu'a joué cette forme de société dans la pensée politique. Pourtant la commandite est fondée sur une forme de mandat représentatif qui ne va pas manquer d'inspirer juristes et penseurs politiques : les associés passifs déléguant au sein de cette société la gestion de leurs affaires, et avec elle la pleine responsabilité juridique en cas de faillite, à leurs commandités. On voit ainsi apparaître progressivement dans la littérature politique française de la fin de l'époque moderne des images où la commandite est convoquée pour penser l'État, les rapports entre gouvernés et gouvernants ou encore le rapport entre la liberté et la prospérité économique de la nation. C'est par un travail de recontextualisation dans les pratiques commerciales et juridiques de la fin de l'époque moderne que cet article se propose de saisir cette mise en analogie et son apport à la théorie du gouvernement représentatif à la fin de l'époque moderne.

Liberty and Limited Liability: How the Commenda Shaped the Idea of Representative Government in Eighteenth-Century France. *An ancestor of the limited liability company,* *the commenda is considered in economic history as an essential milestone in the emergence of modern corporate governance. Less known, however, is the role that this form of society has played in political thought. Yet the commenda is based on a form of representative mandate that has inspired legal and political thinkers. Indeed, in this type of company the limited partners delegated the management of their affairs, and with it full legal responsibility in the event of bankruptcy, to their active partners. We thus see gradually appearing in the French political literature of the late modern period images where the commenda is called upon to theorize the State, the relations between the governed and those who govern, or even the relationship between freedom and the economic prosperity of the nation. This article proposes to grasp this analogy and its contribution to the theory of representative government by recontextualising it within the commercial and legal practices of the late modern period.*

Structures éditoriales du groupe L'Harmattan

L'Harmattan Italie
Via degli Artisti, 15
10124 Torino
harmattan.italia@gmail.com

L'Harmattan Hongrie
Kossuth l. u. 14-16.
1053 Budapest
harmattan@harmattan.hu

L'Harmattan Sénégal
10 VDN en face Mermoz
BP 45034 Dakar-Fann
senharmattan@gmail.com

L'Harmattan Cameroun
TSINGA/FECAFOOT
BP 11486 Yaoundé
inkoukam@gmail.com

L'Harmattan Burkina Faso
Achille Somé – tengnule@hotmail.fr

L'Harmattan Guinée
Almamya, rue KA 028 OKB Agency
BP 3470 Conakry
harmattanguinee@yahoo.fr

L'Harmattan RDC
185, avenue Nyangwe
Commune de Lingwala – Kinshasa
matangilamusadila@yahoo.fr

L'Harmattan Congo
219, avenue Nelson Mandela
BP 2874 Brazzaville
harmattan.congo@yahoo.fr

L'Harmattan Mali
ACI 2000 - Immeuble Mgr Jean Marie Cisse
Bureau 10
BP 145 Bamako-Mali
mali@harmattan.fr

L'Harmattan Togo
Djidjole – Lomé
Maison Amela
face EPP BATOME
ddamela@aol.com

L'Harmattan Côte d'Ivoire
Résidence Karl – Cité des Arts
Abidjan-Cocody
03 BP 1588 Abidjan
espace_harmattan.ci@hotmail.fr

Nos librairies en France

Librairie internationale
16, rue des Écoles
75005 Paris
librairie.internationale@harmattan.fr
01 40 46 79 11
www.librairieharmattan.com

Librairie des savoirs
21, rue des Écoles
75005 Paris
librairie.sh@harmattan.fr
01 46 34 13 71
www.librairieharmattansh.com

Librairie Le Lucernaire
53, rue Notre-Dame-des-Champs
75006 Paris
librairie@lucernaire.fr
01 42 22 67 13

www.ingramcontent.com/pod-product-compliance
Lightning Source LLC
LaVergne TN
LVHW010931061026
849535LV00007B/2348
* 9 7 8 2 1 4 0 4 9 3 5 4 6 *